2024

調理師
試験問題と解答

公益社団法人 日本栄養士会 編

受験
対策に！

第一出版

序　文

　日本栄養士会は調理師各位の資質の向上を願い、調理師試験受験のための教本として『調理師読本』を刊行し、広く皆さんのご愛読を得て参りました。また、昭和 38（1963）年以来、毎年『調理師試験問題と解答』を刊行し、全国の受験者の皆さんの便を図ってきたところであります。

　幸い調理師試験の出題関係者をはじめ、全国の受験者の皆さんからたいへん好評を得て参りました。皆さんのご要望にこたえて、毎年最新の問題と入れ替えるなど、改訂を行い内容の充実を図っています。

　令和 4（2022）年からは B5 判とし、一層見やすくお役に立つようにしました。

　本書の特色は

1.　最近実施された全国の道県、調理技術技能センター及び関西広域連合の出題を踏まえ、『調理師読本』の項目に沿って各試験科目別、内容別に分類して順序よく効率的な勉強の便に供しました。
2.　解答及び解説についてはそれぞれの出題脇に、また関連した参考事項、注意事項を該当ページに囲み記事として掲載し、受験者の勉強の一助としました。
3.　それぞれの問題には過去 3 年間の出題内容を含んでいた道県名等を示しました。

　受験者の皆さんが本書を十分活用され、見事合格されますよう願ってやみません。

　　　2024 年 2 月

　　　　　　　　　　　　　　　　　　公益社団法人　日本栄養士会
　　　　　　　　　　　　　　　　　　代表理事会長　中 村 丁 次

Contents

本書の使い方

● 近年（令和3年度〜令和5年度）に行われた調理師試験の問題を参考にした模擬問題を掲載している。

● 問題、解答・解説を並列し、見やすくかつ学習しやすく配置した。

関連の問題を出題　　　調理師読本2024年版での該当ページ

令和2年度以前の出題を参考にした模擬問題

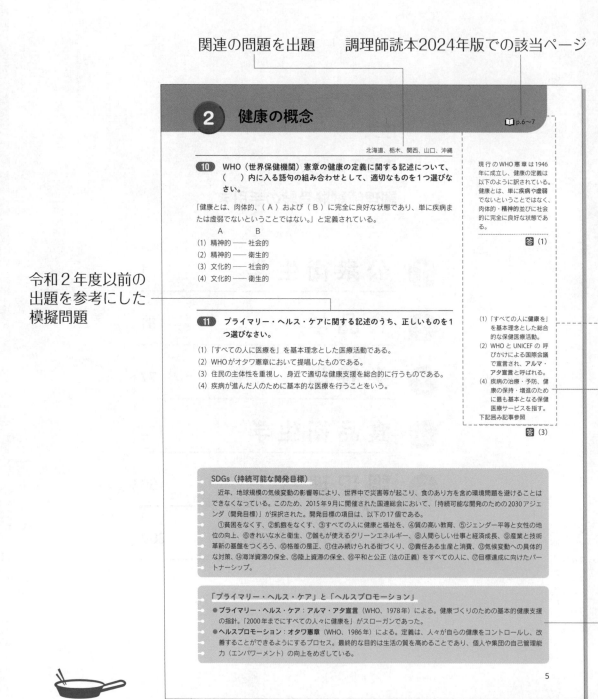

2　健康の概念

📖 p.6〜7

北海道、栃木、関西、山口、沖縄

10 WHO（世界保健機関）憲章の健康の定義に関する記述について、（　）内に入る語句の組み合わせとして、適切なものを1つ選びなさい。

「健康とは、肉体的、（ A ）および（ B ）に完全に良好な状態であり、単に疾病または虚弱でないということではない。」と定義されている。

　　　　A　　　　　　B
(1) 精神的 ―― 社会的
(2) 精神的 ―― 衛生的
(3) 文化的 ―― 社会的
(4) 文化的 ―― 衛生的

現行のWHO憲章は1946年に成立し、健康の定義は以下のように訳されている。健康とは、単に疾病や虚弱でないということではなく、肉体的・精神的並びに社会的に完全に良好な状態である。

答 (1)

11 プライマリー・ヘルス・ケアに関する記述のうち、正しいものを1つ選びなさい。

(1) 「すべての人に医療を」を基本理念とした医療活動である。
(2) WHOがオタワ憲章において提唱したものである。
(3) 住民の主体性を重視し、身近で適切な健康支援を総合的に行うものである。
(4) 疾病が進んだ人のために基本的な医療を行うことをいう。

(1) 「すべての人に健康を」を基本理念とした総合的な保健医療活動。
(2) WHOとUNICEFの呼びかけによる国際会議で宣言され、アルマ・アタ宣言と呼ばれる。
(3) 病気の治療・予防、健康の保持・増進のために最も基本となる保健医療サービスを指す。
下記囲み記事参照

答 (3)

SDGs（持続可能な開発目標）

　近年、地球規模の気候変動の影響等により、世界中で災害等が起こり、食のあり方を含め環境問題を避けることはできなくなっている。このため、2015年9月に開催された国連総会において、「持続可能な開発のための2030アジェンダ（開発目標）」が採択された。開発目標の項目は、以下の17個である。

　①貧困をなくす、②飢餓をなくす、③すべての人に健康と福祉を、④質の高い教育、⑤ジェンダー平等と女性の地位の向上、⑥きれいな水と衛生、⑦誰もが使えるクリーンエネルギー、⑧人間らしい仕事と経済成長、⑨産業と技術革新の基盤をつくろう、⑩格差の是正、⑪住み続けられる街づくり、⑫責任ある生産と消費、⑬気候変動への具体的な対策、⑭海洋資源の保全、⑮陸上資源の保全、⑯平和と公正（法の正義）をすべての人に、⑰目標達成に向けたパートナーシップ。

「プライマリー・ヘルス・ケア」と「ヘルスプロモーション」

● プライマリー・ヘルス・ケア：アルマ・アタ宣言（WHO、1978年）による。健康づくりのための基本的健康支援の指針。「2000年までにすべての人々に健康を」がスローガンであった。
● ヘルスプロモーション：オタワ憲章（WHO、1986年）による。定義は、人々が自らの健康をコントロールし、改善することができるようにするプロセス。最終的な目的は生活の質を高めることであり、個人や集団の自己管理能力（エンパワーメント）の向上をめざしている。

＊センターは、「公益社団法人調理技術技能センター」を表し、下記の都県での調理
　師試験問題を出題している。
　　令和５年度＝青森県・岩手県・宮城県・秋田県・山形県・福島県・茨城県・
　　（2023）　　埼玉県・千葉県・東京都・新潟県・富山県・石川県・山梨県・
　　　　　　　　福井県・岐阜県・愛知県・三重県・鳥取県・島根県・岡山県・
　　　　　　　　広島県・香川県・高知県・福岡県・佐賀県・長崎県・熊本県・
　　　　　　　　大分県・宮崎県・鹿児島県
　　令和４年度＝青森県・岩手県・宮城県・秋田県・山形県・茨城県・埼玉県・
　　（2022）　　千葉県・東京都・新潟県・富山県・石川県・山梨県・福井県・
　　　　　　　　岐阜県・愛知県・三重県・鳥取県・島根県・岡山県・広島県・
　　　　　　　　香川県・高知県・福岡県・佐賀県・長崎県・熊本県・大分県・
　　　　　　　　宮崎県・鹿児島県
　　令和３年度＝青森県・岩手県・宮城県・秋田県・山形県・茨城県・埼玉県・
　　（2021）　　千葉県・東京都・新潟県・富山県・石川県・山梨県・岐阜県・
　　「公益社団法人調理技術技能センター」は、これらの都県が調理師試験を委任し
　ている厚生労働大臣の指定試験機関。

＊関西は、「関西広域連合」を表し、下記の２府４県での調理師試験問題を出題して
　いる。
　滋賀県、京都府、大阪府、兵庫県、和歌山県、徳島県

　　問題を解く際、本書を開き、黄色
　い紙の部分を縦長に切り取り、解
　答・解説欄を隠すとよい。

　　　　解答・解説

　赤文字は重要な用語など。必ず解
　説を読んで理解を深めること。

　　　ポイントの解説も充実

　重要な用語や押さえておきたい知
　識などの解説。

調理師とは

　調理師とは、調理師法において調理師の名称を用いて調理の業務に従事することができる者として都道府県知事の免許を受けた者である。令和3年度の免許交付数は28,123人に及んでいる。

調理師免許の取得方法

　調理師の免許資格を取得するには次の2つの方法がある（調理師法第3条）。

❶ 調理師養成施設を修了する方法

　中学校卒業以上の資格を有する者で都道府県知事指定の調理師養成施設において、1年以上、調理、栄養及び衛生について調理師として必要な知識及び技能を修得した場合。令和3年度は12,961人が取得した。

❷ 調理師試験に合格する方法

　中学校卒業以上の資格を有する者が、多数人に対して飲食物を調理して供与する施設または営業（下記の①〜⑤の勤務場所）で、2年以上の調理業務に従事した後、都道府県が実施する調理師試験に合格した場合。令和3年度は15,162人が取得した。

調理師試験受験資格

　調理師試験により調理師の資格を取得したい者は、調理師法施行規則第4条第一号及び第二号に掲げる以下に示す給食施設または営業において2年以上調理業務に従事した経験（実務経験）が必要である。

実務経験場所

　①寄宿舎、学校、病院、事業所、福祉施設（老人、児童、社会）、きょう正施設、自衛隊、給食センターなどの給食施設（継続して1回20食以上または1日50食以上調理している施設）〈調理師法施行規則第4条第一号〉

　②飲食店営業（一般食堂、料理店、すし屋、そば屋、旅館、仕出し屋、弁当屋、レストラン、バー、キャバレーなど客に飲食させる営業）なお、喫茶店営業は含まれない。

　③魚介類販売業（調理工程のある店舗を設け鮮魚介類を販売する営業をいう）

　④そうざい（焼物、いため物、揚物、酢の物等）及びこれらを含む弁当製造業（通常副食物として供されるそうざいを製造する営業をいう）

　⑤複合型そうざい製造業（④の製造業と併せて食肉の処理をする営業）

　〈②③④⑤は調理師法施行規則第4条第二号〉

　なお、以下の場合は調理業務に従事していたとは認められない。

　●飲食店、魚介類販売業、そうざい製造業で、調理の仕事をしていても無許可営業であった場合。営業禁止または停止された期間も含まれない。

　●給食施設、飲食店、魚介類販売業及びそうざい製造業で仕事をしていても、もっ

ぱら事務や運搬、配達、食器洗浄、管理経営など直接調理と関係ない業務（ウェイターやウェイトレス等を含む）、食肉処理や調味料、麺等の食品製造、あるいは保育士、栄養士などが、付随的な調理業務をしていた場合。
- 料理学校や教育機関等で調理を教えていた期間、または習っていた期間。
- パートやアルバイトについては、週4日以上かつ1日6時間以上継続して勤務している場合を除き、調理業務に従事しているものとは認められない。

なお、実務の詳細な要件については、必ず事前に都道府県に問い合わせをするか、またはホームページ等で確認すること。

受験の手続き

調理師試験を受けようとする者は、まず保健所、県庁などで調理師試験のお知らせや受験願書、その他提出書類の用紙を受け取り、それらに記入して都道府県の窓口に提出する。

なお、調理師試験は都道府県において実施するが、都道府県によっては調理師試験を団体〔（公社）調理技術技能センターや関西広域連合〕へ委託しているので、その場合は、団体に問い合わせた上で、受験の手続きをとること。

提出書類
①調理師試験受験申請書
②受験票及び写真（撮影条件、サイズなど都道府県によって異なるので注意）
③受験手数料〔6,400円（東京都・令和5年度の場合）〕納付後の領収証書
④中学校卒業以上のいずれかの卒業証明書（卒業証書は不可）
⑤調理業務従事証明書（2年以上調理の業務に従事したことの証明書）
〈次頁　別紙様式（例）参照。この証明書は（公社）調理技術技能センターの例。都道府県ごとに違うので注意すること。〉
⑥戸籍抄本等（該当者のみ。結婚等により④卒業証明書と氏名が異なる場合や外国籍の方等）
なお、都道府県によって、受験票、送付用封筒など提出書類の種類及び様式が若干異なるので、必ず問い合わせをするか、またはホームページ等で確認すること。

試験科目

❶ 試験科目とその出題範囲
試験科目と出題範囲は、平成9年厚生労働省告示の調理師試験基準にもとづき、令和2年に示された厚生労働省健康局長通知で次のように定められている。
①**公衆衛生学**：公衆衛生の概念、健康の概念、健康と疾病に関する統計、環境と健康、食生活の現状と健康づくり対策、主な疾患の現状と予防対策、保健・医療・福祉の制度の概要、健康増進や食生活の向上に関する法規、調理師の業務と社会的役割
②**食品学**：食品の意義と用途、食品の特徴と性質、食品の加工・貯蔵、食品の表示、食品の流通

別紙様式（例）

調 理 業 務 従 事 証 明 書

①受験者氏名		②生年月日	昭和・平成・西暦　　　　年　　　　月　　　　日

上記の者は、下記のとおり調理の業務に従事したことを証明します。

③勤務施設名	
④勤務施設所在地	（電話番号　　　　－　　　　－　　　　）

⑤施設の区分	飲食店等の営業許可施設の場合		給食施設の場合	
	施設の種類 （〇をつける）	1．飲食店営業（喫茶店営業を除く） 2．魚介類販売業 3．そうざい製造業 4．複合型そうざい製造業	施設の種類 （〇をつける）	1．寄宿舎　2．学校　3．病院　4．事業所 5．社会福祉施設　6．介護老人保健施設 7．矯正施設　8．給食センター　9．自衛隊 10．その他〔　　　　　　　〕
	許可年月日	年　　　月　　　日	開設年月日	年　　　月　　　日 ※1
	許可保健所		届出保健所	
	許可番号	第　　　　　号	提供回数	1日〔　〕回　提供食数　1日〔　　〕食

⑥調理業務の内容 （3か所以上に〇をつける）	切る ・ 焼く ・ 煮る ・ 炊く ・ 蒸す ・ ゆでる ・ 炒める ・ 漬ける ・ 揚げる ・ 味付ける その他（作業内容を記入する　例：魚をおろす、うどんを打つ） 〔　　　　　　　〕〔　　　　　　　〕〔　　　　　　　〕

⑦従事期間	年　　　月　　　日から 　　　年　　　月　　　日まで	合　　計　　　　年　　　か月 （うち除算期間：　　　年　　　か月）※2

⑧勤務形態 （〇をつける）	1．正規職員 2．正規職員以外（パート・アルバイト等） 　1週間当たり〔　　　〕日 かつ 1日当たり〔　　　〕時間

⑨廃業年月日	年　　　月　　　日

⑩証明年月日	年　　　月　　　日

⑪証明者 ※3	法人名（施設名）			⑫実印又は職印
	住　所			
	電話番号			
	役　職	氏　名		

⑬ 『⑪の証明者』が『③の施設の代表者』でない場合の理由（〇をつける）

1．『①受験者』と『③施設の代表者』が同一人、配偶者若しくは二親等以内の血族の関係であるため

2．施設が廃業しているため　3．業務を受託しているため

※個人の実印を用いる場合は、印鑑登録証明書を、法人の登記された印鑑を用いる場合は、印鑑証明書を必ず添付すること。

⑭特記事項 ※4	

注意事項
※1．給食施設の開設年月日とは、寄宿舎・学校・病院等の施設であって、多人数に対して食品を供与する施設として開設した年月日をいう。
※2．1か月以上の長期休暇がある場合は、その期間を除算期間欄に記入して、ない場合は、0年0か月と記入してください。
※3．原則として法人又は施設の代表者（以下、「施設長」という。）が証明すること。ただし、施設長が同一人、配偶者又は二親等以内の血族の場合、若しくは廃業等により元の施設長がいない場合には調理師協会等・所属団体の長又は同業者が証明すること。
※4．証明者が受験者と同姓であるが、二親等以内の血族に該当しない場合は、「⑭ 特記事項」欄に受験者との続柄・関係を記入すること。

③栄養学：栄養と健康、栄養素の機能、栄養生理、ライフステージと栄養、病態と栄養

④食品衛生学：食品の安全と衛生、食品の腐敗、食中毒、食品による感染症・食品と寄生虫、食品中の汚染物質、食品添加物、飲食による危害の防止と衛生管理、洗浄と消毒方法、器具・容器包装の衛生、食品の安全・衛生に関する法規、食品の安全・衛生対策

⑤調理理論：調理の意義と目的、調理の種類と特徴、調理操作、調理器具、調理施設・設備、調理に使う食材の特徴、献立作成、調理技術、集団調理、調理施設の洗浄・消毒・清掃、接客サービス・食事環境

⑥食文化概論：食文化の成り立ち、日本の食文化と料理、伝統料理・郷土料理、世界の食文化と料理、食料生産

❷ 出題数及び配点

　調理師試験基準において、出題数及び配点が以下のように定められている。

　調理師試験の問題数は60問以上とし、120分以下で解答することにより行われる。なお、試験科目とその出題割合は下図のとおりである。

　公衆衛生学、栄養学、食品衛生学、調理理論のウエイトが大きい。したがって、これらの科目は出題数もおおむね多いと考えてよい。

❸ 出題の形式

　出題形式は客観式（四肢択一）とすることとなっている。四肢択一とは1つの設問に対して4つの選択肢を作り、適当と考えられる答えが1つのみある出題形式である。

　なお、問題作成に当たっては次の点に留意することとされている。

①各問は試験科目ごとに出題範囲の中から出題するようにし、偏りのないようにすること。

②用語は普遍的なもの、または学術的に決定されているものを用い、一部のものにしか理解されない用語や、誤解を招くような文章、表現は避けるようにすること。

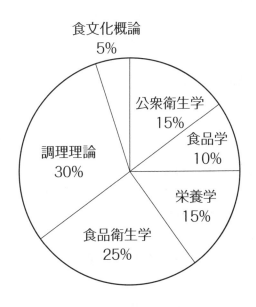

合格のレベル

❶ 合格のおよその基準得点

令和2年の厚生労働省健康局長通知では、原則として全科目の合計得点が満点の6割以上であるものを合格とすること、1科目でも得点が当該科目の平均点を著しく下回る場合は不合格とすることが基準として示されている。

❷ 合格率

合格率は、各都道府県によって異なるが、受験者の約6割が合格している。

調理師試験に合格したとき

❶ 免許の申請

調理師試験に合格したときは、住所地の都道府県知事に対して免許申請することになる（施行令第1条）。試験に合格して免許資格はあっても免許申請手続きをしなければ都道府県に備える調理師名簿に登録されないので、調理師とはいえない。

免許申請に必要な書類は、

①調理師免許申請書〔後掲の調理師免許申請書（例）参照。都道府県によって様式が一部違うので注意すること〕

②調理師試験合格証書（原本）または合格通知書（原本）

③診断書（麻薬、あへん、大麻または覚せい剤の中毒者であるかないかを診断したもの）で、3か月以内に発行されたもの

④住民票（本籍地または国籍が表示され、マイナンバーは省略されているもの）または戸籍抄（謄）本。ただし、②の書類に記載された氏名と現在の氏名とが異なる場合は、氏名の変更が確認できる戸籍抄（謄）本など。6か月以内に発行されたもの。

＊外国籍の方のうち、在留資格が短期滞在などで住民票が公布されない場合は、旅券その他の身分を証する書類の写し（本証持参）

＊旧姓または通称名の併記を希望する場合は、旧姓から現在の氏までの変更が確認できる戸籍抄（謄）本もしくは旧姓または通称名が記載された住民票

以上の書類に免許手数料〔5,600円（東京都・令和5年度の場合）〕を添えて免許申請をする。

❷ 登録

調理師の免許は、本人の申請により、都道府県に備える調理師名簿に次の事項が登録され、その上で都道府県知事から免許が交付される（調理師法第5条）。

調理師名簿に登録される事項は以下のとおり。（調理師法施行令第10条、施行規則第2条）

①登録番号及び登録年月日

②本籍地都道府県名（日本の国籍を有しない者については、その国籍）、氏名、生年月日、性別

③免許取得資格の種別

④免許の取消に関する事項

⑤免許証を書換交付し、または再交付した場合には、その旨並びにその理由及び年月日

⑥登録の消除をした場合には、その旨並びにその理由及び年月日

❸ 免許が取得できない場合

調理師試験に合格するなどして調理師の免許を受ける資格があり、免許を申請しても、次の場合は免許が与えられない（調理師法第4条）。

食中毒や衛生上の重大事故などを起こした場合で、一度もらった免許を取り消されたときから1年を経過していないとき

同様に、次の場合は免許を与えないことがある（調理師法第4条の2）。

①麻薬、あへん、大麻または覚せい剤の中毒者

②罰金以上の刑に処せられた者

❹ 免許証の書換交付と再交付

□1 本籍・氏名が変わったとき

免許証に記載されている本籍、氏名が変わったときは、免許を与えた都道府県知事へ、申請書に免許証と戸籍抄（謄）本を添えて免許証の書換交付を申請をすることができる（調理師法施行令第13条）。

手数料3,200円（東京都・令和5年度の場合）

なお、住所変更は届出の必要はない。

□2 免許証を破ったり、汚したり、失ったとき

免許証を破ったり、汚したり、失ったときには再交付を申請することができる。この場合には、免許証を与えた都道府県知事に対して、申請書に破ったり、汚したり、失った場合の理由、年月日などを記載して申請する。なお、破ったり、汚したりした場合には、古い免許証を添えて申請する。再交付後に失った免許証を発見したときは、5日以内にこれを免許を与えた都道府県知事に返納しなければならない（調理師法施行令第14条）。

手数料3,600円（東京都・令和5年度の場合）

❺ 免許証等の申請手数料

地方自治法第227条に基づき、各都道府県の手数料条例により定められている。

調理師免許申請書（例）

調理師免許申請書

1　　　年　　月調理師法第3条1項第　　　号該当
2　免許の取消処分を受けたことはありません（あるときは、その理由及び年月日）。
3　罰金以上の刑に処せられたことはありません（あるときは、その罪、刑及び刑の確定年月日）。

　　上記により、調理師免許を申請します。

_____年　　　　月　　　　日

申請者	本籍地	都・道・府・県（外国籍の方は国籍）	
	現住所		
	ふりがな		性別
	氏　名		男　・　女
	旧姓又は通称名 併記の希望の有無	有・無	「有」の場合、 旧姓又は通称名＿＿＿＿＿＿＿＿＿＿
	生年月日	年　　　　月　　　　日　生	
	電話番号	—　　　　　—	

都道府県知事殿

（注意）
用紙の大きさは、A4とすること。

1

公衆衛生学

1　公衆衛生に関する記述のうち、誤っているものを1つ選びなさい。

(1) 我々が社会生活を営んでいくためには、個人ではなく社会の健康が最優先される。

(2) わが国の公衆衛生活動は、国や都道府県などの公共団体や民間団体の組織的な活動によって行われている。

(3) 国民の健康を保持・増進し、疾病を予防する行政を一括して衛生行政という。

(4) わが国の公衆衛生水準は向上し、平均寿命も延びたが、生活習慣病が増加し、健康寿命の延伸が求められている。

愛媛

(1) 各個人と社会全体の両方が健康でなければならない。

(4) 健康寿命は、p.8の囲み記事参照

答 (1)

2　アメリカのエール大学の教授であったウインスローが定義した公衆衛生に関する記述の（　　）内に入る語句の組み合わせのうち、正しいものを1つ選びなさい。

公衆衛生とは、地域社会の組織的な努力により疾病を（ A ）し、生命を（ B ）し、肉体的・精神的健康と能率の増進をはかる（ C ）であり、技術である。

	A	B	C
(1)	予防	向上	知識
(2)	根絶	延長	知識
(3)	予防	延長	科学
(4)	根絶	向上	科学

山口

答 (3)

3　公衆衛生に関する記述のうち、正しいものを1つ選びなさい。

(1) 公衆衛生活動は一般に、一次予防（早期発見）、二次予防（健康増進）、三次予防（機能回復）の3段階に分けて行われている。

(2) 日本国憲法第25条においては、公衆衛生の向上及び増進に努めることが規定されている。

(3) 市町村保健センターは、感染症の流行などの健康危機管理の拠点としての機能をもつ。

(4) 保健所の設置主体は、市町村である。

(1) 早期発見は二次予防、健康増進は一次予防である。

(3) 市町村保健センター→保健所
健康危機管理については、p.3の囲み記事参照

(4) 保健所は、都道府県、政令市、特別区（東京23区）が設置する。

答 (2)

4　行政組織と線で結んだ所管事項の関係のうち、誤っているものを1つ選びなさい。

(1) 文部科学省 ── 学校保健行政

(2) 消費者庁 ── 消費生活行政

(3) 厚生労働省 ── 公衆衛生行政

(4) 環境省　　── 労働安全衛生行政

労働安全衛生行政を所管するのは厚生労働省。環境省は環境衛生行政を所管する。

答 (4)

5 日本国憲法第25条の記述の（　）内に入る語句の組み合わせのうち、正しいものを1つ選びなさい。

すべて国民は、健康で（ A ）な最低限度の生活を営む権利を有する。国は、すべての生活部面について、社会福祉、（ B ）および（ C ）の向上および増進に努めなければならない。

	A	B	C
(1)	活動的	社会保障	地域保健
(2)	文化的	安全保障	地域保健
(3)	文化的	社会保障	公衆衛生
(4)	活動的	安全保障	公衆衛生

すべて国民は、健康で文化的な最低限度の生活を営む権利を有する。国は、すべての生活部面について、社会福祉、社会保障および公衆衛生の向上および増進に努めなければならない。

答 (3)

長野

6 衛生行政に関する記述のうち、正しいものを1つ選びなさい。

(1) 都道府県は、住民の保健衛生に対する直接サービスを行うため、市町村保健センター、地域包括支援センター、母子健康包括支援センター等を設置しなければならない。

(2) 衛生行政活動は、憲法25条の規定に基づき、その活動はすべて国によって行われている。

(3) SDGsは、「国連で決めた持続可能な開発目標」のことであり、「10の目標」で構成されている。

(4) 保健所は、地域における公衆衛生活動の中心的機関である。

(1) 設置主体は市町村で、設置義務はない。
(2) 国、都道府県、市町村などの組織的な活動で行われる。憲法第25条については、問5の解説を参照
(3) 10の目標→17の目標 SDGsについては、下記囲み記事参照

答 (4)

健康危機管理における保健所の役割

　健康危機管理とは、平成13（2001）年に定められた厚生労働省「健康危機管理基本指針」によれば、「医薬品、食中毒、感染症、飲料水その他何らかの原因により生じる国民の生命、健康の安全を脅かす事態に対して行われる健康被害の発生予防、拡大防止、治療等に関する業務であって、厚生労働省の所管に属するもの」と定義されている。その中心を担うのが保健所である。特に、近年の新型コロナウイルス感染症対策を機に、保健所における健康危機管理の拠点としての位置づけがこれまで以上に強まっている。

　保健所は、平常時には監視業務等を通じて健康危機の発生を未然に防止するとともに、健康危機発生時にはその規模を把握し、地域に存在する保健医療資源を調整して、関連機関を有機的に機能させるなど、健康危機の主体的役割を担っている。具体的には、被害者の医療の確保、原因の究明、健康被害の拡大の防止に加えて、被害を受けた住民に対する心身を含めたケア等を、医療機関や市町村等と連携・協働して行っている。

　なお、保健所における健康危機管理の実際の業務は、大きく次の4つの分野である。

　①健康危機の発生の未然防止、②健康危機発生時に備えた準備、③健康危機への対応、④健康危機の被害の回復。

SDGs（持続可能な開発目標）

　近年、地球規模の気候変動の影響等により、世界中で災害等が起こり、食のあり方を含め環境問題を避けることはできなくなっている。このため、2015年9月に開催された国連総会において、「持続可能な開発のための2030アジェンダ（開発目標）」が採択された。開発目標の項目は、以下の17個である。

　①貧困をなくす、②飢餓をなくす、③すべての人に健康と福祉を、④質の高い教育、⑤ジェンダー平等と女性の地位の向上、⑥きれいな水と衛生、⑦誰もが使えるクリーンエネルギー、⑧人間らしい仕事と経済成長、⑨産業と技術革新の基盤をつくろう、⑩格差の是正、⑪住み続けられる街づくり、⑫責任ある生産と消費、⑬気候変動への具体的な対策、⑭海洋資源の保全、⑮陸上資源の保全、⑯平和と公正（法の正義）をすべての人に、⑰目標達成に向けたパートナーシップ。

7 地域保健法に規定される保健所の事業内容の説明として、誤っているものを1つ選びなさい。

(1) 地域住民の健康の保持・増進に関する事項

(2) 医事・薬事に関する事項

(3) 女性や年少者の労働に関する事項

(4) 母性や乳幼児、老人の保健に関する事項

女性や年少者の労働については、労働基準法に規定されており、各都道府県の労働局、労働基準監督署が所管している。
p.5の囲み記事参照

答 (3)

8 地域保健法に規定する保健所の業務として、誤っているものを1つ選びなさい。

(1) 栄養の改善および食品衛生に関する事項

(2) 飼い犬の登録に関する事項

(3) 歯科保健に関する事項

(4) 精神保健に関する事項

飼い犬の登録は狂犬病予防法の規定により市区町村が行う。

答 (2)

9 公衆衛生の国際機関に関する記述について、（　　）内に入る適切なものを1つ選びなさい。

（　　）は、第二次世界大戦後に発足した国際連合の一機関で、1948年に成立し、日本は1951年に加盟している。各国の感染症情報や防疫対策の通報などを含む国際協力事業などを担当している。

(1) FAO

(2) ILO

(3) UNICEF

(4) WHO

(1) FAOは国連食糧農業機関

(2) ILOは国際労働機関

(3) UNICEFは国連児童基金

(4) WHOは世界保健機関

答 (4)

10 公衆衛生の国際機関に関する語句の組み合わせのうち、誤っているものを1つ選びなさい。

(1) WHO　——　世界保健機関

(2) UNICEF ——　国連児童基金

(3) FAO　——　国連食糧農業機関

(4) ILO　——　国連環境計画

ILOは、国際労働機関。国連環境計画はUNEPである。

答 (4)

2 健康の概念

p.6〜7

北海道、長野、関西、奈良、沖縄

11 WHO（世界保健機関）憲章の健康の定義に関する記述について、（　　）内に入る語句の組み合わせとして、適切なものを1つ選びなさい。

「健康とは、肉体的、（ A ）および（ B ）に完全に良好な状態であり、単に疾病または虚弱でないということではない。」と定義されている。

```
        A           B
```
(1) 精神的 ── 社会的
(2) 精神的 ── 衛生的
(3) 文化的 ── 社会的
(4) 文化的 ── 衛生的

> 現行のWHO憲章は1946年に成立し、1948年より施行された。なお、健康の定義は以下のように訳されている。
> 健康とは、単に疾病や虚弱でないということではなく、肉体的・精神的並びに社会的に完全に良好な状態である。
>
> 答（1）

12 プライマリー・ヘルス・ケアに関する記述のうち、正しいものを1つ選びなさい。

(1) 「すべての人に医療を」を基本理念とした医療活動である。
(2) WHOがオタワ憲章において提唱したものである。
(3) 住民の主体性を重視し、身近で適切な健康支援を総合的に行うものである。
(4) 疾病が進んだ人のために基本的な医療を行うことをいう。

> (1) 「すべての人に健康を」を基本理念とした総合的な保健医療活動。
> (2) オタワ憲章ではなく、WHOとUNICEFの呼びかけによる国際会議アルマ・アタ宣言で提唱された。
> (4) 疾病の治療・予防、健康の保持・増進のために最も基本となる保健医療サービスを指す。
> p.6の囲み記事参照
>
> 答（3）

地域保健法に基づく保健所の活動内容（地域保健法第6条）

- 地域保健に関する思想の普及や向上に関する事項
- 人口動態統計、その他地域保健に係る統計に関する事項
- 栄養の改善と食品衛生に関する事項
- 住宅、水道、下水道、廃棄物の処理、清掃、その他の環境の衛生に関する事項
- 医事・薬事に関する事項
- 保健師に関する事項
- 公共医療事業の向上と増進に関する事項
- 母性や乳幼児、老人の保健に関する事項
- 歯科保健、精神保健に関する事項
- 治療方法が確立していない疾病、その他の特殊の疾病により長期に療養を必要とする者の保健に関する事項
- エイズ、結核、性病、伝染病、その他の疾病の予防に関する事項
- 衛生上の試験・検査に関する事項
- その他、地域住民の健康の保持・増進に関する事項

13 記述の（　　）に入る語句の組み合わせとして、正しいものを1つ選びなさい。

ヘルスプロモーションは、（ A ）が（ B ）で示した概念であり、「人々が自らの健康を（ C ）し、改善できるようにするプロセスである。」と定義されている。

	A	B	C
(1)	WHO	オタワ憲章	コントロール
(2)	WTO	アルマ・アタ宣言	コントロール
(3)	WHO	アルマ・アタ宣言	アセスメント
(4)	WTO	オタワ憲章	アセスメント

北海道

ヘルスプロモーションはWHOのオタワ憲章（1986年）において提唱された健康観である。
WTOは世界貿易機関である。
下記囲み記事参照

答（1）

14 ヘルスプロモーションに関する記述のうち、正しいものを1つ選びなさい。

(1) 人々が自らの病気をコントロールし、改善することができるようにする過程である。
(2) 生活の質の向上を最終的な目的とし、より積極的な健康を求めるものである。
(3) 国レベルの組織や団体の指導による活動を行い、大規模な集団を動かすことが求められる。
(4) すべての人々があらゆる生活の場で健康を享受することができる公正な社会の創造を目標とし、日本の政策とは全く異なっている。

(1) 病気→健康
(3) 住民の自主的・主体的な活動を促し、個人や集団の自己管理能力（エンパワーメント）の向上をめざす。
(4) わが国においても導入され、「健康日本21（第二次）」などに反映されている。

答（2）

「プライマリー・ヘルス・ケア」と「ヘルスプロモーション」

● **プライマリー・ヘルス・ケア：アルマ・アタ宣言**（WHO、1978年）による。健康づくりのための基本的健康支援の指針。「2000年までにすべての人々に健康を」がスローガンであった。
　なお、WHOが提唱するプライマリー・ヘルス・ケアの具体的な業務は、以下のとおりである。
　①予防対策に関する教育　　②食料供給と適正な栄養摂取の推進
　③安全な水の十分な供給　　④母子保健サービス　　⑤予防接種
　⑥地方流行病の予防対策　　⑦疾病と傷害の適切な処置　　⑧必須医薬品の準備
● **ヘルスプロモーション：オタワ憲章**（WHO、1986年）による。定義は、人々が自らの健康をコントロールし、改善することができるようにするプロセス。最終的な目的は生活の質を高めることであり、個人や集団の自己管理能力（エンパワーメント）の向上をめざしている。
　なお、WHOが提唱するヘルスプロモーションの優先的な活動分野は、以下のとおりである。
　①健全（健康的）な公共政策づくり〔例：公共の場での分煙活動〕
　②健康を支援する環境づくり〔例：食品の栄養成分表示〕
　③地域活動の強化〔例：地域住民への健康教育・栄養教育〕
　④個人技術の開発〔例：家庭で使用できる医療機器の開発〕
　⑤ヘルスサービスの方向転換〔例：二次予防から一次予防〕

3 健康と疾病に関する統計

📖 p.8〜11

15 人口静態統計に関する記述のうち、正しいものを1つ選びなさい。

(1) 一定の日時における人口集団の特性（年齢別、労働力など）を数字的に表したもので、時間に対する変化を示す指標である。

(2) 3年ごとに国勢調査を行って集計する。

(3) わが国では高齢化が進んでいるが、高齢者人口は年少者人口よりも少ない。

(4) わが国の100歳以上高齢者は9万人を超え、約9割が女性である。

栃木

(1) 時間に対する変化を示す指標ではない。
(2) 5年ごとに国勢調査を行って集計する。
(3) 高齢者人口（割合は29.0%）は年少者人口（割合は11.6%）よりも多い。（令和4年）

下記囲み記事参照

答 (4)

16 人口静態統計に関する記述のうち、正しいものを1つ選びなさい。

(1) 高齢化率は、総人口に占める70歳以上の老年人口の割合である。

(2) 老年人口指数は、労働力が期待できない年少者100人に対する高齢者の割合である。

(3) 労働力人口比率は、20歳以上の人口に占める労働力人口の割合である。

(4) 従属人口指数は、100人の労働者が働き手でない子どもと高齢者を何人支えているかを示す比率である。

群馬

(1) 70歳→65歳
(2) 老年人口指数→老年化指数（＝老年人口／年少人口×100）
(3) 20歳→15歳

答 (4)

17 高齢化率に関する記述の（　　）内に入る語句の組み合わせのうち、正しいものを1つ選びなさい。

答 (3)

高齢化率は、全人口に対する65歳以上の人口割合であり、高齢化率が（ A ）を超えると「高齢化社会」、（ B ）を超えると「高齢社会」、（ C ）を超えると「超高齢社会」という。

	A	B	C
(1)	3%	6%	12%
(2)	5%	10%	15%
(3)	7%	14%	21%
(4)	10%	20%	30%

人口静態統計

5年ごとの国勢調査により集計され、最新のデータは令和2（2020）年である。特定の一時点における人口集団の特性を表す。なお、（　）は令和4（2022）年の人口推計の結果である。通常、4年間は人口動態統計をもとに推計する。

● **高齢化率**：65歳以上の老年人口。年々増加している（29.0%）

● **老年人口指数**：100人の労働者が働き手でない高齢者を何人支えているかを示す比率。年々増加している（48.8）

● **老年化指数**：年少者100人に対する高齢者の割合の動向。年々増加している（249.9）

● **従属人口指数**：100人の労働者が働き手でない子どもと高齢者を何人支えているかを示す比率。年々増加している（68.4）

● **100歳以上の高齢者**：令和5（2023）年9月時点で、92,139人（男性10,550人、女性81,589人）

18 人口動態統計に関する記述のうち、誤っているものを1つ選びなさい。

(1) 住民基本台帳法に基づく出生届、死亡届、婚姻届、離婚届および死産の届出に関する規定に基づく死産届をもとにつくられ、公衆衛生上の基礎資料として重要である。

(2) 地域における人口の動きが把握できる。

(3) 男女の出生数、死因別死亡数・乳児死亡数、都道府県別死亡数などを知ることができる。

(4) 合計特殊出生率も人口動態統計により集計されている。

住民基本台帳法→戸籍法
下記囲み記事参照

答 (1)

センター、栃木、愛媛

19 人口動態統計に関する記述のうち、誤っているものを1つ選びなさい。

(1) 出生率とは、人口1,000人に対する年間の出生数のことである。

(2) 死亡率とは、人口1,000人に対する年間の死亡数のことである。

(3) 乳児死亡率とは、人口1,000人に対する年間の乳児の死亡数のことである。

(4) 合計特殊出生率とは、1人の女性が一生の間に生む平均的な子供の数である。

(1) 令和4年の出生率は、6.3（対1,000人）。
(2) 令和4年の死亡率は、12.9（対1,000人）。
(3) 人口1,000人→出生1,000人。令和4年の乳児死亡率は1.8（対1,000人）。
(4) 令和4年の合計特殊出生率（15～49歳女性が対象）は、1.26。

答 (3)

福島

20 令和4年人口動態統計（厚生労働省）に関する記述のうち、誤っているものを1つ選びなさい。

(1) 令和4年におけるわが国の出生率は6.3であり、国際的にも高水準にある。

(2) わが国の令和4年の合計特殊出生率は、令和3年に比べ減少している。

(3) 地域の公衆衛生状態などを知る指標として、乳児死亡率が挙げられる。

(4) 死亡率は、人口の高齢化に伴い、昭和58年頃からゆるやかな上昇傾向を示している。

(1) 高水準→低水準
(2) 令和4年は1.26、令和3年は1.30。
(4) 年齢調整死亡率は、低下傾向。

答 (1)

母子関係の統計

● **合計特殊出生率**：15～49歳までの1人の女性が一生の間に生む子どもの平均数である。日本ではこの率が2.08を下回ると人口が減少するといわれているが、現在では1.26と下回っている（令和4年）。人口も平成23（2011）年から減少している。

● **乳児死亡率**：衛生状態を知る重要な指標の1つ。出生数1,000に対する1歳未満の乳児死亡数の割合。戦前は高率であったが戦後急速に低下し、現在では1.8（令和4年）と世界でもトップクラスの水準である。

人口動態統計と生命表

● **人口動態統計**：戸籍法等による1年間の出生届、死亡届、死産届、婚姻届、離婚届の5つをもとにしてつくられる。出生率、死亡率、乳児死亡率、新生児死亡率、妊産婦死亡率、周産期死亡率についてどのような性質のものか、その傾向も含めてつかんでおきたい。

● **平均寿命**：保健衛生の水準を評価する重要な指標の1つ。戦前は50歳を下回っていたが、戦後急速に改善された。令和4年の簡易生命表より算出された日本人の平均寿命の確定値は、男性81.05歳、女性87.09歳となっている。

● **健康寿命**：日常生活の動作を自分で行い、認知症や寝たきりでない年齢期間。令和元（2019）年の厚生労働省の発表では男性72.68歳、女性75.38歳である。

関西、山口

21 衛生統計に関する記述について、正しいものを1つ選びなさい。

(1) 人口動態統計は、5年ごとの国勢調査により集計される。
(2) 人口1,000人に対する年間の出生数は、増加傾向にある。
(3) 主要死因別にみた死亡率は、心疾患（高血圧症を除く）が最も高い。
(4) わが国の平均寿命は男女とも80歳を超えており、世界有数の長寿国となっている。

(1) 人口動態統計→人口静態統計。国勢調査は人口静態統計の代表的なものである。
(2) 増加傾向→減少傾向
(3) 心疾患（高血圧症を除く）→悪性新生物
(4) p.8の囲み記事参照

答 (4)

22 衛生統計に関する記述のうち、正しいものを1つ選びなさい。

(1) わが国の粗死亡率が上昇傾向にあるのは、高齢者人口の増加によるものである。
(2) わが国の高齢化は今後も進むとされ、令和7年には高齢化率が20.0%に至ると推計されている。
(3) 人口動態統計は、特定の一時点における人口集団の特性を把握する統計である。
(4) 疾病統計の有訴者率とは、世帯員のうち、医療施設・施術所に通院・通所している者の割合を表す。

(2) 令和4年の高齢化率は29.0%で、令和7年には30%を超えることが推計されている。
(3) 人口動態統計→人口静態統計
(4) 有訴者率→通院者率
p.10の囲み記事参照

答 (1)

23 衛生統計に関する記述のうち、正しいものを1つ選びなさい。

(1) 生後4週未満の死亡を乳児死亡という。
(2) 現在のわが国の粗死亡率は、上昇傾向を示している。
(3) 人口静態統計は、出生届、死亡届および婚姻届により集計される。
(4) 平均寿命とは、各年齢の生存者が平均してあと何年生きられるかを示したものである。

(1) 生後1年未満の死亡を乳児死亡という。生後4週未満の死亡は新生児死亡という。
(3) 人口静態統計→人口動態統計
人口動態統計は戸籍法などにより集計される。
p.8の囲み記事参照
(4) 平均寿命→平均余命
平均寿命は0歳児の平均余命

答 (2)

奈良

24 健康寿命に関する記述で、（　）に入る語句の組み合わせとして、正しいものを1つ選びなさい。

健康寿命とは、平均寿命から寝たきりや認知症などによる（ A ）の期間を差し引いた期間をいう。国が2019年に策定した「健康寿命延伸プラン」においては、健康寿命を、2040年度までに男女ともに（ B ）以上にすることを目標にしている。

	A	B
(1)	介護状態	85歳
(2)	介護状態	75歳
(3)	入院	85歳
(4)	入院	75歳

令和4年の平均寿命：男性81.05歳、女性87.09歳
令和元年の健康寿命：男性72.68歳、女性75.38歳
p.8の囲み記事参照

答 (2)

25 健康寿命に関する記述として、正しいものを1つ選びなさい。

(1) 0歳の者が、平均してあと何年生きられるかを示したものである。

(2) 各年齢の生存者が、平均してあと何年生きられるかを示したものである。

(3) 日常生活の動作を自分で行い、認知症や寝たきりでない年齢期間を示したものである。

(4) 全人口に対する65歳以上の老年人口の割合を示したものである。

(1) 平均寿命の解説。
(2) 平均余命の解説。
(4) 高齢化率の解説。

答 (3)

26 疾病統計に関する記述のうち、誤っているものを1つ選びなさい。

(1) 疾病統計とは、人々がどのような病気にどれだけかかっているか、疾病の発生や蔓延の実態を正しく把握するための統計である。

(2) 有訴者率は、病気やけがなどで自覚症状のある者の割合を人口1,000対で表すもので、国民生活基礎調査の大規模調査で把握できる。

(3) 通院者率は、医療施設、施術所（あんま、はりなど）に通院・通所している者の割合を人口1,000対で表すもので、国民生活基礎調査の大規模調査で把握できる。

(4) 受療率は、調査日に医療施設で受療した推計患者数を人口10万対で表すもので、国民生活基礎調査の大規模調査で把握できる。

受療率は、3年ごとの患者調査によって把握され、人口10万に対する入院・外来患者の推計数。
下記囲み記事参照

答 (4)

27 衛生統計に関する記述のうち、誤っているものを1つ選びなさい。

(1) 合計特殊出生率は、15〜49歳までの1人の女性が一生の間に生む子供の平均数である。

(2) 老年人口指数は、100人の労働者が支える働き手でない高齢者を何人支えているかを示す比率で、年々増加している。

(3) 人口動態統計は、特定の一時点における人口集団の特性を表したもので、5年ごとの国勢調査により集計される。

(4) 乳児死亡率は、年間の出生数1,000に対する、生後1年未満の乳児死亡数で、母体の健康状態、養育条件などの影響を強く受ける。

(1) 令和4年の合計特殊出生率は1.26。
(2) p.7の囲み記事参照
(3) 人口動態統計→人口静態統計
(4) 令和4年の乳児死亡率は1.8（対1,000人）。

答 (3)

通院者率、有訴者率、受療率

通院者率、有訴者率は、ともに国民生活基礎調査（大規模調査）により把握されている。大規模調査の最新データは令和4年である。

● **通院者率**：世帯員（医療・介護保健施設の入院・入所者を除く）のうち、医療施設、施術所（あんま、はりなど）に通院・通所している者の人口1,000に対する割合を表すもの。

● **有訴者率**：世帯員（医療・介護保険施設の入院・入所者を除く）のうち、病気やけが等で自覚症状のある者の人口1,000に対する割合を表すもの。

受療率は、3年に一度行われる患者調査により把握されている。この調査の最新データは令和2年である。

● **受療率**：医療施設で受療した患者（入院・外来）の人口10万に対する割合の推計を表すもの。

📖 p.12〜30

静岡、沖縄

28 環境に関する記述のうち、誤っているものを1つ選びなさい。

(1) 空気は、酸素約78%、二酸化炭素約0.03%、窒素約21%およびその他の少量の気体でできている。

(2) 二酸化炭素の大気中の濃度が上昇すると、温暖化が進む。

(3) 快感帯温度は、夏は25〜26℃、冬は18〜20℃とされている。

(4) 気温と湿度によって人間が感じる蒸し暑さの指標を不快指数といい、80以上では誰もが不快に感じる。

空気は、酸素約21%、二酸化炭素約0.03%、窒素約78%およびその他の少量の気体で構成されている。

答（1）

29 生活環境に関する記述のうち、正しいものを1つ選びなさい。

(1) 一酸化炭素（CO）は、無色、無味、無臭の無害な気体である。

(2) 健康であるためには、呼吸する空気は十分な酸素が含まれ、不純物が少ない新鮮なものがよい。

(3) 二酸化炭素は、酸素が不十分な場合の不完全燃焼により、発生する。

(4) 空気中の窒素の量は、空気汚染の指標であり、0.1%を超えると空気は相当汚れていると考えられる。

(1) 一酸化炭素（CO）は、無色、無味、無臭の猛毒の気体。頭痛、めまい、吐き気などをともない、放置すると呼吸が止まり死に至る。

(3) 二酸化炭素→一酸化炭素

(4) 窒素→二酸化炭素 0.1%（1,000ppm）を超えると、空気が汚れている。

答（2）

愛媛

30 一酸化炭素に関する記述のうち、誤っているものを1つ選びなさい。

(1) 我々は呼吸により酸素を取り入れ、体内でできた一酸化炭素を体外に排出して生きている。

(2) 家庭の燃料用ガスなどの不完全燃焼が主な発生源である。

(3) 一酸化炭素中毒は、頭痛やめまい、吐き気を伴い、死に至ることもある。

(4) 一酸化炭素中毒は、記憶喪失や運動失調などの後遺症を残すことがある。

二酸化炭素を排出している。

答（1）

愛媛

31 生活環境衛生に関する記述のうち、誤っているものを1つ選びなさい。

(1) 水質汚濁は、一般家庭による生活排水も原因となっている。

(2) ホルムアルデヒドはシックハウス症候群の原因となる化学物質で、建築物環境衛生管理基準として数値基準が定められている。

(3) 一般廃棄物には、日常生活のごみや動物の死体が含まれる。

(4) すべての産業廃棄物は、循環的利用（リサイクル）が可能である。

産業廃棄物と一般廃棄物は、循環利用ができない。

答（4）

32 空気中の健康障害物質に関する記述のうち、正しいものを1つ選びなさい。

(1) 一酸化炭素は、燃料用ガスの不完全燃焼により発生し、強い刺激臭がある。

(2) シックハウス症候群は、塗料に含まれるトルエンが原因で発症することがある。

(3) PM2.5は、粒径が10μm以下の浮遊粒子状物質をいう。

(4) アスベスト（石綿）は軽量で耐火性に優れているため、建築材として平成16年から使用されている。

(1) 一酸化炭素は無臭、無色、無味。

(2) 問題35の解説参照。

(3) 粒径2.5μm以下（1μm＝1mmの1,000分の1）の微小粒子状物質。工場や自動車などから排出された煤煙、硫黄酸化物などから発生する。浮遊粒子状物質は、粒径10μm以下の粒子状物質をいう。

(4) 吸引すると悪性中皮腫や肺がんを発症するため、平成16年より全面使用禁止されている。

答 (2)

---

33 室内の環境に関する記述のうち、誤っているものを1つ選びなさい。

(1) 浮遊粒子状物質は、粒径が10μm以下の大気中を漂う粒子状の物質で、肺や気管に沈着して呼吸器に悪影響を与えることがある。

(2) 我々が快適に感じる温度（快感帯温度）は、夏は25〜26℃、冬は18〜20℃とされている。

(3) 不快指数は、気温と湿度によって人間が感じる蒸し暑さの指標であり、100〜200では不快に感じることはない。

(4) 家の新築、改築などの際に、眼がちかちかする、吐き気、頭痛がするなどの症状をシックハウス症候群と呼ぶ。

(3) 不快指数80以上になると、誰もが不快に感じる。

答 (3)

北海道

34 室内環境に関する記述の（　）に入る語句の組み合わせのうち、正しいものを1つ選びなさい。

太陽光を取り入れることを（ A ）といい、（ B ）では、学校、病院等の居室の（ A ）が床面積に対する窓面積の割合で定められている。給食室や調理室の照度は、労働安全衛生規則に従い、全体照明を（ C ）ルクス以上に保つことが必要である。

	A	B	C
(1)	採光	建築基準法	150
(2)	採光	環境基本法	150
(3)	照明	建築基準法	500
(4)	照明	環境基本法	500

答 (1)

35 　住居環境に関する記述のうち、誤っているものを1つ選びなさい。

(1) 太陽光を取り入れて室内を明るくすることを採光というが、できるだけ採光面積を広くしてこれを利用することが調理場の作業上、衛生上重要である。

(2) シックハウス症候群の原因となる代表的な化学物質は、アスベスト（石綿）である。

(3) 室内の一酸化炭素濃度が増加すると頭痛やめまいがおこり、死に至る場合がある。

(4) 室内の快適な湿度の目安は、40〜70%である。

シックハウス症候群の原因物質には、建材などに含まれる化学物質の**ホルムアルデヒド**、**トルエン**、**パラジクロロベンゼン**のほか、カビやダニもある。アスベストは塵肺症、悪性中皮腫、肺がんなどのもとになる繊維状粉塵。

答　（2）

36 　上水道に関する記述のうち、（　　　）の中に入る語句の組み合わせとして、正しいものを1つ選びなさい。

上水道は、都道府県、市町村、その他の自治団体が、水道法によって（ A ）、湖、井戸などの水源の水を、沈殿、（ B ）、塩素消毒を行い、衛生的に安全な水として家庭、事業所などに供給する施設の総体である。水道水は、次亜塩素酸ナトリウムなどの塩素剤による消毒が行われ、常時給水管から（ C ）mg/L以上の遊離残留塩素が検出されなければならない。

	A	B	C
(1)	海	ろ過	200
(2)	河川	曝気	0.1
(3)	海	曝気	200
(4)	河川	ろ過	0.1

上水道事業の担い手は、原則として市町村となっている。

答　（4）

37 　上下水道に関する記述のうち、誤っているものを1つ選びなさい。

(1) 水道水（飲料水）の水質基準として、大腸菌は100個/mL未満と定められている。

(2) 水道法では、次亜塩素酸ナトリウムなど塩素剤を使用する塩素消毒が規定されている。

(3) 工場排水については、水質汚濁防止法に基づく排水基準が定められている。

(4) 令和3年度末における日本の下水道の普及率は、上水道の普及率に比べて低い。

(1) 大腸菌は検出されてはならない。
下記囲み記事参照
(4) 令和3年度末の下水道処理人口普及率は80.6%、上水道普及率は98.2%である。

答　（1）

水道法に基づく水道水（飲料水）の水質

①大腸菌は検出されてはならない（水質基準　水道法）。一般細菌は1mL中に形成される集落数が100以下。

②残留塩素は、配水管末端の給水栓における保持すべき濃度。

③遊離残留塩素は0.1mg/L以上。結合残留塩素は0.4mg/L以上。

④塩素イオン濃度は水道水の水質基準で200mg/L以下。

⑤ウイルスの基準はない。

⑥カルシウム、マグネシウム（硬度）は300mg/L以下。

⑦総トリハロメタン（発がん性物質）は0.1mg/L以下（塩素消毒の副生成物）。

⑧そのほか、鉛、水銀、カドミウム（およびその化合物）、六価クロムは基準以下。

⑨pHは5.8以上8.6以下。

⑩外観はほとんど無色透明、異常な臭味なし（消毒による臭味を除く）。

●検出されてはいけない物質：**アルキル水銀**、**全シアン**、**PCB**の3つのみ（環境基準　環境基本法）。

なお、銅、鉄、フッ素、フェノールその他の物質をその許容量をこえて含んではならない。

38 水道法で規定される水道水の基準で、誤っているものを1つ選びなさい。

(1) 一般細菌は検出されない。

(2) 外観は、ほとんど無色透明である。

(3) 異常な臭味がない（ただし、消毒による臭味を除く）。

(4) 異常な酸性またはアルカリ性を呈しない。

1mL中に形成される集落数が100以下。

答 (1)

39 水道水に関する文章のうち、（　　）内に入る語句の組み合わせとして、適切なものを1つ選びなさい。

水道法による水質基準には、（ A ）は検出されないことと規定されており、また、衛生上必要な措置として、給水栓（蛇口）における水が遊離残留塩素濃度を（ B ）以上保持するよう定められている。

	A	B
(1)	一般細菌	0.1mg/L
(2)	一般細菌	0.5mg/L
(3)	大腸菌	0.1mg/L
(4)	大腸菌	0.5mg/L

水道水の水質基準は、p.13の囲み記事参照

答 (3)

40 廃棄物処理に関する記述のうち、正しいものを1つ選びなさい。

(1) 廃棄物の処理については、3R政策といわれる、廃棄物の排出抑制（Reduce）、再利用（Reuse）、再資源化（Recycle）を柱とする。

(2) 事業活動によって生じる廃棄物は、一般の家庭で排出されるものと全く同じ対応となり、国の責任で処理することが規定されている。

(3) 資源の再利用を促進するために、家電リサイクル法が定められているが、冷蔵庫などの廃棄は、市町村が回収することが義務づけられている。

(4) 一般の家庭で排出されるものは一般廃棄物に分類され、都道府県の責任で処理することが規定されている。

(2) 事業活動による廃油、プラスチック類などの**産業廃棄物は一般廃棄物と対応が異なる。**

(3) 電気冷蔵・冷凍庫、エアコン、テレビなどは**小売業者の引き取り、製造業者などの指定場所での引き取り、リサイクル施設での再商品化が義務づけられる。**

(4) 一般廃棄物は**市町村の責任で処理する。**

答 (1)

41 廃棄物処理に関する記述のうち、誤っているものを1つ選びなさい。

(1) 「資源の有効な利用の促進に関する法律」(資源有効利用促進法)では、主に魚、肉、果物、野菜を対象資源としている。

(2) 産業廃棄物は、排出事業者の責任で、自らまたは産業廃棄物処理業者に委託して処理しなければならない。

(3) 一般廃棄物は、「廃棄物の処理及び清掃に関する法律」(廃棄物処理法)により、市町村の責任で処理することが規定されている。

(4) 「食品ロスの削減の推進に関する法律」(食品ロス削減推進法)は、食品ロスの削減に関し、国、地方公共団体、事業者の責務などを明らかにしている。

資源有効利用促進法の対象資源は、パソコン、小型二次電池、自動車など。魚、肉、果物、野菜を対象にするのは食品リサイクル法である。p.15の囲み記事参照

答 (1)

42 資源の再利用促進のための法律と対象資源の組み合わせのうち、誤っているものを1つ選びなさい。

(1) 家電リサイクル法　　——　パソコン、自動車
(2) 容器包装リサイクル法 —— ペットボトル、段ボール
(3) 小型家電リサイクル法 —— 携帯電話、デジタルカメラ
(4) 食品リサイクル法　　—— 魚、果物、野菜

家電リサイクル法→資源有効利用促進法
下記囲み記事参照

答 (1)

北海道

43 特定の個別物品に応じた規制と対象資源の組み合わせのうち、正しいものを1つ選びなさい。

(1) 使用済小型電子機器等の再資源化の促進に関する法律（小型家電リサイクル法）—— テレビ、冷蔵庫
(2) 容器包装に係る分別収集及び再商品化の促進等に関する法律（容器包装リサイクル法）—— ペットボトル、段ボール
(3) 食品循環資源の再生利用等の促進に関する法律（食品リサイクル法）—— ガラス製容器
(4) 資源の有効な利用の促進に関する法律（資源有効利用促進法）—— 魚、果物、野菜

(1) 携帯電話、デジタルカメラなど
(3) 魚、果物、野菜など
(4) パソコン、小型二次電池など
下記囲み記事参照

答 (2)

44 ネズミや衛生害虫の駆除等の対策において重点を置くべきことについて、誤っているものを1つ選びなさい。

(1) ネズミや衛生害虫の生態、習性に応じて行う。
(2) 食品の密封保管を行う。
(3) ネズミや衛生害虫を発見した場所に限定して、狭い範囲だけ行う。
(4) ネズミについては、侵入口の閉鎖が効果的である。

ネズミや衛生害虫の駆除は、なるべく発生初期に広範囲にわたって一斉に行うことが重要である。

答 (3)

廃棄物の処理及び清掃に関する法律
廃棄物は一般廃棄物と産業廃棄物に分けられる。
● **一般廃棄物**：産業廃棄物以外の廃棄物（日常生活のごみ、尿尿、犬・猫・ネズミの死体など）。市町村が処理。
● **産業廃棄物**：燃え殻、汚泥、廃油、廃酸・廃アルカリ、廃プラスチックなどの事業活動で出るごみ。注射器、メス等の感染性産業廃棄物も含まれる。事業者が処理。

法律と対象資源
● **容器包装リサイクル法**：ガラス製容器、ペットボトル、段ボール、プラスチック製品など
● **家電リサイクル法**：テレビ、エアコン、洗濯機、冷蔵庫など
● **小型家電リサイクル法**：携帯電話、デジタルカメラ、ゲーム機など
● **資源有効利用促進法**：パソコン、自動車、小型二次電池など
● **食品リサイクル法**：魚、肉、果物、野菜など

45 そ族・衛生害虫の種類と関連疾患についての組み合わせのうち、誤っているものを1つ選びなさい。

(1) ネズミ　　　　── ペスト、ワイル病
(2) 蚊　　　　　　── 日本脳炎、マラリア
(3) ハエ　　　　　── 発疹熱、回帰熱
(4) ゴキブリ　　　── 赤痢、腸チフス

ハエが関連するのは赤痢や腸チフスなどの消化器系感染症。発疹熱や回帰熱が関連するのはノミ・シラミ。

答 (3)

46 大気汚染に関する記述のうち、正しいものを1つ選びなさい。

(1) ダイオキシン類は、無色で刺激臭がある気体であり、環境中で分解されやすく、人間などの生物の体内では特に脂肪組織に蓄積する。
(2) 二酸化硫黄（SO_2）は、硫黄酸化物の1つで、黄色で刺激臭があり、長時間吸い続けると慢性気管支炎やぜんそくを起こす。
(3) 微小粒子状物質は、大気中に浮遊している直径10μm以下の粒子状物質であり、肺の奥深くまで入り、呼吸器系に影響を与える。
(4) 光化学スモッグは、大気中の一次汚染物質である窒素酸化物（NO_x）や揮発性有機化合物（VOC）が太陽光の作用により反応し、オゾンなどのオキシダントが発生した状態をいう。

(1) 分解されやすく→分解されにくく
(2) 黄色で→無色で
(3) 10μm→2.5μm
浮遊粒子状物質（SPM）：大気中にただよう粒径10μm以下の粒子状物質。
微小粒子状物質（PM2.5）：大気中にただよう粒径2.5μm以下の粒子状物質。

答 (4)

47 大気汚染物質に関する記述のうち、誤っているものを1つ選びなさい。

(1) 二酸化硫黄は、無色で刺激臭がある。四日市ぜんそくの原因物質である。
(2) 窒素酸化物は、工場のボイラーや車などから発生する。酸性雨の原因物質にもなる。
(3) ダイオキシン類は、プラスチック類が燃えるときなどに発生する。体内では特に脂肪組織に蓄積する。
(4) 光化学スモッグは、大気中のオゾンが分解して発生する。

窒素酸化物（NO_x）や炭化水素（揮発性有機化合物（VOC））が太陽光によりオゾン（O_3）を発生して起こる。

答 (4)

48 公害に関する記述のうち、誤っているものを1つ選びなさい。

(1) pHやCOD(化学的酸素要求量)は、環境基準で基準値が定められていない。
(2) 一酸化炭素や二酸化窒素は、大気汚染物質である。
(3) 窒素酸化物（NO_x）は、刺激性があり、慢性気管支炎や肺気腫を起こす。
(4) DO（溶存酸素量）の減少は、水質汚濁の原因となる。

基準値が定められていない
→基準値が定められている

答 (1)

49 公害病と原因物質の組み合わせで、誤っているものを1つ選びなさい。

(1) 水俣病　　　　　── メチル水銀
(2) イタイイタイ病　── 水酸化ナトリウム
(3) 四日市ぜんそく　── 二酸化硫黄
(4) 黒皮病　　　　　── 亜ヒ酸

イタイイタイ病の原因物質は、カドミウム
p.17の囲み記事参照

答 (2)

50 四大公害病の原因と主な症状に関する組み合わせのうち、正しいものを1つ選びなさい。

(1) 新潟水俣病 ── メチル水銀 ── 手足の不自由、言語障害
(2) 四日市ぜんそく ── メチル水銀 ── 気管支ぜんそく
(3) イタイイタイ病 ── 二酸化硫黄 ── 腎障害、骨軟化症
(4) 水俣病 ── カドミウム ── 手足の不自由、言語障害

(2) 四日市ぜんそく─二酸化硫黄─気管支ぜんそく
(3) イタイイタイ病─カドミウム─腎障害、骨軟化症
(4) 水俣病─メチル水銀─手足の不自由、言語障害

答 (1)

関西

51 公害に関する記述について、誤っているものを1つ選びなさい。

(1) 二酸化硫黄などの主な大気汚染物質について、環境基準が定められている。
(2) 温室効果ガスには、フロン類、メタン、水素などがある。
(3) 水質汚濁の原因として、一般家庭から出る生活排水が問題となっている。
(4) 環境基本法には、大気汚染、騒音、水質汚濁、土壌汚染に係る環境基準が定められている。

水素→二酸化炭素

答 (2)

北海道

52 地球規模で取り組まれている環境課題として、誤っているものを1つ選びなさい。

(1) 地球温暖化
(2) オゾン層の破壊
(3) 大規模地震
(4) 砂漠化

地球の温暖化、酸性雨、オゾン層の破壊、砂漠化、熱帯雨林の減少、化学物質による土壌や海洋汚染、野生生物種の減少などの「地球規模の環境問題」が論議されている。

答 (3)

53 地球温暖化の原因とされる化学物質として、誤っているものを1つ選びなさい。

(1) ホルムアルデヒド
(2) メタン
(3) 二酸化炭素
(4) フロン

温暖化に関係する温室効果ガスとしては、フロン類、メタン、二酸化炭素などがある。

答 (1)

四大公害病

● **イタイイタイ病**：富山県神通川流域で1910年代から発生。カドミウムによる水質汚染などにより米などを通じてヒトの骨に被害が起き、腎障害、骨軟化症、全身の痛みが生じた。
● **水俣病**：熊本県水俣市で1950年代に発生。メチル水銀（有機水銀）による水質汚染などにより魚類の食物連鎖でヒトへの健康被害が起き、手足の麻痺、言語障害などが生じた。
● **新潟水俣病**：新潟県阿賀野川流域で1960年代に発生。原因物質、食物連鎖によるヒトへの被害、症状は水俣病と同じ。第二水俣病とも呼ばれた。
● **四日市ぜんそく**：三重県四日市市の石油化学コンビナートで1960年代から発生。排ガスの二酸化硫黄（SO$_2$）により大気汚染からヒトへの健康被害が起き、呼吸器疾患が生じた。

54 衣服の衛生的条件に関する記述について、誤っているものを1つ選びなさい。

(1) 夏は外温を防ぎ、冬は体温の放熱を防ぐなどの温度調節のよいもの。
(2) 皮膚を清潔に保ち、洗濯しやすいもの。
(3) 形や重量が活動に適し、危険に対し防護的なもの。
(4) 体温調節を補助し、皮膚を刺激するもの。

衣服は、化学物質による皮膚刺激性の少ないものが望まれる。

答 (4)

55 感染症の予防対策に関する記述のうち、誤っているものを1つ選びなさい。

(1) 国内には常在せず、病原体が国外から持ち込まれた場合にのみ流行する病気を非常在感染症と呼び、国内侵入を防ぐため、空港や海港などで検疫が行われている。
(2) 感染経路対策として、病原体で汚れたものは徹底的に消毒することや、マスクやうがい、手洗いなど、病原体が口から入らないようにすることも重要である。
(3) 感受性対策（個人に対する対策）として予防接種がある。業務上、多数の人の口に入るものを扱う調理師としては、常に予防接種の完全実施に努めなければならない。
(4) 個人の栄養状態は、感染症に対する感受性を大きく左右するため、日常の食事は栄養素をバランスよくとり、よい健康状態を維持することが感染症への抵抗力を高めることにつながる。

(1) 非常在感染症→輸入感染症。
わが国では検疫法により、検疫感染症が指定されている。感染源対策である。
(4) 感受性対策である。
下記囲み記事参照

答 (1)

56 病原体と感染症の組み合わせのうち、正しいものを1つ選びなさい。

(1) ウイルス　——　インフルエンザ、麻しん
(2) 細菌　　　——　マラリア、アメーバ赤痢
(3) 原虫　　　——　発しんチフス、つつが虫病
(4) リケッチア ——　ペスト、破傷風

(2) 細菌—結核、コレラなど
(3) 原虫—マラリアなど
(4) リケッチア—つつが虫病など
p.19の囲み記事参照

答 (1)

感染症の予防対策

感染源対策、感染経路対策、感受性対策の3つに分類される。
●**感染源対策**：①感染源の国内侵入を防ぐために、検疫法により空港や海港などで検疫を実施、②感染源の早期発見・早期措置のために、医師による都道府県知事への届出、③二次感染防止のための入院措置
●**感染経路対策**：徹底した消毒による清潔保持、うがいや手洗いなどの励行、感染媒介物（ネズミ、ハエ、蚊など）の駆除
●**感受性対策（個人に対する対策）**：予防接種による抵抗力向上、食事・運動などによる抵抗力の向上

57 病原体と感染症の組み合わせのうち、誤っているものを1つ選びなさい。

(1) クラミジア —— オウム病
(2) スピロヘータ —— 回帰熱
(3) 真菌 —— カンジダ症
(4) 寄生虫 —— ペスト

(1) クラミジア：オウム病、トラコーマなど
(2) スピロヘータ：回帰熱、梅毒など
(3) 真菌：カンジダ症、アスペルギルス症など
(4) 寄生虫：アニサキス症、回虫症、クドア症など。ペストは細菌。下記囲み記事参照

答 (4)

群馬

58 病原体と感染症の組み合わせのうち、正しいものを1つ選びなさい。

(1) 真菌（かび） —— クリプトスポリジウム症、トキソプラズマ症
(2) 原虫 —— エキノコックス症、回虫症
(3) ウイルス —— つつが虫病、発しんチフス
(4) 細菌 —— ジフテリア、パラチフス

(1) 原虫—クリプトスポリジウム症、トキソプラズマ症
(2) 寄生虫—エキノコックス症、回虫症
(3) リケッチア—つつが虫病、発しんチフス
下記囲み記事参照

答 (4)

栃木

59 感染症と媒介昆虫等の組み合わせのうち、正しいものを1つ選びなさい。

(1) ジカ熱 —— ダニ
(2) つつが虫病 —— シラミ
(3) 発しんチフス —— ハエ
(4) ペスト —— ノミ

(1) ジカ熱—蚊
(2) つつが虫病—ツツガムシ（ダニの一種）
(3) 発しんチフス—シラミ
p.20の囲み記事参照

答 (4)

感染症の病原体

- **ウイルス**：日本脳炎、麻しん、インフルエンザ、急性灰白髄炎（ポリオ）、デング熱、ウイルス性肝炎、ラッサ熱、ジカ熱（ジカウイルス感染症）、後天性免疫不全症候群（エイズ）など。
- **クラミジア**：オウム病、性器クラミジア感染症、トラコーマなど。
- **リケッチア**：発しんチフス、つつが虫病、発しん熱、Q熱など。
- **細菌**：結核、コレラ、細菌性赤痢、腸チフス、パラチフス、腸管出血性大腸菌感染症、ジフテリア、百日せき、ペスト、髄膜炎菌性髄膜炎、破傷風、レジオネラ症など。
- **スピロヘータ**：ワイル病、回帰熱、梅毒。
- **原虫**：マラリア、アメーバ赤痢、クリプトスポリジウム症、トキソプラズマ症など。
- **寄生虫**：アニサキス症、回虫症、十二指腸虫症（鉤虫症）、日本住血吸虫症、エキノコックス症、クドア症、サルコシスティス症。
- **プリオン**：クロイツフェルト・ヤコブ病、牛海綿状脳症。
- **真菌（かび）**：カンジダ症、白癬（水虫）、アスペルギルス症、ニューモシスチス肺炎

60 感染症予防対策に関する記述のうち、誤っているものを1つ選びなさい。

(1) 感染源対策として、病原体が国外から持ち込まれても早期発見できるよう、空港や港などで「検疫法」に基づく検疫が行われている。

(2) 手指には容易に病原体が付着し、次々と伝播し、感染を引き起こす可能性があるため、手洗いの励行は、標準予防対策の基本である。

(3) 感染症に対する個人の感受性を低下（抵抗力を向上）させる方法はない。

(4) 感染症を広げないためには、病原体で汚染されたものを徹底的に消毒することが重要である。

(2)（4）感染経路対策である。
(3) 感受性を低下させる方法はある。
p.18の囲み記事参照

答 (3)

61 感染症に関する記述のうち、正しいものを1つ選びなさい。

(1) SARS（重症急性呼吸器症候群）は、新型インフルエンザウイルスに感染することで、38℃以上の高熱や呼吸困難を引き起こす疾患である。

(2) 腸管出血性大腸菌感染症は、腸管出血性大腸菌が産生するベロ毒素によって起こり、重症化すると溶血性尿毒症症候群を併発し、死亡することがある。

(3) つつが虫病は、ツツガムシウイルスを持つ蚊に刺されて感染し、発熱や発しんを引き起こす疾患である。

(4) コレラは、コレラ菌に感染し、高熱やぜんそく発作を引き起こす疾患である。

(1) SARSコロナウイルスに感染し、高熱や呼吸困難が起こる。
(3) つつが虫病リケッチアを持つダニの一種ツツガムシに刺されて感染し、発熱や発しんが起こる。
(4) コレラ菌に感染し、水様性下痢が起こる。

答 (2)

媒介物による伝播（国内発生がみられた主な感染症に限る）

- **1類感染症**：ペスト…ノミ
- **2類感染症**：急性灰白髄炎…感染者の糞便。結核・ジフテリア…感染者のせき
- **3類感染症**：コレラ…汚染食物。細菌性赤痢、腸管出血性大腸菌感染症…汚染食物・水
- **4類感染症**：日本脳炎…アカイエカ。つつが虫病…ツツガムシ（ダニの一種）。A型肝炎…汚染食物。E型肝炎…動物の臓器や肉の生食。オウム病…鳥との接触。回帰熱…シラミ、ダニ。重症熱性血小板減少症候群…マダニ。デング熱…ネッタイシマカ。発しんチフス…シラミ。マラリア…ハマダラカ。レジオネラ症…レジオネラ菌を含む水滴
- **5類感染症**：エイズ…性的接触。破傷風…土壌、糞便。百日せき・麻しん…感染者のせき

感染症の病原体と主な媒介生物

主な感染症	病原体	主な媒介生物	主な感染症	病原体	主な媒介生物
日本脳炎	ウイルス	蚊	ペスト	細菌	ノミ
デング熱	ウイルス	蚊	つつが虫病	リケッチア	ツツガムシ（ダニの一種）
黄熱	ウイルス	蚊			
ジカ熱	ウイルス	蚊	マラリア	原虫	蚊
発しんチフス	リケッチア	シラミ	回帰熱	スピロヘータ	シラミ、ダニ

62 感染症とその主な感染経路の組み合わせのうち、誤っているものを
1つ選びなさい。

(1) 結核　　　　　　　　　　── 飛沫感染
(2) E型肝炎　　　　　　　　── 経口感染
(3) ノロウイルス感染症　　　── 経皮感染
(4) ジカ熱（ジカウイルス感染症）── 昆虫の媒介感染

静岡

> ノロウイルスは経口感染
> （二枚貝）。接触、飛沫で二
> 次感染が起こる。
> 下記囲み記事参照
> ----------------------
> 答 (3)

63 感染症と感染経路に関する組み合わせのうち、誤っているものを1
つ選びなさい。

(1) インフルエンザ ── せき、くしゃみなどによる飛沫感染
(2) B型肝炎 ── 汚染された注射器などによる媒介物感染
(3) 日本脳炎 ── 蚊に刺されることによる媒介動物感染
(4) コレラ ── 母親の胎盤、産道を通した母子感染

北海道

> コレラは、汚染された水・
> 食物から媒介物感染する。
> ----------------------
> 答 (4)

64 感染症に関する記述のうち、正しいものを1つ選びなさい。

(1) 健康（不顕性）保菌者とは、感染により症状を呈しているものの、病原体の
排菌が認められない者をいう。
(2) 感染症が発生するには、感染源、感染経路および感受性の3つの条件が必要で
ある。
(3) 母親の胎盤や産道、あるいは授乳を通して子どもへ感染する伝播様式を飛沫
感染という。
(4) 腸管出血性大腸菌感染症は、経皮感染する。

北海道、奈良

> (1) 感染しても症状を現さ
> ないが、病原体の排菌
> が認められる者を健康
> （不顕性）保菌者という。
> (3) 飛沫感染→垂直感染
> (4) 経皮感染→経口感染
> ----------------------
> 答 (2)

65 感染症の感染経路対策に関する記述のうち、誤っているものを1つ
選びなさい。

(1) 手指をよく洗う。
(2) 食器、器具を消毒する。
(3) 水質検査を行う。
(4) 予防接種を行う。

> 予防接種は感受性対策であ
> る。
> p.18の囲み記事参照
> ----------------------
> 答 (4)

感染経路
- **飛沫感染**：結核*、ジフテリア、しょう紅熱、麻しん*、インフルエンザ、百日せきなど
- **経口感染**：コレラ、赤痢、腸チフス、パラチフス、急性灰白髄炎、E型肝炎、ノロウイルス感染症など
- **接触（生殖器）感染**：梅毒、りん病、エイズ、性器クラミジア感染症
- **接触（経皮）感染**：日本住血吸虫、狂犬病、破傷風など
- **昆虫の媒介感染**：日本脳炎、マラリア、ペスト、発しんチフス、ジカ熱など
 ＊空気感染、接触感染もみられる。

66 感染症の予防対策に関する記述のうち、誤っているものを1つ選びなさい。

(1) 感染症予防の原則は、感染源対策、感染経路対策、感受性対策（個人に対する対策）の3つに分けることができる。

(2) 検便により保菌者を特定することは、感受性対策である。

(3) 感染症予防のうち感染経路対策として、食器・器具を消毒すること、手洗いやマスクをすることが有効である。

(4) 腸管出血性大腸菌感染症（3類感染症）に感染した場合は、飲食物に直接接触する業務への就業が制限される。

静岡、沖縄

67 感染症に関する記述のうち、誤っているものを1つ選びなさい。

(1) 近年、日本人の海外旅行の増加、国際化の進展などにより、輸入感染症が増加している。

(2) 令和4年の新登録結核患者数は1,000人以下と、大幅に減少している。

(3) 空気感染とは、飛沫ではあるが直接的ではなく、空中を漂っている患者の分泌物、病原体が付着したチリやホコリなどを口や鼻から吸引して感染することである。

(4) 感染症法では、対象とする感染症の感染力や危険度の高さなどに基づき、1〜5類感染症に分類している。

68 「感染症の予防及び感染症の患者に対する医療に関する法律（感染症法）」についての記述のうち、誤っているものを1つ選びなさい。

(1) 感染症の発生の予防、蔓延の防止を図り、公衆衛生の向上および増進を図ることを目的とする。

(2) 一類感染症、二類感染症、三類感染症の患者には、就業制限がある。

(3) 医師は、一類感染症、二類感染症、三類感染症、四類感染症の患者を診断したときは、3日以内に最寄りの保健所を経由して都道府県知事に届け出る義務がある。

(4) 三類感染症は、コレラ、細菌性赤痢、腸管出血性大腸菌感染症、腸チフス、パラチフスである。

69 感染症に関する記述のうち、正しいものを1つ選びなさい。

(1) 腸チフスやコレラは2類感染症に分類され、感染症法（感染症の予防及び感染症の患者に対する医療に関する法律）に基づき患者は直ちに入院の防疫措置がとられる。

(2) 日本脳炎は4類感染症に分類され、蚊の媒介により起こる病気で、わが国では年間200人以上の患者が報告されている。

(3) エイズは3類感染症に分類され、HIV（ヒト免疫不全ウイルス）の感染によって引き起こされるが、予後は良好である。

(4) 破傷風は5類感染症に分類され、破傷風菌芽胞が創傷から体内に入ることにより発病し、致命率が高い。

感受性対策→感染源対策
p.18の囲み記事参照

答 (2)

結核患者は減少傾向だが、令和4年の新登録結核患者数は1万人を超えて、依然として多い。

答 (2)

3日以内に→直ちに
p.24の囲み記事参照

答 (3)

(1) 腸チフスとコレラは3類感染症で、入院措置の規制はない。
(2) 200人→3人（令和3年）
(3) 3類感染症→5類感染症。予後は良好→不良
(4) 患者数は93人（令和3年）で、致命率は高い。

答 (4)

70　「感染症の予防及び感染症の患者に対する医療に関する法律（感染症法）」第6条に規定される1類感染症として、正しいものを1つ選びなさい。

(1)　結核
(2)　重症急性呼吸器症候群（SARS）
(3)　エボラ出血熱
(4)　新型コロナウイルス感染症（COVID-19）

(1)　結核は2類感染症
(2)　重症急性呼吸器症候群（SARS）は2類感染症
(4)　新型コロナウイルス感染症（COVID-19）は5類感染症
p.24の囲み記事参照

答（3）

71　「感染症の予防及び感染症の患者に対する医療に関する法律」（感染症法）で規定される感染症のうち、就業制限が適用されないものを1つ選びなさい。

(1)　コレラ
(2)　後天性免疫不全症候群(AIDS)
(3)　結核
(4)　腸管出血性大腸菌感染症

後天性免疫不全症候群(AIDS)は5類感染症のため就業制限は適用されない。就業制限があるのは1〜3類感染症。
p.24の囲み記事参照

答（2）

72　感染症に関する記述のうち、誤っているものを1つ選びなさい。

(1)　国内には常在せず、病原体が国外から持ち込まれた場合にのみ流行する感染症を輸入感染症という。
(2)　病原体で汚染されたものを徹底的に消毒することやネズミ、ハエ、蚊などを駆除することは感染経路対策に該当する。
(3)　感受性対策である個人的予防には、予防接種がある。
(4)　調理師は、多数の人と接することは少ないため、予防接種を実施する必要はない。

業務上、多数の人の口に入るものを扱う調理師としては、予防接種の実施に努めなければならない。

答（4）

73　感染症に関する記述のうち、正しいものを1つ選びなさい。

(1)　健康保菌者とは、感染により症状を示しているものの、病原体の排菌が認められない者をいう。
(2)　空中に浮遊している病原体を含む飛沫核や塵埃を吸い込んで感染することを接触感染という。
(3)　せき、くしゃみなどにより感染する伝播方式を接触感染という。
(4)　新型コロナウイルス感染症（COVID-19）は、5類感染症である。

(1)　健康保菌者とは、感染しても症状を現さないが、病原体の排菌が認められる者
(2)　接触感染→空気感染
(3)　接触感染→飛沫感染
(4)　新型コロナウイルス感染症は、令和2年に指定感染症に分類された後、令和3年に新型インフルエンザ等感染症に変更、さらに令和5年に5類感染症に変更された。

答（4）

74 感染症に関する記述のうち、適切でないものを１つ選びなさい。

(1) Ｂ型肝炎などの感染症では、病原体に感染しても症状は示さないが、病原体の排出がみられることがある。

(2) 急性灰白髄炎（ポリオ）は、汚染された食器や水、食物等を介して感染する。

(3) 日常の食事で栄養素をバランスよくとり、よい健康状態を維持することが、種々の感染症に対する抵抗力を高めることにつながる。

(4) ネズミやハエ、蚊等を駆除することは、感染症の予防にならない。

予防になる。感染経路対策である。

答 (4)

75 予防接種法において「定期の予防接種」の対象ではない疾病を１つ選びなさい。

(1) 風しん

(2) 破傷風

(3) 白血病

(4) 百日せき

白血病の予防接種はない。下記囲み記事も参照

答 (3)

感染症の分類と対応・措置

類型	感染症名	届出期間
1類（7疾患）	エボラ出血熱、痘そう（天然痘）、ペストなど	診断後直ちに
2類（7疾患）	急性灰白髄炎（ポリオ）、結核、ジフテリア、鳥インフルエンザ（H5N1）、重症急性呼吸器症候群（SARS）など	
3類（5疾患）	コレラ、細菌性赤痢、腸チフス、腸管出血性大腸菌感染症、パラチフス	
4類（44疾患）	Ｅ型肝炎、黄熱、日本脳炎、マラリアなど	
5類（50疾患）	〈全数把握〉クリプトスポリジウム症、後天性免疫不全症候群（AIDS）、梅毒、麻しんなど（24疾患）	診断後7日以内
	〈定点把握〉インフルエンザ（鳥インフルエンザ、新型インフルエンザ等感染症は除く）、新型コロナウイルス感染症、性器クラミジア感染症など（26疾患）	次の月曜日まで
指定感染症	該当なし	
新型インフルエンザ等感染症	該当なし	診察後直ちに

令和5年5月現在

- ●**予防接種**：予防接種法に規定する、国民が受けるように努めなければならない勧奨接種（定期接種と臨時接種）と、法に規定されない医療行為として希望者が受ける任意接種がある。
- ●**予防接種法による勧奨接種（定期接種）の種類**：ジフテリア、百日せき、破傷風、急性灰白髄炎（ポリオ）、麻しん、風しん、日本脳炎、結核、Hib感染症、小児の肺炎球菌感染症、ヒトパピローマウイルス感染症、水痘、高齢者のインフルエンザ・肺炎球菌感染症、Ｂ型肝炎
- ●**新型インフルエンザ等感染症**：国民が免疫を獲得していないことから急速に蔓延し、生命や健康に重大な被害をもたらす感染症。都道府県知事に入院等の措置権限が与えられている。

76 寄生虫病の予防に関する記述のうち、正しいものを1つ選びなさい。

(1) アニサキスが寄生した海産魚を刺身や酢の物で食べると、アニサキスが胃腸壁に入って腫瘤をつくる。最近は海外の生魚介類を食する機会が減っており、アニサキス症は減少している。

(2) 回虫の卵は非常に抵抗力が弱く、塩漬けの漬け物の中では死滅する。

(3) 肺吸虫が寄生した淡水産のカニを生で食べたり、不十分な加熱調理で食べると肺吸虫症に感染する危険があるため、予防には淡水産のカニ類を生食せず、十分な加熱調理をして食べることが大切である。

(4) ぎょう虫の卵は直射日光に強いため、寝具を日光にさらしても予防にはならない。

(1) 海外の生魚介類を食する機会が増えており、アニサキス症は増加している。
(2) 回虫の卵は抵抗力が強く、漬け物の中でも生きる。
(4) ぎょう虫の卵は直射日光に弱い。
下記囲み記事参照

答 (3)

77 寄生虫と原因食品の組み合わせのうち、誤っているものを1つ選びなさい。

(1) 旋毛虫　　　　　　── クマ肉
(2) アニサキス　　　　── アワビ、カニ
(3) クドア　　　　　　── ヒラメ
(4) サルコシスティス ── 馬肉

アニサキス症の原因にはアジ、サバ、イカなどの刺し身や酢の物があげられる。
下記囲み記事参照

答 (2)

主な寄生虫

- ●回虫：小腸に寄生。便とともに排出された卵が成熟卵となり、よく洗わない野菜、土のついた手から口に入るなどで感染する。卵は乾燥・寒さにも強く、漬け物の中でも生存する。
- ●十二指腸虫（鉤虫）：小腸に寄生。便とともに排出された卵が成熟して子虫となり、地面をはだしで歩いたりすると皮膚から侵入する。野菜などに付いて口から入ることもある。
- ●アニサキス：胃腸壁に寄生。第2宿主のアジ・サバ・イカの刺身や酢の物から感染する。
- ●ぎょう虫：腸に寄生。卵が手に付いて食事とともに口から入り感染する。夜になると成虫が肛門の外に出て産卵するので、肛門周囲がかゆくなる。卵は直射日光に弱い。
- ●肺吸虫：肺に寄生。第2宿主の淡水産カニを生や不十分な加熱で食べて感染する。
- ●肝吸虫：肝臓や胆のうに寄生。第2宿主のフナ、コイ、ウグイなどの淡水魚を生で食べて感染する。
- ●日本住血吸虫：門脈内に寄生。中間宿主の宮入貝から出た子虫が人間の皮膚から侵入する。
- ●日本海裂頭条虫：小腸に寄生。中間宿主のマス、サケなどから感染する。
- ●無鉤条虫：腸に寄生。筋肉に子虫が存在する牛肉を食べて感染する。
- ●有鉤条虫：腸に寄生。筋肉に子虫が存在する豚肉を食べて感染する。
- ●小形条虫：腸に寄生。中間宿主はない。
- ●旋毛虫：豚や馬などの家畜や多くの野生動物（クマなど）に寄生する。生肉が加熱不十分の場合、感染する。
- ●エキノコックス：キタキツネに寄生。その糞便で汚染された水や食品などから感染する。
- ●クドア・セプテンプンクタータ：ヒラメに寄生。ヒラメの生食などにより感染する。
- ●サルコシスティス・フェアリー：馬に寄生。馬肉の生食などにより感染する。

神奈川

78 「令和元年国民健康・栄養調査」の結果について、誤っているものを1つ選びなさい。

(1) 成人1日の食塩摂取量の平均値は、男性11.0g、女性9.3gであり、日本人の食事摂取基準（2020年版）の目標量より多い。

(2) 1日当たりの野菜摂取量の平均値は、性・年齢階級別にみると、男女ともすべての年齢階級で350gを超えている。

(3) 成人における1日の平均歩数は、男女とも1万歩に達していない。

(4) 喫煙状況は、男性約30%、女性約8%であり、男女とも漸減傾向である。

> 1日当たりの野菜摂取量の平均値は、最も多い60代でも300g程度で、350gを超える年齢階級はない。
> (1) 成人の目標量は、男性7.5g未満、女性6.5g未満。
> (3) 成人の男性6,794歩、女性5,942歩であり、1万歩を超えている年齢階級はない。
> 下記囲み記事参照
> ----------------------------------
> 答 (2)

静岡

79 令和元年の国民健康・栄養調査結果に関する記述のうち、誤っているものを1つ選びなさい。

(1) 成人における脂質のエネルギー摂取比率は、男性より女性のほうが高い。

(2) 食塩摂取量は、1歳以上で9.7gと、10年前と比べ減少している。

(3) 65歳以上の女性の低栄養傾向の者（BMI ≦ 20kg/m²）の割合は、15%を超えている。

(4) 穀類摂取の増加により、食物繊維摂取量は増加傾向を示している。

> 穀類摂取の減少により、食物繊維摂取量は減少傾向である。
> ----------------------------------
> 答 (4)

北海道、栃木、福井

80 喫煙に関する記述のうち、誤っているものを選びなさい。

(1) 喫煙者は、非喫煙者に比べてがんにかかる危険率が高い。

(2) タバコの煙には、一酸化炭素が含まれる。

(3) ニコチンには、発がん性および依存性（中毒性）がある。

(4) 健康増進法には、受動喫煙の防止の規定が盛り込まれている。

> ニコチン自体には発がん性はないが、依存性がある。
> ----------------------------------
> 答 (3)

日本人の栄養状態

毎年、厚生労働省において、国民健康・栄養調査が実施されている（令和2年・3年は、例外的に調査未実施）。

- ●**エネルギー摂取**：1,903kcal（令和元年）。ここ10年は増加傾向にある。
- ●**脂肪エネルギー比率**：28.6%（令和元年）。わずかに増加傾向。
- ●**食塩摂取**：成人において10.1g（令和元年）。健康日本21（第三次）の目標値7gを超えている。
- ●**野菜摂取量**：269.8g（令和元年）。健康日本21（第三次）の目標量（350g）に達していない。

81 健康増進に関する記述のうち、正しいものを1つ選びなさい。

(1) 健康日本21（第三次）では、女性の生活習慣病のリスクを高める飲酒の量を、日本酒で1日当たり2合（360mL）としている。

(2) 健康日本21（第三次）では、2032年度における成人の喫煙率目標を20%としている。

(3) 日本の男性の喫煙率は、先進諸国に比べて低率である。

(4) 妊婦が喫煙した場合、低出生体重児、早産、合併症の危険性が高くなる。

福井

82 喫煙に関する記述のうち、誤っているものを1つ選びなさい。

(1) 喫煙は、肺がんやCOPDなどの危険性が増大する。

(2) 日本は、諸外国と比べると、女性の喫煙率は高い。

(3) タバコに含まれるニコチンには発がん性はないが、タールには発がん性がある。

(4) 学校・病院等の公共施設では、原則、喫煙が禁止されている。

(1) 1日当たりの純アルコールで男性40g、女性20g以上としている。20gは日本酒では1合（180mL）。
(2) 目標は、12%
(3) 日本の男性喫煙率約30%は、先進諸国に比べて高い。

答　(4)

高い→低い
下記囲み記事参照
(3) ニコチンは発がん性なし、依存性あり。タールは発がん性あり、依存性なし。

答　(2)

喫煙・たばこ対策

①健康日本21〈第三次〉のたばこ対策の目標（令和14年度）
・成人喫煙率の減少：**12%**
・20歳未満の者の喫煙をなくす：**0%**
・**望まない受動喫煙の機会を有する者の減少（家庭・職場・飲食店）：望まない受動喫煙のない社会の実現**
・妊娠中の喫煙をなくす：**第2次成育医療等基本方針に合わせて設定**

②たばこの健康影響
・肺がんなど各種がん、虚血性心疾患、**慢性閉塞性肺疾患（COPD）**、胃・十二指腸潰瘍、歯周病等に影響がある。また、妊婦の場合、喫煙（能動・受動）による肺がん、虚血性心疾患、COPD、**乳幼児突然死症候群、低出生体重児**がみられる。

③法の規則等
・**受動喫煙防止の規定（健康増進法）：罰則なし**
・**未成年者の喫煙禁止規定（未成年者喫煙禁止法）**
・**たばこ規制枠組み条約（WHO）**：わが国は平成16年に批准
・**世界禁煙デー（WHO）**：毎年5月31日

④喫煙状況
・男性（約30%）、女性（約8%）ともに漸減傾向であるが、若年層において増加傾向。
・欧米諸国（男性：20〜30%、女性10〜20%）と比べ、男性は喫煙率が高いが、女性は低い。

83 健康づくり対策に関する記述のうち、誤っているものを1つ選びなさい。

(1) 食品安全基本法に、受動喫煙の防止の規定が盛り込まれている。
(2) 労働安全衛生法に基づき、職場においてストレスチェックを実施することが義務化されている。
(3) 国は、より質の高い生活と健康寿命の延伸をめざす「21世紀における国民健康づくり運動（健康日本21）」を推進している。
(4) 平成20年4月から、医療保険者が実施主体となって40〜74歳の被保険者、被扶養者に対する特定健康診査（特定健診）の実施が義務化された。

食品安全基本法→健康増進法

答 (1)

84 健康日本（第三次）の具体的な目標に関する語句および数値の組み合わせのうち、正しいものを1つ選びなさい。

(1) 食塩の目標摂取量（成人） —— 10g/日未満
(2) 肥満者の割合（20歳から60歳代男性）—— 20%未満
(3) 果物の目標摂取量（成人） —— 100g
(4) 野菜の目標摂取量（成人） —— 350g

(1) 食塩摂取量の1日の目標値は、7g/日
(2) 20%未満→30%未満
(3) 100g→200g

答 (4)

85 「21世紀における第二次国民健康づくり運動〔健康日本21（第三次）〕」に関する記述のうち、正しいものを1つ選びなさい。

(1) 健康日本21（第三次）の計画期間は、30〜50年間である。
(2) 基本方針の一つとして健康寿命の延伸と健康格差の縮小を掲げている。
(3) 20歳以上の者の喫煙率をゼロにすることを目標としている。
(4) 日常生活における歩数を10,000歩にすることを目標としている。

(1) 令和6〜17年度の12年間
(3) ゼロ→12%
(4) 10,000歩→7,100歩

答 (2)

健康日本21（第三次）の基本方針
- 健康寿命の延伸と健康格差の縮小
- 個人の行動と健康状態の改善
- 社会環境の質の向上
- ライフコースアプローチを踏まえた健康づくり

健康日本21（第三次）の目標値（一部）（令和14年度目標）
- ①がん検診受診率の向上：60%（令和10年度）
- ②糖尿病有病者の増加の抑制：1350万人
- ③低栄養傾向の高齢者の減少：13%
- ④野菜摂取量の増加、果物摂取量の改善：野菜350g、果物200g
- ⑤歯周病を有する者の減少（40歳以上）：40%
- ⑥成人の喫煙率の減少：12%
- ⑦日常生活における歩数の増加：7,100歩

86 健康日本21（第三次）の具体的目標として、誤っているものを1つ選びなさい。

50%→40%
p.28の囲み記事参照

答 (2)

(1) 野菜の摂取量の平均値 ── 350g
(2) 歯周病を有する者の減少 ── 50%
(3) がん健診受診率の向上 ── 60%
(4) 低栄養傾向の高齢者の割合の減少 ── 13%

87 健康日本21（第三次）における具体的目標として、正しいものを1つ選びなさい。

(1) 20%→12%
(2) 13万人→1350万人
(4) 10,000歩→7,100歩
p.28の囲み記事参照

答 (3)

(1) 成人の喫煙率の減少 ── 20%（令和14年）
(2) 糖尿病有病者の増加の抑制 ── 13万人（令和14年）
(3) 果物摂取量の改善 ── 200g（令和14年）
(4) 日常生活における歩数の増加 ── 10,000歩（令和14年）

群馬

88 食育対策に関する記述のうち、誤っているものを1つ選びなさい。

厚生労働省→農林水産省

答 (2)

(1) 第4次食育推進基本計画の計画期間は、おおむね5年間である。
(2) 食育対策は、平成28年より厚生労働省が所管している。
(3) 食育月間は、毎年6月に設定されている。
(4) 食育は、食育基本法に基づいて実施されている。

89 第4次食育推進基本計画における令和7年度までの目標値として、正しいものを1つ選びなさい。

(1) 20%以下→0%
(3) 50%以上→90%以上
　　（令和元年度比）
(4) 60%以上→75%以上
p.30の囲み記事参照

答 (2)

(1) 子供の朝食の欠食率 ── 20%以下
(2) 朝食または夕食を家族と一緒に食べる共食の回数 ── 週11回以上
(3) 学校給食の国産食材の使用割合（金額ベース）を維持・向上した都道府県の割合 ── 50%以上
(4) 環境に配慮した農林水産物・食品を選ぶ国民の割合 ── 60%以上

90 食育基本法に基づき策定されている「第4次食育推進基本計画」において、目標値が設定されていないものを1つ選びなさい。

学校給食実施率についての目標は設定されていない。
p.30の囲み記事参照

答 (3)

(1) 郷土料理や伝統料理を毎月1回以上食べる国民の割合
(2) 食品ロス削減のために行動をする国民の割合
(3) 小学校における学校給食実施率
(4) ゆっくりよくかんで食べる国民の割合

91 食育に関する記述のうち、誤っているものを1つ選びなさい。

(1) 食育の推進において、調理師の活躍が期待されている。
(2) 日本での食品ロスは、外食産業での発生が家庭の発生より多い。
(3) 日本の食料自給率は横ばい傾向にある。
(4) 食育基本法では、食育に関する基本理念や国民の責務が定められている。

(2) 令和3年度の食品ロス量（推計値）は、523万トンで、うち事業系は279万トン（そのうち外食産業は80万トン）、家庭系が244万トンである。
(3) 食料自給率（供給熱量ベース）は38%（令和4年度）で横ばい。

答 (2)

第4次食育推進基本計画における目標値（令和7年までの達成をめざすもの）

①食育に関心を持っている国民の割合の増加：90%以上
②朝食または夕食を家族と一緒に食べる「共食」の回数の増加：週11回以上
③地域等で共食したいと思う人が共食する割合の増加：75%以上
④朝食を欠食する国民の割合の減少：子ども0%、若い世代15%以下
⑤学校給食における地場産物を活用した取組等の増加
　・栄養教諭による地場産物に係る食に関する指導回数：月12回以上
　・学校給食における使用割合（金額ベース）を現状値（令和元年度）から維持・向上した都道府県の割合：地場産物使用90%以上・国産食材使用90%以上
⑥栄養バランスに配慮した食生活を実践する国民の割合の増加
　・主食・主菜・副菜を組み合わせた食事を1日2回以上ほぼ毎日食べている国民の割合：全体50%以上，若い世代40%以上
　・1日あたりの摂取量：食塩8g以下，野菜350g以上
　・1日あたりの果物摂取量100g未満の者の割合：30%以下
⑦生活習慣病の予防や改善のために、ふだんから適正体重の維持や減塩等に気をつけた食生活を実践する国民の割合の増加：75%以上
⑧ゆっくりよく噛んで食べる国民の割合の増加：55%以上
⑨食育の推進に関わるボランティアの数の増加：37万人以上
⑩農林漁業体験を経験した国民の割合の増加：70%以上
⑪産地や生産者を意識して農林水産物・食品を選ぶ国民の割合の増加：80%以上
⑫環境に配慮した農林水産物・食品を選ぶ国民の割合の増加：75%以上
⑬食品ロス削減のために何らかの行動をしている国民の割合の増加：80%以上
⑭地域や家庭で受け継がれてきた伝統的な料理や作法等を継承し、伝えている国民の割合の増加：55%以上
　・郷土料理や伝統料理を月1回以上食べている国民の割合：50%以上
⑮食品の安全性について基礎的な知識を持ち、自ら判断する国民の割合の増加：80%以上
⑯推進計画を作成・実施している市町村の割合の増加：100%

---

92 疾病予防対策に関する記述のうち、誤っているものを1つ選びなさい。

(1) 公衆衛生活動は一般に、一次予防、二次予防、三次予防の3段階に分けて行われる。

(2) 一次予防とは、疾病の発生予防、健康増進であり、健康教育や食生活改善が含まれる。

(3) 二次予防とは、早期発見・早期治療であり、健康診査が含まれる。

(4) 三次予防とは、重症化予防であり、人間ドックが含まれる。

三次予防とは、機能回復のリハビリテーションや社会復帰の配置転換などが当たる。
下記囲み記事参照

答 (4)

愛媛

---

93 疾病予防活動の段階とその具体的な活動の組み合わせのうち、誤っているものを1つ選びなさい。

(1) 一次予防 ── 食生活改善

(2) 一次予防 ── 予防接種

(3) 二次予防 ── 人間ドック

(4) 二次予防 ── 機能回復訓練

機能回復訓練は、三次予防に該当する。二次予防には重症化予防がある。
下記囲み記事参照

答 (4)

---

94 生活習慣病に関する記述のうち、誤っているものを1つ選びなさい。

(1) 心疾患（心臓病）の発症危険因子は、高LDLコレステロール血症、高血圧、喫煙である。

(2) 糖尿病の判定は、空腹時血糖と75g経口ブドウ糖負荷試験のみで判断される。

(3) 悪性新生物（がん）の予防法として、バランスのとれた食事をとることや、禁煙すること、ウイルスや細菌の感染を予防することなどがある。

(4) 成人の至適血圧とされる血圧値は、収縮期血圧が120mmHg未満、拡張期血圧が80mmHg未満である。

(2) 糖尿病の診断は、血糖値のみでなく、ヘモグロビンA1c値などの検査結果をもとに総合的に行われている。
(3) p.35の囲み記事参照
(4) 高血圧は、収縮期血圧130mmHg以上かつ/または拡張期血圧80mmHg以上

答 (2)

予防医学（一次・二次・三次予防）

- ●一次予防：不特定多数人への対応
  - ①発生防止と健康増進…健康教育、栄養改善・指導、環境整備、レクリエーション
  - ②特異的予防…予防接種、感染経路対策、病原物質の除去、環境衛生の改善
- ●二次予防：疾病の発見、患者への対応
  - ①早期発見・早期治療…スクリーニング検査、一般健康診断、人間ドック
  - ②重症化予防…疾病の進行抑制（患者への栄養指導）、合併症の再発防止
- ●三次予防：社会生活への復帰あるいは職場復帰のための対応
  - ①機能回復・社会復帰…社会教育・支援、リハビリテーション、配置転換、疾病軽症化に向けた介護、人工透析

95 生活習慣病に関する組み合わせのうち、正しいものを1つ選びなさい。

(1) ヘモグロビンA1c高値 ── 糖尿病
(2) 野菜の摂取不足 ── 肝臓病
(3) 腹囲（男性85cm以上、女性90cm以上）── 皮下脂肪型肥満
(4) 食塩の過剰摂取 ── 痛風

(2) 野菜の摂取不足─がん、
高血圧症、糖尿病
(3) 腹囲（男性85cm以上、
女性90cm以上）─内
臓脂肪型肥満
(4) 食塩の過剰摂取─高血
圧症
下記囲み記事参照
─────────────
答 (1)

96 生活習慣病に関する記述のうち、誤っているものを1つ選びなさい。

(1) 高血圧症になる主な要因は、塩分やアルコールの過剰摂取、肥満、運動不足などである。
(2) 生活習慣病対策の一次予防は、早期発見・早期治療である。
(3) メタボリックシンドロームとは、内臓脂肪症候群のことである。
(4) 喫煙と食事は、悪性新生物（がん）の発生の原因として関わりが深い。

早期発見・早期治療は二次
予防である。
p.31、下記囲み記事参照
─────────────
答 (2)

97 生活習慣病と一般的に考えうるリスク要因の組み合わせのうち、誤っているものを1つ選びなさい。

(1) がん・高血圧症・糖尿病 ── 野菜の摂取不足
(2) 骨粗鬆症 ── 飽和脂肪酸の過剰摂取
(3) 肝臓病 ── アルコールの過剰摂取
(4) 高尿酸血症・痛風 ── たんぱく質の過剰摂取

骨粗鬆症と関連づけられて
いるのはカルシウム・たん
ぱく質の摂取不足と運動不
足である。
─────────────
答 (2)

98 生活習慣病と要因の組み合わせのうち、誤っているものを1つ選びなさい。

(1) 肝臓病 ── アルコールの過剰摂取
(2) 骨粗しょう症 ── カルシウムの摂取不足
(3) 胃がん ── 食塩の過剰摂取
(4) くも膜下出血 ── 低血圧

くも膜下出血─喫煙、高血
圧
─────────────
答 (4)

生活習慣病

生活習慣病とは、悪性新生物（がん）、高血圧症、脳血管疾患、糖尿病、肝硬変、脂質異常症などである。
- **がん**：大腸がんは食塩の摂取過剰、肺がんは喫煙、全般的ながんでは野菜・果物の摂取不足、過剰な飲酒との関係がある。
- **高血圧症**：食塩の摂取過剰、野菜・果物の摂取不足、エネルギーの摂取過剰（肥満）、運動不足との関係がある。
- **心疾患**：虚血性心疾患は喫煙、エネルギーの摂取過剰（肥満）、食塩の摂取過剰（高血圧）と関係がある。
- **糖尿病**：野菜の摂取不足、エネルギー・糖質・アルコールの摂取過剰（肥満）、運動不足と関係がある。
- **肝硬変**：アルコールの摂取過剰やエネルギーの摂取過剰と関係がある。
- **脂質異常症**：コレステロール・飽和脂肪酸の摂取過剰、運動不足、エネルギーの摂取過剰（肥満）と関係がある。

奈良

99 生活習慣病に関する記述のうち、誤っているものを1つ選びなさい。

(1) 透析導入の原因疾患としては、糖尿病の合併症である糖尿病性腎症が最も多い。
(2) 早期発見・早期治療は、二次予防である。
(3) メタボリックシンドロームとは、内臓脂肪の蓄積に加えて脂質代謝異常、高血圧、高血糖の中のいずれか1つ以上に該当する場合をいう。
(4) 悪性新生物（がん）、心疾患、脳血管疾患（脳卒中）は、総死亡数の上位を占める生活習慣病である。

1つ以上→2つ以上
下記囲み記事参照
(4) 令和4年における死因は、悪性新生物、心疾患、老衰、脳血管疾患、肺炎の順に多い。

答 (3)

関西

100 生活習慣病に関する記述のうち、誤っているものを1つ選びなさい。

(1) 高血圧症は、心疾患や脳血管疾患の大きな要因となる疾患である。
(2) 空腹時血糖値が126mg/dL以上の場合は、糖尿病型とされる。
(3) 高LDLコレステロール血症とは、LDLコレステロール値が140mg/dL以上の場合をいう。
(4) 内臓脂肪型肥満とは、男女ともに腹囲が85cm以上の場合をいう。

女性は90cm以上。内臓脂肪型肥満は、腹囲だけの基準で判断し、これに高TG、高血糖、低HDLコレステロール、高血圧のうち2つ以上が該当する場合をメタボリックシンドローム（内臓脂肪症候群）という。

答 (4)

北海道

101 疾病と予防対策に関する記述のうち、正しいものを1つ選びなさい。

(1) 令和4年のわが国における死亡数の死因別順位は、1位 悪性新生物、2位 心疾患、3位 老衰となっている。
(2) 検診等による糖尿病者もしくは耐糖能異常者の早期発見は、糖尿病対策における一次予防である。
(3) 脂質異常症は、動脈硬化の重要な危険因子であり、特にHDLコレステロールと中性脂肪は関連が深い。
(4) 肝臓病は、良質のたんぱく質の過剰摂取が誘因になることがある。

(2) 一次予防→二次予防
(3) HDLコレステロール→LDLコレステロール
(4) 過剰摂取→不足。アルコールの過剰摂取や過食、ウイルス感染も誘因になる。
p.32の囲み記事参照

答 (1)

メタボリックシンドローム診断基準

内臓脂肪蓄積（ウエスト周囲長：男性85cm以上、女性90cm以上）に加え、下記①～③のうち2項目以上が該当した場合に診断される。
①血清脂質：トリグリセライド（TG）値　150mg/dL以上
　　　　　　HDLコレステロール値　　　40mg/dL未満　のいずれか、または両方
②血圧：収縮期血圧　130mmHg以上
　　　　拡張期血圧　85mmHg以上　のいずれか、または両方
③血糖：空腹時血糖値　110mg/dL以上

102 生活習慣病に関する記述のうち、正しいものを1つ選びなさい。

(1) 脳血管疾患は、後遺症が現れる場合は少なく、介護やリハビリテーションを必要としない。

(2) がんによる死亡率において、部位別で最も多いのは、胃がんである。

(3) 生活習慣病予防のため、医療保険者にはすべての被保険者・被扶養者に対する特定健康診査・特定保健指導の実施が義務付けられている。

(4) わが国では、1型糖尿病に比べ、2型糖尿病の方が多い。

(1) 後遺症が現れる場合が多く、介護やリハビリテーションが必要になる場合が多い。
(2) がん死亡率が高いのは肺がんである。男女別では男性：肺がん、大腸がん、胃がんの順、女性：大腸がん、肺がん、膵臓がんの順（令和4年）。胃がんは男女ともに減少傾向。単に死亡率という場合は粗死亡率のことである。
(3) すべての→40〜74歳の

答 (4)

103 疾病と予防対策に関する記述のうち、誤っているものを1つ選びなさい。

(1) 令和4年における死亡数を死因順位別にみると、多いものから順に悪性新生物（がん）、心疾患、肺炎である。

(2) 生活習慣病は、生活習慣のゆがみが長年蓄積して起こる疾病であり、がん、高血圧症、心疾患、糖尿病などがあげられる。

(3) 食塩の過剰摂取は、胃がんや脳血管疾患、冠動脈性心疾患の原因となることがある。

(4) 糖尿病の予防のためには、肥満の改善、運動不足の解消、脂質・糖質の過剰摂取を控えることが重要である。

福島

(1) がん、心疾患、老衰の順に多い。
(2) p.32の囲み記事参照

答 (1)

104 生活習慣病に関する記述として、誤っているものを1つ選びなさい。

(1) 今日わが国では、生活習慣病（がん（悪性新生物）、糖尿病、高血圧症等）は著しく減少傾向にある。

(2) 生活習慣病の発症リスクが高く、生活習慣の改善による生活習慣病の予防効果が多く期待できる人に対して、特定保健指導が行われる。

(3) 高血圧症の要因には、食塩やアルコールの過剰摂取、肥満、運動不足などがあげられる。

(4) がんの年齢調整死亡率は、全体では男女ともわずかに減少している。

生活習慣病は増加している。
(4) がんの年齢調整死亡率は全体的に減少しているが、増えている部位は膵臓、乳房である。

答 (1)

静岡

105 生活習慣病に関する記述のうち、誤っているものを１つ選びなさい。

(1) 悪性新生物（がん）の危険因子には、生活習慣、感染症、大気汚染等がある。

(2) 令和４年における総死亡数に占める生活習慣病の割合は、10％未満である。

(3) アルコールによる肝炎は、アセトアルデヒドによって肝臓が障害され、肝臓の線維化が引き起こされて、肝硬変、肝がんへと進む。

(4) 令和元年における我が国の高血圧症有病者の割合（20歳以上）は、女性より男性の方が多い。

10％未満→約50％
(4) 令和元年の国民健康・栄養調査では男性29.9％、女性24.9％。
- - - - - - - - - - - - - - -
答 (2)

106 生活習慣と疾病に関する組み合わせのうち、正しいものを１つ選びなさい。

(1) アルコールの過剰摂取 ── 骨粗鬆症

(2) カルシウム・たんぱく質の摂取不足、運動不足 ── 肝臓病

(3) たんぱく質の過剰摂取 ── がん

(4) コレステロール、飽和脂肪酸の過剰摂取 ── 高LDLコレステロール血症

(1) 骨粗鬆症→肝臓病
(2) 肝臓病→骨粗鬆症
(3) たんぱく質の過剰摂取とがんとの関係はない。
p.32の囲み記事参照
- - - - - - - - - - - - - - -
答 (4)

福島、奈良

107 「がんを防ぐための新12か条」（2011年国立がん研究センターがん予防・検診研究センターまとめ）として、誤っているものを１つ選びなさい。

(1) お酒はほどほどに

(2) 定期的ながん検診を

(3) 野菜や果物は不足にならないように

(4) 甘い食品は控えめに

「塩辛い食品は控えめに」という項目がある。
下記囲み記事参照
- - - - - - - - - - - - - - -
答 (4)

がんを防ぐための新12か条（国立がん研究センター がん予防・検診研究センター）	
1. たばこは吸わない	
2. 他人のたばこの煙を避ける	
3. お酒はほどほどに	
4. バランスのとれた食生活を	生活習慣
5. 塩辛い食品は控えめに	
6. 野菜や果物は不足にならないように	
7. 適度に運動	
8. 適切な体重維持	
9. ウイルスや細菌の感染予防と治療	
10. 定期的ながん検診を	
11. 身体の異常に気がついたら、すぐに受診を	
12. 正しいがん情報でがんを知ることから	

7 保健・医療・福祉の制度の概要

📖 p.50〜58

　　　　　　　　　　　　　　　　　　　　　沖縄

108 母子保健についての記述で、誤っているものを1つ選びなさい。

(1) 妊娠高血圧症候群は、妊産婦死亡の主要な原因である。
(2) 体重2,800g未満の新生児を低出生体重児といい、届出は市町村に行う。
(3) 健康診査として、妊婦健康診査や乳幼児健康診査が行われている。
(4) 母子健康手帳は、妊娠、出産、育児を通じた母子の一貫した健康記録であり、保健指導の際に重要な資料として利用される。

(1) 下記囲み記事参照
(2) 2,800g未満→2,500g未満。母子保健法第18条に規定。
(3) 母子保健法第12・13条に規定。
(4) 母子保健法第16条に規定。

答 (2)

　　　　　　　　　　　　　　　　　　　　　群馬

109 母子保健に関する記述のうち、正しいものを1つ選びなさい。

(1) 乳児や3歳児の健診は、市町村が実施している。
(2) 年間の出生数1,000に対する2歳未満の者の死亡数の割合を乳児死亡率という。
(3) 日本の乳児死亡率は、世界的にみて極めて高い。
(4) 合計特殊出生率とは、1人の女性が30歳までに生む子どもの平均数である。

(1) 1.6か月児健診と3歳児健診は義務、乳児健診は任意、いずれも市町村が実施
(2) 2歳未満→1歳未満
(3) 高い→低い
(4) 30歳までに生む→15〜49歳まで一生の間に生む。令和4年で1.26

答 (1)

　　　　　　　　　　　　　　　　　　　　　長野

110 母子保健と学校保健に関する記述のうち、誤っているものを1つ選びなさい。

(1) 妊娠した者はすみやかに妊娠の届出をすることになっており、それによって市区町村から母子健康手帳が交付される。
(2) 妊産婦と乳幼児の保健指導は、育児学級等の集団保健指導とともに、必要に応じて保健師・助産師による訪問指導などの個別保健指導が行われている。
(3) 令和4年度の学校保健統計によると、小学生において、最も被患率（有病率）の高い疾病・異常は、裸眼視力1.0未満である。
(4) 学校給食法における学校給食の目標は残さず食べることである。

目標に、残さず食べることは定められていない。
p.38の囲み記事参照
(1)(2) 母子保健法に規定。
(2) 小学生の被患率は、裸眼視力1.0未満37.9%、虫歯37.0%

答 (4)

111 学校保健に関する記述のうち、誤っているものを1つ選びなさい。

(1) 学校保健は、学校保健安全法の規定に基づいて実施されている。
(2) 学校における健康診断は、児童生徒が対象であり、職員は別の規定となっている。
(3) 調理師は、児童・生徒の栄養改善および食品安全管理に参加している。
(4) 学校保健では、健康相談、環境衛生検査、安全点検等に関する事項も実施している。

学校保健安全法では、児童生徒等および職員の健康の保持増進を図るため、保健管理・安全管理に関する事項を定めている。

答 (2)

> **妊娠高血圧症候群**
>
> 妊娠高血圧症候群は、主として妊娠後期にみられる高血圧とたんぱく尿を主とする一連の疾患群の総称。この症候群は、大きく妊娠高血圧と臓器障害が同時に生じる妊娠高血圧腎症に分けられ、特に妊娠高血圧腎症が悪化すると母子とも危険な状態になり死に至るなど、死亡の主要な原因である。

112 学校保健に関する記述のうち、正しいものを1つ選びなさい。

(1) 近年、児童・生徒の身長・体重の伸びは鈍化しており、肥満傾向児の割合は小学校高学年、中学生ともに25〜30%である。

(2) 学校保健安全法において「就学時健康診断」は、就学後1か月以内に実施することとされている。

(3) 令和4年度の学校保健統計によると、被患率が高い疾病・異常は、呼吸器疾患であった。

(4) 小学校・中学校の虫歯の者の割合は、最近10年間で低下している。

(1) 近年、児童・生徒の身長・体重は伸びている。肥満傾向児の割合は、小学校高学年、中学生の男子で10〜15%、女子で8〜10%。
(2) 就学後1か月以内→就学4か月前まで
(3) 被患率が高い疾病・異常は、裸眼視力1.0未満、虫歯。

答 (4)

113 学校保健に関する記述のうち、誤っているものを1つ選びなさい。

(1) 学校保健安全法では、保健管理と安全管理に関する事項を定めている。

(2) 学校の設置者は、感染症にかかっている、かかっている疑いがある、またはかかるおそれのある児童生徒がいるときは、出席を停止させることができる。

(3) 令和4年度の学校保健統計によると、主な被患率が高い疾病・異常は、裸眼視力1.0未満、虫歯である。

(4) 定期健康診断は、毎学年6月30日までに実施される。

学校の設置者→校長
学校の設置者は、感染症予防上必要がある際の臨時休業を行うことができる。

答 (2)

114 学校給食に関する記述のうち、誤っているものを1つ選びなさい。

(1) 学校給食は、学校給食法の規定に基づいて実施されている。

(2) 学校給食の実施率は、小中学校で100%である。

(3) 学校給食の内容、適切に実施するための「学校給食実施基準」が定められている。

(4) 学校給食法では栄養教諭による食の指導の規定がある。

(2) 学校給食の実施率は、小学校で99.0%、中学校で91.5%（令和3年5月現在）。
(4) 学校給食法には学校給食の業務に当たる者として、学校給食栄養管理者の規定もある。

答 (2)

北海道、神奈川

115 学校給食法に定められた学校給食の目標のうち、誤っているものを1つ選びなさい。

(1) 食料の生産、流通、および消費について、正しい理解に導く。

(2) 健康を保持するための食事の調理法を習得させる。

(3) わが国や各地域の優れた伝統的な食文化についての理解を深める。

(4) 適切な栄養の摂取による健康の保持増進を図る。

目標に、食事の調理法の習得は定められていない。
p.38の囲み記事参照

答 (2)

下記囲み記事参照

116 学校給食法に定められている学校給食の目標のうち、誤っているものを1つ選びなさい。

答 (3)

(1) 環境の保全に寄与する態度を養う。
(2) 勤労を重んずる態度を養う。
(3) 自我の形成および自立の精神を養う。
(4) 学校生活を豊かにし、明るい社交性および協同の精神を養う。

長野

117 母子・学校保健および高齢者保健に関する記述のうち、正しいものを1つ選びなさい。

(1)「育てにくさを感じる親に寄り添う支援」、「妊娠期からの児童虐待防止対策」が重点課題である。
(3) 骨粗鬆症検診、歯周疾患検診ともに引き続き健康増進法に基づき実施している。
(4) 少ない→多い

答 (2)

(1) 21世紀の母子保健の基本的な取り組みを提示した「健やか親子21」には、こどもへの虐待防止対策については含まれていない。
(2) 学校給食は児童および生徒の心身の健全な発達に役立つとともに、伝統的な食文化の理解を深める食育の推進もめざしている。
(3) 老人保健法が高齢者の医療の確保に関する法律に改正されたことに伴い、高齢者に対して市町村で実施する健診のうち、骨粗鬆症検診は引き続き実施することになっているが、歯周疾患検診は実施が終了となった。
(4) アルツハイマー型認知症の発症率は、欧米よりも日本が少ない。

118 介護保険制度についての記述で、正しいものを1つ選びなさい。

(1) 都道府県→市区町村
(3) 第1号～第3号→第1号～第2号
(4) 食費・居住費は介護給付の対象にならない。自己負担である。

答 (2)

(1) 都道府県に設置される介護認定審査会において、要介護認定の審査・判定が行われる。
(2) 要介護度は、介護サービスの必要量の指標であり、要支援1～2および要介護1～5に区分される。
(3) 被保険者は、第1号～第3号被保険者からなる。
(4) 介護施設入所者の食費・居住費は、介護給付の対象となる。

学校給食法

学校給食の普及充実および学校における食育の推進を図ることを目的としている。
目標は次のとおりである。
　①適切な栄養の摂取による**健康の保持増進**を図る
　②日常生活における食事について正しい理解を深め、健全な食生活を営む判断力を培い、**望ましい食習慣**を養う
　③学校生活を豊かにし、**明るい社交性および協同の精神**を養う
　④食生活が自然の恩恵の上に成り立つものであることについての理解を深め、生命および自然を尊重する精神並びに**環境の保全**に寄与する態度を養う
　⑤食生活が食にかかわる人々のさまざまな活動に支えられていることについての理解を深め、**勤労を重んずる**態度を養う
　⑥わが国や各地域の優れた**伝統的な食文化**についての理解を深める
　⑦**食料の生産、流通および消費**について、正しい理解に導く

北海道

119 高齢者保健に関する記述のうち、正しいものを1つ選びなさい。

(1) 要介護認定制度は、要支援が2段階、要介護が6段階に分かれている。
(2) 介護保険の給付を受けるためには、厚生労働省へ認定申請し、介護認定審査会において、要介護認定を受けなければならない。
(3) 介護保険の総費用は、介護保険制度が開始した時に比べ、大幅に増えている。
(4) 高齢者の認知症有病率は、特に年齢差がない。

(1) 要介護は5段階に分かれている。
(2) 介護保険の給付を受けるには市区町村へ認定申請する。
(3) 平成12年3.6兆円から令和3年11.3兆円となった。
(4) 年齢が上がるにつれて認知症の有病率は高くなる。

答 (3)

120 介護保険制度に関する記述のうち、正しいものを1つ選びなさい。

(1) 介護保険制度の保険者は、都道府県である。
(2) 被保険者は、第1号被保険者が40〜64歳で、第2号被保険者が65歳以上である。
(3) 介護保険の給付を受けるには、要介護認定の申請を行い、介護認定審査会において要介護認定を受けなければならない。
(4) 介護保険の給付には予防給付と支援給付がある。

(1) 都道府県→市区町村
(2) 第1号被保険者が65歳以上、第2号被保険者が40〜64歳
(4) 介護保険の給付には予防給付と介護給付がある。

答 (3)

121 介護保険制度に関する記述のうち、正しいものを1つ選びなさい。

(1) 介護保険の給付として、要介護者が受けられるサービスである予防給付と、要支援者が受けられる介護給付がある。
(2) 介護保険の財源は、5割が保険料で、残り5割は公費で負担する。
(3) 介護保険の利用者は、原則3割が自己負担である。
(4) 介護サービスの必要量の指標である介護度の認定は、一旦行われると1年通用する。

(1) 要支援者が受けられる予防給付と、要介護者が受けられる介護給付がある。
(3) 介護保険の利用者は、原則1割が自己負担。65歳以上で一定以上の所得がある者では2〜3割負担。
(4) 介護度の認定は、原則6か月ごとに更新されている。

答 (2)

関西、沖縄

122 労働衛生に関する記述のうち、誤っているものを1つ選びなさい。

(1) 職業に特有な作業方法や環境条件によって引き起こされる疾患を職業病という。
(2) 職業の労働条件と疾病との因果関係が密接な職業病の主なものは、鉛中毒、一酸化炭素中毒、じん肺、熱中症、白ろう病などである。
(3) 事業者は希望者に対して一般健康診断を、また、有害な業務に従事する者に対しては特殊健康診断を実施することになっている。
(4) 労働基準法は、災害の補償について規定している。

希望者→全労働者
職業病は、統計では業務上疾病といい、該当者は令和4年で9,506人（新型コロナウイルス感染症によるものを除く）

答 (3)

123 労働安全衛生法に関する語句の組み合わせのうち、正しいものを1つ選びなさい。

「労働安全衛生法の目的は、労働者の（ A ）を保持するとともに、（ B ）を促進することである。」

	A	B
(1)	健康な生活習慣 ——	労働衛生の改善
(2)	健康な生活習慣 ——	快適な作業環境の形成
(3)	安全と健康 ——	労働衛生の改善
(4)	安全と健康 ——	快適な作業環境の形成

沖縄

労働安全衛生法は、衛生教育、作業環境の維持、定期健康診断、健康管理手帳、病者の就業禁止・作業制限などを規定している。

答 (4)

124 産業保健に関する記述のうち、誤っているものを1つ選びなさい。

(1) 労働者の労働時間、休憩、有給休暇、賃金などについて最低限守るべき基準は、労働安全衛生法に定められている。
(2) 労働災害による死亡者数が多い業種として、建設業、製造業などがあげられる。
(3) 労働災害として生じる業務上疾病のうち、腰痛（災害性腰痛）は増加している。
(4) 業務上疾病を防止するためには、定期健康診断を受けることや作業環境の整備が大切である。

関西

(1) 労働安全衛生法→労働基準法
(4) 定期健康診断は、労働安全衛生法において年1回実施することが義務づけられている。
p.41の囲み記事参照

答 (1)

125 労働安全衛生法で規定している事項として、誤っているものを1つ選びなさい。

(1) 休憩・休日の基準
(2) 作業環境管理
(3) 健康診断
(4) 安全衛生教育

休憩・休日は労働基準法で規定されている。
下記囲み記事参照

答 (1)

126 産業保健に関する記述として、誤っているものを1つ選びなさい。

(1) 産業保健では3つの基本対策として、作業環境管理、作業管理、健康管理が行われている。
(2) 調理師に関係の深い労働衛生法規としては、労働基準法、労働安全衛生法、労働安全衛生規則、事業附属寄宿舎規程がある。
(3) 定期健康診断の結果では、有所見率は年々減少傾向にある。
(4) 労働安全衛生規則では、事業場の食堂および炊事場の構造・設備を定めている。

有所見率は5割を超えており、増加傾向である。

答 (3)

労働安全衛生法と労働安全衛生規則

衛生教育、定期健康診断、病者の就業禁止、衛生管理に対する事業者の義務について規定している。労働安全衛生法を具体的に規定したものが労働安全衛生規則で、検便の実施、食堂・炊事場の衛生基準、給食と栄養士に関するあり方が規定されている。

長野、群馬、関西

127　**産業保健に関する記述のうち、正しいものを1つ選びなさい。**

(1)　労働衛生に関わる法律には、食品衛生法がある。

(2)　労働安全衛生法により、職場におけるメンタルヘルス対策として、ストレスチェックが義務づけられている。

(3)　労働安全衛生法第66条に基づき、事業者は希望する労働者に対して、一般健康診断を実施することになっている。

(4)　鉛中毒や職業性難聴など、職業に特有な環境条件、作業方法によって引き起こされる疾患を労働災害という。

(1)　食品衛生法→労働安全衛生法
(3)　希望する労働者→全労働者
(4)　労働災害→職業病

答 (2)

128　**保健・医療・福祉制度に関する記述のうち、誤っているものを1つ選びなさい。**

(1)　労働衛生においては、労働基準法と労働安全衛生法の2つがあり、作業環境管理、作業管理、健康管理の3つの基本対策が行われている。

(2)　介護保険の保険者は市区町村であり、被保険者は第1号被保険者（65歳以上）と、第2号被保険者（40〜64歳）からなる。

(3)　学校保健安全法により、就学時健康診断は、入学後1か月以内に実施しなければならない。

(4)　母子保健法では、妊娠した者は、速やかに市町村長に妊娠の届出をするようにしなければならないと規定している。

就学時健康診断は就学4か月前までに実施する。

答 (3)

129　**保健・福祉制度に関する記述のうち、誤っているものを1つ選びなさい。**

(1)　介護保険から給付を受けるためには、市区町村の窓口へ要介護認定の申請を行う。

(2)　要介護度は、介護サービスの必要量の指標であり、要支援が3段階、要介護が5段階に分かれている。

(3)　事業者は、労働安全衛生法に基づき、有害な業務に従事する者に対して特殊健康診断を実施することになっている。

(4)　労働災害における業務上疾病の発生状況において、負傷に起因する疾病の中で最も多いのは災害性腰痛である。

(2)　要支援が3段階→2段階
(3)　年に2回の義務づけがある。
(4)　災害性腰痛の次に多いのは熱中症である。

答 (2)

労働災害発生状況と業務上疾病発生状況（令和4年）

●労働災害

死亡者774人（減少傾向、過去最少）〔多い業種：建設業281人、製造業140人〕

死傷者数132,355人（増加傾向、過去最高）〔多い業種：製造業26,694人、貨物運送業16,580人、小売業16,414人〕

事故の類型：転倒、腰痛等の動作の反動・無理な動作

●業務上疾病

発生状況165,495人（新型コロナウイルス以外9,506人）〔多い業務：保健衛生業、商業・金融・広告業〕

発生状況が多い疾病（新型コロナウイルス除く）：災害性腰痛、熱中症

有所見者率58.3%（増加傾向）〔有所見：血中脂質31.6%（横ばい傾向）、血圧18.2%（増加傾向）、肝機能15.8%（横ばい傾向）、血糖12.7%（増加傾向）〕

130　法の種類に関する記述のうち、誤っているものを1つ選びなさい。

(1) 憲法に従い国会の議決で成立した法規の例が調理師法である。

(2) 憲法、法律の規定を実施するために内閣が規定する法規（政令）の例が調理師法施行令である。

(3) 公の機関が決めた事項などを広く一般に知らせるため、各省庁大臣が制定した法規の例が調理師法施行規則である。

(4) 地方公共団体の議会が国の法規の範囲内で制定する法規の例が、ふぐの取扱い規制条例などである。

北海道

> 調理師法施行規則は、各省庁大臣が担当する行政事務について、法律や政令を施行するために制定する省令である。
> なお、(3)の内容は告示である。
>
> 答 (3)

131　調理師法第1条「目的」に関する記述で、誤っているものを1つ選びなさい。

(1) 国民の栄養改善に資する。

(2) 国民の食生活の向上に資する。

(3) 調理技術の合理的な発達を図る。

(4) 調理の業務に従事する者の資質を向上させる。

> (1) は健康増進法の目的である。
>
> 答 (1)

132　調理師法に関する記述のうち、誤っているものを1つ選びなさい。

(1) 調理師法は、調理師が調理師の名のもとに、調理の業務に従事することを認めた唯一の法規である。

(2) 調理師とは、調理師の名称を用いて調理の業務に従事することができる者として、都道府県知事の免許を受けた者をいう。

(3) 都道府県知事は、調理師が麻薬、あへん、大麻または覚せい剤の中毒者であれば、調理師免許を取り消すことができる。

(4) 調理師は、業務独占に規定されており、資格がないと業務そのものを行うことはできない。

> 業務独占→名称独占。業務そのものは資格がなくても行えるが、資格がなければ調理師の名称を使うことができない。
>
> 答 (4)

調理師免許の取り消し

調理師が次のいずれかに該当するようになったときは、都道府県知事が免許を取り消すことができる（調理師法第6条）。

- 麻薬、あへん、大麻または覚せい剤の中毒者
- 罰金以上の刑に処せられた者
- 調理の業務に関し、食中毒その他衛生上重大な事故を発生させたとき

栃木、愛媛、沖縄

133 調理師に関する記述のうち、誤っているものを1つ選びなさい。

(1) 調理師免許の申請書は、本籍地の都道府県知事に提出しなければならない。

(2) 調理師免許は、麻薬、あへん、大麻または覚せい剤の中毒者には与えないことがある。

(3) 調理師は、氏名に変更を生じたときは、30日以内に、名簿の訂正を申請しなければならない。

(4) 調理師は、技術審査（学科および実技試験）に合格すると、試験科目に応じた専門調理師の名称を称することができる。

調理師免許の申請書は、住所地の都道府県知事に提出しなければならない。
(2) p.42の囲み記事参照
(3) 調理師名簿の登録事項（氏名のほか、本籍地都道府県（国籍）、生年月日、性別）に変更が生じた時は訂正の申請が必要。

答　(1)

愛媛

134 調理師免許に関する記述のうち、正しいものを1つ選びなさい。

(1) 住所の変更があった場合は、厚生労働省に届出をしなければならない。

(2) 免許証を紛失した者は、再交付されるまで業務を停止しなければならない。

(3) 調理師免許の相対的欠格事由には、罰金以上の刑に処せられた者がある。

(4) 免許証は、勤務先を管轄する市町村長から交付される。

(1) 調理師免許、調理師名簿ともに住所の記載はないため、届出は不要である。
(2) 業務停止は定められていない。
(4) 住所地の都道府県知事から交付される。

答　(3)

135 調理師法に基づき就業地の都道府県知事に対して行う手続きとして、正しいものを1つ選びなさい。

(1) 調理師免許の申請

(2) 調理師就業の届出

(3) 調理師名簿の訂正

(4) 調理師免許証の書換

(1) は住所地の都道府県知事、(3)、(4) は免許を与えた都道府県知事に対して手続きを行う。

答　(2)

136 調理師免許に関する記述のうち、誤っているものを選びなさい。

(1) 調理師免許を取り消された場合による罰金制度はない。

(2) 無免許者が調理師またはこれに紛らわしい名称を用いた場合は、罰則の規定がある。

(3) 飲食店などで調理に従事する調理師は、就業地の都道府県知事に対して毎年1月15日までに就業届出をしなければならない。

(4) 調理師が免許の取消処分を受けた場合は、5日以内に免許を与えた都道府県知事に免許証を返納しなければならない。

(1) 調理師免許は、麻薬やあへん等を使用したり過去に調理業務関係以外で罰金を受けた者は取り消されるが、調理師免許を取り消された場合の罰金制度はない。
(3) 飲食店などで調理の業務に従事する調理師は、2年ごとに12月31日現在における氏名、住所などを翌年の1月15日までに就業地の都道府県知事に届け出なければならない（就業届出制度）。

答　(3)

137 調理師に関する記述のうち、誤っているものを1つ選びなさい。

(1) 調理業務に関して食中毒やその他衛生上の重大な事故を起こしたことにより、調理師免許の取消処分を受ける場合がある。

(2) 小規模の施設（1回20食未満または1日50食未満）は、厚生労働省令で「調理師を置くよう努めなければならない施設」の対象とされている。

(3) 調理師免許取得後、調理技術技能評価試験に合格すると厚生労働大臣から専門調理師と調理技能士の称号が付与される。

(4) 調理師会は、調理師の指導および連絡、調理技術の研究、調理師の福祉の増進などの事業を行っている。

静岡

提供食数にかかわらず、調理師法第8条の2に、飲食物を調理して供与する施設または営業施設の調理師の設置努力規定がある。
(3) 下記囲み記事参照

答 (2)

138 調理師免許に関する記述のうち、正しいものを1つ選びなさい。

(1) ウェイトレスや皿洗いだけの従事であっても、飲食店に2年以上従事した者には、調理師試験の受験資格が与えられる。

(2) 免許証を紛失したときは、住所地の都道府県知事に対し、再交付の申請をすることができる。

(3) 調理師が死亡したときは、戸籍法による死亡の届出義務者は、90日以内に名簿の登録の消除を申請しなければならない。

(4) 都道府県知事は、調理師が罰金以上の刑に処せられた場合、その免許を取り消すことができる。

栃木

(1) 飲食店でもウェイトレスや皿洗いだけの従事では2年以上でも調理師試験受験資格は与えられない。
(2) 免許証の紛失で再交付の申請を行うのは免許を与えた都道府県知事に対してである。
(3) 調理師が死亡した際の登録消除は30日以内に届出義務者が行う。

答 (4)

139 調理師法に関する記述のうち、誤っているものを1つ選びなさい。

(1) 調理師とは、調理師の名称を用いて調理の業務に従事することができる者として都道府県知事の免許を受けた者をいう。

(2) 調理師養成施設では、食生活と健康、食品と栄養の特性、総合調理実習など、960時間以上の授業を受けなければならない。

(3) 調理師試験受験資格の1つとして、厚生労働省令で定める施設または営業において、2年以上調理の業務に従事することが必要である。

(4) 厚生労働大臣は、調理師が調理の業務において食中毒その他衛生上重大な事故を発生させた場合、その免許を取り消すことができる。

厚生労働大臣→都道府県知事
調理師法第6条第2項に規定されている。

答 (4)

専門調理師と調理技能士

● **専門調理師**：調理師法にもとづく資格
● **調理技能士**：職業能力開発促進法にもとづく資格
どちらも厚生労働省が別の課で所管しているが、内容や資格取得方法は同じである。このため、どちらも厚生労働大臣が称号として付与している。

140 本籍地が栃木県で、現在、群馬県を住所地としている者が、茨城県の調理師試験に合格した場合の免許の申請先として、正しいものを1つ選びなさい。

(1) 栃木県知事
(2) 群馬県知事
(3) 茨城県知事
(4) 厚生労働大臣

調理師免許の申請先は、住所地の都道府県知事である。

答 (2)

北海道

141 調理師法および食品衛生法に関する記述のうち、誤っているものを1つ選びなさい。

(1) 調理師の名称は、調理師法に基づいて資格取得した者でなければ使用できない。
(2) 飲食店営業とは、一般食堂、料理店、すし屋、そば屋、仕出し屋等の食品を調理し、または設備を設けて客に飲食させる営業をいう。
(3) 飲食店などで調理の業務に従事する調理師は、2年ごとに12月31日現在における氏名、住所などを翌年の3月31日までに就業地の都道府県知事に届け出なければならない。
(4) 魚介類販売業とは、店舗を設け、鮮魚介類を販売する営業（魚介類を生きたまま販売する営業、鮮魚介類を魚介類市場において、せりの方法で販売する営業を除く）をいう。

3月31日まで→1月15日まで

答 (3)

142 調理技術の審査に関する記述のうち、誤っているものを1つ選びなさい。

(1) 調理技術審査制度は、調理師の資質の向上に資するため、調理技術に関する審査を行うものである。
(2) 調理技術の審査は、学科試験および実技試験によって行い、実技試験は、日本料理、西洋料理、麺料理、中国料理、すし料理、給食用特殊料理の中から1科目選択して受験することになっている。
(3) 調理技術審査制度は、昭和57年から職業能力開発促進法に基づく調理に関わる技能検定制度を含めた調理技術技能評価試験として行われている。
(4) 試験に合格すると、都道府県知事から受験した試験科目の専門調理師の称号を記載した認定証書が与えられる。

(4) 都道府県知事→厚生労働大臣
調理師法第8条の3に調理技術の審査に関する規定がある。審査試験には学科試験と実技試験がある。実技試験の科目は下記囲み記事に示す6科目であり、受験資格は、原則、調理実務経験8年以上、調理師免許を有した期間が3年以上である。

答 (4)

技術審査に合格した者の名称

試験科目	名　称	試験科目	名　称
日本料理	日本料理専門調理師	中国料理	中国料理専門調理師
西洋料理	西洋料理専門調理師	すし料理	すし料理専門調理師
麺料理	麺料理専門調理師	給食用特殊料理	給食用特殊料理専門調理師

143 調理技術審査制度の技術審査に関する記述のうち、（　　）にあてはまる言葉の組み合わせとして正しいものを1つ選びなさい。

　技術審査は、学科試験および実技試験によって行い、学科試験の試験科目は、調理一般、調理法、（ A ）等であり、実技試験は、日本料理、西洋料理、麺料理、（ B ）等の中から1科目選択して受験する。

　両試験とも合格すると、（ C ）から受験した試験科目の専門調理師の称号を記載した認定証書が与えられる。

	A	B	C
(1)	材料	すし料理	厚生労働大臣
(2)	食文化概論	懐石料理	厚生労働大臣
(3)	材料	懐石料理	都道府県知事
(4)	食文化概論	すし料理	都道府県知事

技術審査の料理区分別専門問題として、①調理一般、②調理法、③材料である。各料理区分共通問題として、①食品衛生および公衆衛生、②食品および栄養、③関係法規、④安全衛生である。

答 (1)

144 健康増進法に規定されている事項として、正しいものを1つ選びなさい。

(1) 食育推進基本計画の策定
(2) 食事バランスガイドの普及
(3) 食品ロスの削減
(4) 食事摂取基準の策定

北海道

(1) 食育基本法に規定されている。
(2) 厚生労働省と農林水産省により策定しているが、法律には策定の規定はない。
(3) 消費者庁、農林水産省、環境省による取り組み。「食品ロスの削減の推進に関する法律」に規定されている。

答 (4)

145 健康増進法の規定内容で、誤っているものを1つ選びなさい。

(1) 健康増進計画の策定
(2) 受動喫煙の防止
(3) 特定給食施設における栄養管理
(4) 感染症の予防

感染症の予防については、感染症の予防及び感染症の患者に対する医療に関する法律に規定されている。

答 (4)

146 健康増進法に規定されている事項として、正しいものを1つ選びなさい。

(1) 受動喫煙の防止
(2) 食育推進基本計画の策定
(3) 保健所の事業内容
(4) 特定健康診査・特定保健指導の実施

(2) 食育基本法に規定
(3) 地域保健法に規定
(4) 高齢者医療確保法に規定
下記囲み記事参照

答 (1)

健康増進法

「健康日本21」の裏づけとなる法律で、特に以下の点について理解しておきたい。
①健康増進計画の策定　　②国民健康・栄養調査の実施　　③保健指導・栄養指導の実施
④受動喫煙の防止　　　　⑤食事摂取基準の策定

群馬

147　健康増進法に規定されていないものを1つ選びなさい。

(1)　特定給食施設における栄養管理
(2)　国民健康・栄養調査の実施
(3)　食育推進基本計画の策定
(4)　受動喫煙の防止

> (3)　食育推進基本計画は食育基本法に規定されている。
>
> 答　(3)

148　健康増進法に関する記述のうち、誤っているものを1つ選びなさい。

(1)　都道府県は、健康増進計画を策定しなければならない。
(2)　特定給食施設を設置した場合は、所在地の都道府県知事等に届け出なければならない。
(3)　特定給食施設は、厚生労働省令に従って適切な栄養管理を行わなければならない。
(4)　内閣総理大臣が、国民健康・栄養調査を行う。

> (4)　内閣総理大臣→厚生労働大臣
>
> 答　(4)

静岡

149　法律とその規定についての組み合わせのうち、正しいものを1つ選びなさい。

(1)　健康増進法 ── 国民健康・栄養調査の実施
(2)　食育基本法 ── 受動喫煙の防止
(3)　感染症法　── 飲食に起因する危害発生の防止
(4)　学校給食法 ── 調理技術の審査

> (2)　受動喫煙の防止は健康増進法
> (3)　飲食に起因する危害発生の防止は食品衛生法
> (4)　調理技術の審査は調理師法
>
> 答　(1)

150　食育基本法に関する記述のうち、誤っているものを1つ選びなさい。

(1)　国民が生涯にわたっていつでも好きなときに好きなだけ食事ができるための理念や施策等を定めている。
(2)　食育推進会議は農林水産省に置かれ、会長には農林水産大臣が充てられる。
(3)　国は、食育の基本理念にのっとり、食育の推進に関する施策を実施しなければならない。
(4)　健康で文化的な国民の生活と豊かで活力ある社会の実現に寄与することを目的としている。

> (1)　国民が生涯にわたって健全な心身を培い、豊かな人間性をはぐくむための基本理念や基本施策などを定めている。
> 下記囲み記事参照
>
> 答　(1)

食育基本法

国民が健全な心身を培い、豊かな人間性を育むため、食育に関する施策を総合的、計画的に推進することなどを目的に創設された（平成17年）。基本的な施策としては、次のとおりである。

①家庭における食育の推進
②学校、保育所等における食育の推進
③地域における食生活の改善のための取り組みの推進
④食育推進運動の展開
⑤生産者と消費者との交流の促進、環境と調和のとれた農林漁業の活性化
⑥食文化の継承のための活動への支援等
⑦食品の安全性、栄養その他の食生活に関する調査・研究、情報提供及び国際交流の推進

151 食育基本法の基本的施策について、誤っているものを1つ選びなさい。

(1) 職場における食育の推進
(2) 学校、保育所等における食育の推進
(3) 家庭における食育の推進
(4) 食育推進運動の展開

p.47の囲み記事参照
答 (1)

152 法律に関する記述のうち、誤っているものを1つ選びなさい。

(1) 調理師法は、調理業務従事者の資質を向上させることにより調理技術の発達を図り、調理業務を独占することを目的としている。
(2) 健康増進法は、国民の栄養の改善その他の国民の健康の増進を図り、国民保健の向上につなげることを目的としている。
(3) 食育基本法は、健康で文化的な国民の生活と豊かで活力のある社会の実現に寄与することを目的としている。
(4) 学校給食法は、学校給食の普及充実および学校における食育の推進を図ることを目的としている。

調理業務の独占→国民の食生活の向上に資する

答 (1)

153 文章の（　　）に入る語句について、正しいものを1つ選びなさい。

労働安全衛生法第1条に規定されている目的は、労働者の安全と健康を確保するとともに、（　　）を促進することである。
(1) 労働条件の改善
(2) 休暇取得
(3) 良好な人間関係の形成
(4) 快適な職場環境の形成

(1)、(2) は労働基準法に規定されている。
下記囲み記事参照

答 (4)

154 法律に関する記述のうち、正しいものを1つ選びなさい。

(1) 調理師法による定義では、調理師とは、調理師の名称を用いて調理の業務に従事することができる者として、厚生労働大臣の免許を受けた者をいう。
(2) 食育基本法では、厚生労働大臣が食事による栄養摂取量の基準を定めるとされている。
(3) 学校給食法に掲げられている学校給食の目標の1つとして、食物の調理の方法を習得させることがあげられる。
(4) 感染症法では、1～3類感染症・新型インフルエンザ等感染症の患者、無症状病原体保有者に対し、厚生労働省令に定める業務（飲食サービス業など）における就業制限を規定している。

(1) 厚生労働大臣→都道府県知事
(2) 食育基本法→健康増進法
(3) 食物の調理の方法の習得は、目標に掲げられていない。

答 (4)

労働安全衛生法の目的

この法律は、労働基準法と相まって、労働災害の防止のための危害防止基準の確立、責任体制の明確化および自主的活動の促進の措置を講ずるなど、その防止に関する総合的計画的な対策を推進することにより職場における労働者の安全と健康を確保するとともに、快適な職場環境の形成を促進することを目的とする（第1条）。

155 労働基準法における母性保護に関する記述のうち、誤っているもの
を1つ選びなさい。

(1) 使用者は、生理日の就業が著しく困難な女性から休暇の請求があったときは、
就業させてはならない。

(2) 使用者は、産後4週間を経過しない女性を就業させてはならない。

(3) 使用者は、妊産婦が請求した場合においては、時間外労働、休日労働または
深夜業をさせてはならない。

(4) 生後満1年に達しない生児を育てる女性は、使用者に育児時間の請求ができる。

産後8週間を経過しない女
性を就業させてはならない
（ただし、産後6週間を経
過した女性が請求した場合
に医師が支障なしと認めた
業務に就かせることは差し
支えない）。

答 (2)

156 労働基準法に規定されている労働時間として、正しいものを1つ選
びなさい。

(1) 原則として、休憩時間を含め、1日につき8時間を超えてはならない。

(2) 原則として、休憩時間を含め、1日につき7時間を超えてはならない。

(3) 原則として、休憩時間を除き、1週間につき30時間を超えてはならない。

(4) 原則として、休憩時間を除き、1週間につき40時間を超えてはならない。

労働基準法は、労働時間、
休憩、安全と衛生、女性や
年少者の労働、災害補償な
どの規定がある。

答 (4)

---

157 調理師の業務と社会的役割に関する記述のうち、誤っているものを
1つ選びなさい。

(1) 調理師の資格は、名称の独占ではなく業務の独占なので、調理現場で調理師
以外の人が調理の業務に従事することは許されない。

(2) 中食とは、市販の惣菜やもち帰り弁当のように、家庭の外で調理されたもの
を購入してもち帰り、家庭の食卓にそのまま提供するという形態を指している。

(3) 給食では、特定の喫食者に継続的に食事を提供し、その人々の健康保持の責
任を負っているため栄養管理が必要となる。

(4) 食物や調理に関して、より深い専門知識と技術を習得した調理師は、国民の
保健衛生上重要な役割をもつ専門技術者であることを自覚し、職務に従事しな
ければならない。

業務の独占でなく名称の独
占。調理業務に携わるのに
調理師免許は必要ない。

答 (1)

---

158 調理師の責務に関する記述のうち、(　　　)にあてはまる言葉の組み
合わせとして正しいものを1つ選びなさい。

・調理師の資格は、業務の独占ではなく（ A ）の独占である。

・家庭の外で調理されたものを購入して持ち帰り、家庭の食卓にそのまま提供され
る形態を（ B ）という。

・調理師は、国民の保健衛生上重要な役割を持つ（ C ）であることを自覚し、職
務に従事しなければならない。

	A	B	C
(1)	名称	外食	健康管理者
(2)	名称	中食	専門技術者
(3)	役職	中食	健康管理者
(4)	役職	外食	専門技術者

調理師でなければ「調理
師」または紛らわしい名称
は使用できない（名称独占）。
外食と中食は近年伸びてお
り、中食の市場規模は10
兆円を超えている。

答 (2)

2

食品学

---

1 食品に関する記述のうち、誤っているものを1つ選びなさい。

(1) 食物とは、食品を加工、調理して、美味で消化しやすい形にしたものである。

(2) 食物は、人が必要な栄養素を含み、風味よく衛生上安全な必要がある。食品との明確な区分はない。

(3) 栄養素としての効用は少ないため、調味料や香辛料は、食品とはいえない。

(4) よい献立作成や調理を行うために、食品の種類、成分の物理的・化学的性質に関する知識が必要である。

静岡、山口

調味料や香辛料は、栄養素としての効用は少ないが、食欲増進や嗜好性の点から大切な食品である。

答 (3)

---

2 食品の意義と用途に関する記述のうち、誤っているものを1つ選びなさい。

(1) 食品は有害・有毒物質や腐敗菌を含まず安全であることが第一であり、その上で栄養性に富むものでなければならない。

(2) 栄養は、主食、主菜、副菜をバランス良く組み合わせることで保たれる。

(3) 食品の第1次機能は、栄養素が身体に対し影響する生命維持機能であり、第2次機能は、嗜好品としての機能である。

(4) 食品の成分中には、栄養素としての機能以外のものは知られていない。

北海道

生体調節機能（血糖値や血圧の調節、免疫力の向上、ホルモンの代替作用など）という栄養素として以外の機能が備わっており、これが第3次機能である。
香り、酸味、苦味、辛味、渋味なども食品成分として重要である。

答 (4)

---

3 食品の分類に関する記述のうち、誤っているものを1つ選びなさい。

(1) 食品の種類は、大別すると植物性食品と動物性食品の2つに分類される。

(2) 植物性食品のうち、エネルギー源となる食品には、穀類、いも類、砂糖類、植物油類、種実類等がある。

(3) 動物性食品は、炭水化物とたんぱく質が多く、脂質は少ないものが多い。

(4) 動物性たんぱく質は、植物性たんぱく質に比べて必須アミノ酸のバランスがよい。

たんぱく質と脂質が多く、炭水化物はきわめて少ないものが多い。

答 (3)

---

4 植物性食品に関する記述のうち、誤っているものを1つ選びなさい。

(1) 食物繊維、ビタミン、無機質（ミネラル）に富むが、豆・種実類を除いてたんぱく質や脂質が少ない。

(2) 大豆には例外的にたんぱく質や脂質が多い。

(3) 穀類、いも類はエネルギー源になる。

(4) 食物繊維の多い植物性食品は、コレステロール値を上げる。

植物性食品の食物繊維は、コレステロール値を低下させる。

答 (4)

植物性食品と動物性食品

● **植物性食品**：炭水化物、ビタミン、無機質（ミネラル）に富み、たんぱく質や脂質は少ないものが多いが、大豆のようにたんぱく質や脂質が多いものもある。砂糖類と油脂類を除き、食物繊維が多いので、便通を整え、コレステロールを低下させる作用をもつ。

● **動物性食品**：たんぱく質と脂質が多く、炭水化物はほとんど含まれないものが多い。たんぱく質では必須アミノ酸のバランスがよくアミノ酸価は高い。また、無機質ではカルシウムやリンが多い。

5　動物性食品に関する記述の（　　　）に入る語句の組み合わせのうち、正しいものを1つ選びなさい。

動物性食品は、（ A ）と脂質が多く、（ B ）はきわめて少ないものが多い。（ A ）は人の成長に必要な（ C ）に富み、無機質は骨や歯の成分になる（ D ）やカルシウムが多い。

	A	B	C	D
(1)	炭水化物	たんぱく質	必須脂肪酸	リン
(2)	たんぱく質	炭水化物	必須脂肪酸	ナトリウム
(3)	炭水化物	たんぱく質	必須アミノ酸	ナトリウム
(4)	たんぱく質	炭水化物	必須アミノ酸	リン

6　食品の成分に関する記述のうち、誤っているものを1つ選びなさい。

(1) 食品中の脂質は中性脂肪が主であり、中性脂肪を構成する脂肪酸には二重結合をもつ不飽和脂肪酸と、二重結合をもたない飽和脂肪酸がある。

(2) 炭水化物はエネルギー源として重要な物質で、ブドウ糖や果糖などの単糖類、ショ糖や麦芽糖などの少糖類、デンプンなどの多糖類に分類される。

(3) たんぱく質は20数種類のアミノ酸が多数ペプチド結合して生じた高分子化合物である。

(4) ビタミンは微量で体内の代謝調節に関わる不可欠な物質で、油に溶けやすい性質の脂溶性ビタミン（B群、C）と水に溶けやすい性質の水溶性ビタミン（A、D、E、K）に大別される。

7　食品の成分に関する記述のうち、誤っているものを1つ選びなさい。

(1) 食品の五大栄養素とは、たんぱく質、糖質、食物繊維、無機質、ビタミンである。

(2) 食品には五大栄養素以外に色素や芳香成分、辛味成分等が含まれている。

(3) 食品の栄養価は、調理加工の方法により著しく変化する。

(4) 栄養素を多く含む食品であっても、消化吸収率が低ければ、その価値を十分に発揮することはできない。

五大栄養素とは、たんぱく質、炭水化物、脂質、ビタミン、無機質（ミネラル）。
(4) 消化吸収率は、食品が消化器官内でどれだけ消化されて腸壁から吸収されるかを示したもの。

答 (1)

8 食品の栄養価に関する記述について、（　　）に入る語句の組み合わせのうち、正しいものを1つ選びなさい。

食品の栄養価は、調理、加工の方法によって、著しく変化することがある。ビタミンについてみると、（ A ）は（ B ）よりたんぱく質、脂質、ビタミンB_1などが多いが、消化吸収率はおとっている。また、米を炊く前にとぎ洗いをすると、（ C ）は水に溶け出て減少してしまう。大根は、生のときは（ D ）が含まれるが、みそ漬け・福神漬けにすると失われ、糠みそ漬けにすると糠のビタミンB_1が移行してB_1が増える。

	A	B	C	D
(1)	玄米	白米	ビタミンB_1	ビタミンC
(2)	玄米	白米	ビタミンD	ナトリウム
(3)	白米	玄米	ビタミンB_1	ナトリウム
(4)	白米	玄米	ビタミンD	ビタミンC

9 食品に関する記述について、誤っているものを1つ選びなさい。

(1) たんぱく質の栄養価は、アミノ酸価（アミノ酸スコア）で評価する。
(2) 食品の成分値は、文部科学省が公表している「日本食品標準成分表2020年版」で知ることができる。
(3) 食品は栄養素を少なくとも3種類以上含み、毒性がなく、嗜好に適している。
(4) 食品に含まれる栄養素は、エネルギー源となるもの、体組織をつくるもの、体の機能を調節するものに大別されるが、1つの食品でこれらをバランスよく含んでいるものはないため、献立作成や調理の際には食品の組み合わせと量に留意しなければならない。

10 日本食品標準成分表2020年版（八訂）に関する記述のうち、誤っているものを1つ選びなさい。

(1) 可食部100g当たりの成分値を示す。
(2) エネルギー換算係数は、アミノ酸組成によるたんぱく質4kcal/g、利用可能炭水化物3.75kcal/g、脂肪酸のトリアシルグリセロール当量9kcal/gである。
(3) 炭水化物には食物繊維は含まれない。
(4) 13種類のビタミンが記載されている。

11 食品成分表に関する記述のうち、正しいものを1つ選びなさい。

(1) 食品成分表では、食品の可食部1g中に含まれる各成分を、キロカロリー（kcal）、キロジュール（kJ）などで表している。
(2) 無機質（ミネラル）は、13種類が記載され、単位は種類によってミリグラム（mg）またはマイクログラム（μg）で表される。
(3) 厚生労働省は、令和2年に「日本食品標準成分表2020年版（八訂）」を公表し、15年ぶりの大幅な改訂を行った。
(4) ビタミンは、ビタミンA、D、E、K、B_1、B_2、C、ナイアシン、葉酸、パントテン酸の10種類が記載されている。

答 (1)

3種類→1種類

答 (3)

炭水化物には食物繊維（水溶性、不溶性の総量で表示）も含まれている。

答 (3)

令和5年4月に、「日本食品標準成分表（八訂）増補2023年」が公表されている。

---

(1) 1g→100g
(3) 15年ぶり→5年ぶり。令和5年4月に、文部科学省によって「日本食品標準成分表（八訂）増補2023年」が公表されている。
(4) さらにビタミンB_6、B_{12}、ビオチンをあわせた13種類が記載されている。

答 (2)

12 日本食品標準成分表2020年版（八訂）に関する記述のうち、（　　）
にあてはまる組み合わせで、正しいものを1つ選びなさい。

食品のエネルギー値は、可食部100g当たりの"アミノ酸組成によるたんぱく質"、"脂肪酸のトリアシルグリセロール当量" および "利用可能炭水化物（単糖当量）" の量（g）に、各成分のエネルギー換算係数をかけて算出している。1g当たりのエネルギー換算係数は、"アミノ酸組成によるたんぱく質"（ A ）kcal、"脂肪酸のトリアシルグリセロール当量"（ B ）kcal、"利用可能炭水化物（単糖当量）"（ C ）kcalを用いている。

	A	B	C
(1)	4	9	3.75
(2)	4	4	9
(3)	9	4	9
(4)	9	9	3.75

神奈川

エネルギー換算係数は、アミノ酸組成によるたんぱく質4kcal、脂肪酸のトリアシルグリセロール当量9kcal、利用可能炭水化物（単糖当量）3.75kcalである*。

＊利用可能炭水化物（単糖当量）がない場合には、差引き法による利用可能炭水化物1g当たり4kcalをかけて算出している。

答 (1)

---

13 日本食品標準成分表2020年版（八訂）に関する記述のうち、正しいものを1つ選びなさい。

(1) 各成分値は、可食部と不可食部を含めた食品100g当たりの数値を示している。
(2) 収載食品の総数は500食品である。
(3) 食品のエネルギー値の算出に用いるエネルギー換算係数には、一定の係数がある。
(4) 40種類のビタミンの成分値が記載されている。

(1) 各成分値は、可食部100g当たりの数値を示している。
(2) 500食品→2,478食品（増補2023年で、2,538食品になっている）
(4) 40種類→13種類
p.54の11解説参照

答 (3)

---

14 日本食品標準成分表2020年版（八訂）に関する記述のうち、正しいものを1つ選びなさい。

(1) 食品の可食部10g中に含まれる各成分の数値が示されている。
(2) 記載されているビタミンは10種類である。
(3) 無機質（ミネラル）は、ナトリウム、カリウム、カルシウム、食物繊維など13種類が記載されている。
(4) 植物性食品、きのこ類、藻類、動物性食品、加工食品の順に並べ、18群に分類している。

神奈川

(1) 10g→100g
(2) 10種類→13種類
(3) 食物繊維は、炭水化物に含まれている。

答 (4)

---

15 日本食品標準成分表2020年版（八訂）に関する記述のうち、（　　）に入る語句として、正しいものを1つ選びなさい。

「日本食品標準成分表2020年版（八訂）」に掲載されている食品のうち、（　　）の廃棄率は55％である。

(1) こめ 〔水稲穀粒〕 精白米 うるち米
(2) ＜魚類＞ （あじ類）まあじ 皮つき 生
(3) りんご 皮なし 生
(4) 鶏卵 全卵 ゆで

答 (2)

55

2 食品の特徴と性質

📖 p.79〜94

北海道

16 日本食品標準成分表2020年版（八訂）の食品群と食品の組み合わせのうち、正しいものを1つ選びなさい。

(1) 穀類　　——　米、小麦、大麦、とうもろこし
(2) 果実類　——　みかん、レモン、トマト、うめ
(3) 魚介類　——　魚、貝、いか、こんぶ
(4) 乳類　　——　牛乳、クリーム、チーズ、バター

(2) トマトは野菜類
(3) こんぶは藻類
(4) バターは油脂類

答 (1)

バターの分類…食品学や食品加工学では「乳および乳製品」として扱われるが、日本食品標準成分表では、用途の面から「油脂」に分類されている。

17 食品群と食品の組み合わせのうち、正しいものを1つ選びなさい。

(1) 穀類　　　　　　　——　米、小麦、大豆
(2) 砂糖および甘味類　——　砂糖、水あめ、はちみつ
(3) 野菜類　　　　　　——　大根、なす、しめじ
(4) 魚介類　　　　　　——　えび、ほたて貝、もずく

(1) 大豆は豆類
(3) しめじはきのこ類
(4) もずくは藻類

答 (2)

山口、北海道

18 穀類に関する記述のうち、誤っているものを1つ選びなさい。

(1) 大麦のビタミンB₁は、精白米より多い。
(2) 日本食品標準成分表の食品群において、そばは穀類に含まれる。
(3) 小麦のたんぱく質量は、薄力粉が最も多く、中力粉、準強力粉、強力粉の順に減少する。
(4) 大麦は、麦飯や、みその原料として用い、麦芽は、ビール、ウイスキー、あめの原料となる。

強力粉が最も多く、準強力粉、中力粉、薄力粉の順に減少する。

答 (3)

静岡、沖縄

19 穀類に関する記述のうち、誤っているものを1つ選びなさい。

(1) とうもろこしは、雑穀の1つで、コーンフレークやコーングリッツがつくられ、胚乳からコーン油が抽出される。
(2) 日本酒の醸造には、山田錦などの酒米と呼ばれるものが使われる。
(3) わが国の食品中で、米は数量において最も多く用いられている。
(4) 米のたんぱく質は、オリゼニンが主である。

胚乳→胚芽

答 (1)

20 米の成分に関する記述のうち、正しいものを1つ選びなさい。

(1) ビタミンB群は、胚芽とぬか層に少なく胚乳に多い。特にビタミンB₁はそのほとんどが胚乳に存在する。
(2) うるち米は、アミロース8：アミロペクチン2で、もち米はアミロースのみである。
(3) 米の胚芽油にはビタミンEが多く含まれる。
(4) 白米の無機質には鉄や亜鉛が多く含まれる。

(1) ビタミンB群は、胚芽とぬか層に多く、胚乳には少ない。
(2) うるち米は、アミロース2：アミロペクチン8で、もち米はアミロペクチンのみである。
(4) 米の鉄や亜鉛はそれほど多くない。

答 (3)

群馬、奈良

21 米とその加工品に関する記述のうち、誤っているものを1つ選びなさい。

(1) 白玉粉は、もち米を粉末状にしたものである。

(2) 形態により、ジャポニカ米とインディカ米に大別できる。

(3) 玄米を搗精（とうせい）すると、ビタミンの含有率は増加する。

(4) 米は、長期間貯蔵すると、ビタミンB₁が減少し、脂質が酸化して味が落ちる。

ビタミンの含有量は減少する。

答（3）

22 小麦に関する記述のうち、正しいものを1つ選びなさい。

(1) でん粉は、胚乳部よりも糊粉（こふん）層に多く含まれる。

(2) 胚芽油には、ビタミンEが含まれている。

(3) 薄力粉は、強力粉に比べて、たんぱく質の含有量が多い。

(4) スパゲッティーの原料は、中力粉である。

(1) でん粉は胚乳部に多い。

(3) 薄力粉のたんぱく質含有量は、強力粉に比べて約50%である。

(4) スパゲッティーは強力粉の一種であるデュラム小麦をセモリナ粉にしたものから作られる。

答（2）

23 小麦粉の種類とその製品の組み合わせとして、正しいものを1つ選びなさい。

(1) 強力粉 ── うどん

(2) 中力粉 ── パスタ

(3) 薄力粉 ── クッキー

(4) デュラム粉 ── ビーフン

うどんは、中力粉、パスタは、強力粉であるデュラム小麦を使用する。ビーフンは、米粉から作られる。

答（3）

24 小麦に関する記述のうち、誤っているものを1つ選びなさい。

(1) 小麦の炭水化物は大部分がでん粉で、胚乳部に65%含まれ、胚芽や糊粉（こふん）層には少ない。

(2) 小麦の胚芽油にはビタミンKが多く、脂肪酸組成はカプリン酸、ドコサペンタエン酸などを含む。

(3) 小麦のたんぱく質はグルテンが主成分で、グリアジンとグルテニンの混合物である。

(4) 小麦粉の加工品としては、うどん、パスタ、パンなどがある。

小麦の胚芽油にはビタミンEが多く、脂肪酸ではパルミチン酸、オレイン酸、リノール酸を含む。

答（2）

栃木

25 穀類に関する記述のうち、誤っているものを1つ選びなさい。

(1) 玄米やもみ米は、精白米よりも貯蔵に耐える。

(2) えん麦は、オートミールの原料である。

(3) 小麦粉の中でもグルテンの多い強力粉は、パンの原料として使用される。

(4) 中華麺は、準強力粉に酸性のかん水を加えて製麺したものである。

酸性→アルカリ性

答（4）

26 いも類に関する記述のうち、正しいものを1つ選びなさい。

(1) さつまいもは、炭水化物が主で、たんぱく質や脂質は少なく、ビタミンCが比較的多く、ビタミンB₁やカロテンも含まれる。

(2) じゃがいもにはアラビノガラクタンというアルカノイド配糖体の毒素があるので、取り除く必要がある。

(3) さといもに特有の粘性は、グルコマンナンという糖質がたんぱく質と結合したものによる。

(4) やまのいもから得られるでん粉をタピオカという。

27 いも類およびでん粉類に関する記述のうち、誤っているものを1つ選びなさい。

(1) さといも —— 炭水化物はやや少なく、ビタミンCは多い。発芽時の芽、緑変した皮に、ソラニン、チャコニンという毒素がある。

(2) やまのいも —— ほかのいも類より、たんぱく質がやや多い。生いもをすりおろすと、アセチルマンナン（糖質）とたんぱく質が結合したものにより、特有のねばりがでる。

(3) こんにゃくいも —— グルコマンナンという糖質が主成分であり、栄養価がほとんどない。難消化性多糖類（食物繊維）の1つである。

(4) さつまいも —— 炭水化物が主で、たんぱく質、脂質は少なく、ビタミンCが比較的多く、食物繊維を多く含むので、便秘の予防にもなる。

28 いも類とその含有成分に関する組み合わせのうち、正しいものを1つ選びなさい。

(1) こんにゃくいも —— ソラニン

(2) さといも　　　 —— アラビノガラクタン

(3) じゃがいも　　 —— グルコマンナン

(4) さつまいも　　 —— チャコニン

29 砂糖および甘味類に関する記述のうち、正しいものを1つ選びなさい。

(1) キシリトールには、抗う蝕性や整腸作用がある。

(2) かんしょ糖は、さとうだいこんからつくられる。

(3) 黒砂糖より白砂糖の方が、カルシウムや鉄の含量が多く、栄養価は高い。

(4) サッカリンは、エネルギーが高く、そのほかの栄養成分も豊富に含む人工甘味料である。

---

(2) アラビノガラクタン→ソラニン、チャコニン
(3) グルコマンナン→アラビノガラクタン
(4) やまのいも→キャッサバ（苦味種）

答 (1)

さといも→じゃがいも
さといもは炭水化物が多く、ビタミンCは少ない。

答 (1)

---

(1) こんにゃくいもはグルコマンナン（糖質）
(3) じゃがいもはソラニン、チャコニン（毒素）
(4) さつまいもはビタミンCが比較的多い。

答 (2)

---

(2) さとうだいこん→さとうきび
(3) 白砂糖より黒砂糖の方が、カルシウムや鉄の含量が多く、栄養価は高い。
(4) エネルギーは少なく、そのほかの栄養成分は含まない。

答 (1)

群馬、愛媛

30　砂糖と甘味類に関する記述のうち、正しいものを１つ選びなさい。

(1) 砂糖の主成分は、ブドウ糖と果糖が１分子ずつ結合したショ糖である。

(2) はちみつの主成分は、二糖類の麦芽糖である。

(3) 砂糖類は、白く精製するほどカルシウムの含量が多くなる。

(4) アスパルテームは甘味があるが、エネルギーは少なく、その他の栄養成分を多く含む。

(2) 主成分はブドウ糖と果糖。

(3) 多くなる→少なくなる

(4) 少量のエネルギー以外の栄養成分は含まない。

答 (1)

31　糖類や甘味料の甘さを評価した甘味度による順番のうち、適切なものを１つ選びなさい。

(1) ブドウ糖＜ショ糖＜果　糖＜アスパルテーム

(2) ブドウ糖＜果　糖＜ショ糖＜アスパルテーム

(3) ショ糖＜アスパルテーム＜果　糖＜ブドウ糖

(4) 果　糖＜ショ糖＜アスパルテーム＜ブドウ糖

甘味度は、ショ糖を基準とすると、ブドウ糖0.6〜0.7、ショ糖1.0、果糖1.2〜1.5、アスパルテーム100〜200。

答 (1)

関西

32　甘味料として、誤っているものを１つ選びなさい。

(1) スクロース（ショ糖）

(2) グルコース（ブドウ糖）

(3) レチノール

(4) キシリトール

レチノールはビタミンAの一種である。

答 (3)

33　大豆に関する記述のうち、誤っているものを１つ選びなさい。

(1) でん粉がほとんど含まれていない。

(2) アミノ酸のリシンが多く含まれている。

(3) 有害物質のトリプシンインヒビターを含んでいる。

(4) 脂質の含有率は、約35％である。

大豆の脂質含有率は約20％で、ほかの豆より多い。たんぱく質含有率は約35％。

答 (4)

静岡

34　豆類に関する記述のうち、正しいものを１つ選びなさい。

(1) たんぱく質と脂質が多いもの（例：あずき、えんどう豆）、たんぱく質と炭水化物が多いもの（例：大豆）がある。

(2) 生の大豆は消化が悪いが、加工品の豆腐、ゆば、納豆、きな粉は消化がよい。

(3) 大豆は、畑の肉ともいわれ、アミノ酸の中ではバリンが多い。

(4) そら豆は、はるさめの原料豆である。

(1) たんぱく質と脂質が多いのは大豆、たんぱく質と炭水化物が多いのはあずき、えんどう豆。

(3) リシンが多い。

(4) そら豆は豆板醤の原料豆。はるさめの原料は緑豆である。

答 (2)

35 大豆に関する記述のうち、誤っているものを1つ選びなさい。

(1) 大豆はほかの豆類に比べて、たんぱく質、脂質が多い。

(2) 大豆は炭水化物を30%程度含んでおり、そのほとんどがでん粉である。

(3) 生の大豆は、たんぱく質の消化を阻害するトリプシンインヒビターを含む。

(4) 豆腐、ゆば、納豆は、大豆の加工品である。

炭水化物を30%程度含むが、でん粉はほとんど含まれない。

答 (2)

36 大豆の加工品に関する記述について、誤っているものを1つ選びなさい。

(1) ゆばは、豆乳を加熱して作られる。

(2) 豆腐は、豆乳に凝固剤を加えて固めたものである。

(3) みそは、蒸した大豆に酢酸菌を加えて作られる。

(4) 糸引き納豆は、納豆菌の作用で作られる。

酢酸菌→麹菌

答 (3)

37 野菜に関する記述のうち、正しいものを1つ選びなさい。

(1) ほうれん草の東洋種はクエン酸が少なく甘みがある。

(2) 冬キャベツは春キャベツに比べると肉質はやわらかめで、サラダなどの生食や浅漬け等に向く。

(3) 大根はたんぱく質分解酵素であるアミラーゼを含む。

(4) にんにく、ねぎ、たまねぎなどの特有の刺激臭は、硫化アリル類に起因する。

(1) クエン酸→アク

(2) 肉質がやわらかめで、サラダなどの生食や浅漬け等に向くのは春キャベツである。

(3) たんぱく質分解酵素→でん粉分解酵素

答 (4)

38 農林水産省の野菜生産出荷統計による野菜の分類の組み合わせのうち、誤っているものを1つ選びなさい。

(1) 葉茎菜類 —— アスパラガス、セロリ、ほうれんそう

(2) 根菜類 —— かぶ、ごぼう、じゃがいも

(3) 果菜類 —— しゅんぎく、ねぎ、ブロッコリー

(4) 果実的野菜 —— いちご、メロン、すいか

果菜類にはえだまめ、かぼちゃ、トマトなどがある。しゅんぎく、ねぎ、ブロッコリーは葉茎菜類。

答 (3)

39 野菜類に関する記述のうち、誤っているものを1つ選びなさい。

(1) 野菜類の重要な成分は、カリウム、リン、カルシウム、鉄などの無機質、ビタミンA（カロテン）、ビタミンC、食物繊維である。

(2) 原則として、可食部100g当たりカロテンを600μg以上含む野菜を、緑黄色野菜という。

(3) あさつき、さやえんどう、かぼちゃ、こまつなは、緑黄色野菜である。

(4) 大根は、脂肪分解酵素であるアミラーゼ（ジアスターゼ）を含む。

アミラーゼはでん粉の分解酵素で、でん粉を麦芽糖（マルトース）にする。

答 (4)

40 りんごの品種名として、誤っているものを1つ選びなさい。

(1) 富有　　(2) ふじ　　(3) 紅玉　　(4) 王林

富有は柿の品種の1つ。

答 (1)

41 果実類に関する記述のうち、正しいものを1つ選びなさい。

(1) かんきつ類に酸味があるのは、酢酸を含んでいるためである。

(2) 果実類は一般にペクチンと砂糖を加えて煮ると、液状になる。

(3) 果実類の食物繊維は、生よりもジュースに多い。

(4) 柿、メロン（赤肉種）、マンゴー、完熟パパイアにはカロテンが豊富に含まれている。

(1) かんきつ類の酸味は、有機酸(特にクエン酸)による。

(2) 果実類の多くは、ペクチンを加えて砂糖と煮るとゼリー状に固まる。

(3) 食物繊維は、ジュースよりも生のほうが多い。

答 (4)

42 きのこ類に関する記述のうち、正しいものを1つ選びなさい。

(1) 生のきのこは、変質しにくい。

(2) たんぱく質が主成分である。

(3) 水分含量が30%前後である。

(4) 干ししいたけは、うま味成分であるグアニル酸を含む。

センター、群馬

(1) 変質しにくい→変質しやすい

(2) たんぱく質→不溶性食物繊維（キチン）

(3) 30%前後→90%前後

答 (4)

43 藻類に関する記述のうち、誤っているものを1つ選びなさい。

(1) 干しこんぶの表面についている白い粉末は、よく洗い落としてから使う。

(2) 寒天の原材料は、てんぐさである。

(3) 生ひじきは渋味が強いため、水煮して渋味を抜き食用とする。

(4) 藻類には食物繊維が多い。

白い粉末は糖質のマンニトールである。洗い落とすとうま味が低下する。

答 (1)

44 魚介類に関する記述のうち、誤っているものを1つ選びなさい。

(1) 魚の脂質含量は季節により大幅に変わるが、その含量の高い時期が食味が良く、一般的にこの時期を魚の旬と呼ぶ。

(2) あさりの旬の時期には、グリコーゲンやうま味成分のコハク酸の量が増える。

(3) 魚の脂質は、腹肉よりも背肉、皮に近い表層肉よりも内部側の肉のほうが多い。

(4) 魚の脂質には、悪玉コレステロールを低下させるEPAやDHAが多く含まれる。

魚の脂質は、腹肉、表皮側に多い。
下記の囲み記事参照

答 (3)

45 魚介類の特徴と性質に関する記述のうち、誤っているものを1つ選びなさい。

(1) 甲殻類 ── えび、かに、しゃこ類をさす。ゆでたときに紅色になるのは、アスタキサンチンというカロテノイドを含むためである。うま味は、グリシン、アラニン、プロリンなどのアミノ酸である。

(2) 魚肉の塩蔵品・乾燥品・加工品 ── たんぱく質やカルシウムが多いが、脂質が酸化しやすい。魚肉を原料にした練り製品は種類が多い。

(3) 棘皮動物 ── くらげ類（腔腸動物）、ほや（原索動物）なども食用とされる。

(4) 軟体動物［貝類］ ── 一般にビタミンB₂やB₁₂、タウリンが多い。牡蠣には、グリコーゲンが多く含まれ、消化がよく、栄養価が高い。

棘皮動物は、うに、なまこ類をいう。

答 (3)

魚の脂質

魚の脂質含有量は、天然魚よりも養殖魚に、白身魚よりも赤身魚に、普通肉よりも血合肉に、背側肉よりも腹側肉に、産卵後よりも産卵前に多い。

46 魚介類に関する記述のうち、誤っているものを1つ選びなさい。

(1) 骨ごと食べられる小魚からは、カルシウムなどの無機質をとることができる。

(2) 魚類の赤身の肉色は、アントシアニンによるものである。

(3) 牡蠣（かき）は、グリコーゲンを多く含み、消化がよく、栄養価が高いことから海の ミルクと呼ばれる。

(4) 魚油には、多価不飽和脂肪酸のEPAやDHAが含まれる。

ミオグロビンという色素た んぱく質の色である。

答 (2)

47 魚介類に関する記述のうち、誤っているものを1つ選びなさい。

(1) 良質のたんぱく質を平均20%程度含み、肉類に比べて水分含量がやや高い。

(2) なまこの卵巣と腸管の塩辛は、「このわた」という。

(3) 棘皮動物は、うに、なまこ類をさし、うにの呈味はメチオニン、バリンが関 与する。

(4) 魚油の特徴として、飽和脂肪酸のイコサペンタエン酸（エイコサペンタエン酸） やドコサヘキサエン酸（DHA）が含まれる。

飽和脂肪酸→多価不飽和脂 肪酸

答 (4)

48 食品の特徴と性質に関する記述のうち、正しいものを1つ選びなさい。

(1) 果実のたんぱく質は、砂糖ととともに煮詰めるとゼリー状に固まる。

(2) 野菜類は、一般に水分が80〜90%前後と多く、たんぱく質、脂質、炭水化物 が少ない。

(3) 米のたんぱく質は、トレオニンが主である。

(4) 魚介類には旬があり、魚類では脂肪の多いいわゆる脂の乗った時期、貝類は 脂肪とグルタミン酸の多い時期をいう。

(1) たんぱく質→ペクチン

(3) トレオニン→オリゼニ ン

(4) グルタミン酸→グリ コーゲン

答 (2)

49 肉類に関する記述の（　　）に入る語句の組み合わせのうち、正し いものを1つ選びなさい。

肉類は（A）と（B）を多く含み、食肉処理後に一時的に（C）が、日時がす ぎると自己消化により熟成が進み（D）が増す。

	A	B	C	D
(1)	たんぱく質	脂質	かたくなる	うま味
(2)	炭水化物	脂質	やわらかくなる	うま味
(3)	たんぱく質	ビタミン	やわらかくなる	苦味
(4)	炭水化物	ビタミン	かたくなる	苦味

かたくなることを「死後硬 直」、やわらかくなること を「解硬」といい、この間 に熟成が進み、うま味が増 す。

答 (1)

50 肉類に関する記述で、誤っているものを1つ選びなさい。

(1) 肉類は必須アミノ酸含量が多く、良質なたんぱく質が含まれる。

(2) 鶏肉はほかの肉と比べ筋線維が細く、脂質が少なめで消化が良い。

(3) 豚肉にはビタミンB_1が多く含まれる。

(4) 肉の加工品であるハムは豚のばら肉を用い、ベーコンは豚のもも肉を用いて 作られる。

ハムはもも肉またはロース 肉、一般のベーコンはばら 肉と肩ロース肉（ショル ダーベーコン）が使用され る。

答 (4)

51 卵類に関する記述のうち、誤っているものを1つ選びなさい。

(1) 鶏卵はアミノ酸価が優れ、栄養価の高い食品であるが、ビタミンCは含まれない。

(2) 鶏卵は卵黄、卵白、卵殻の3部分からなり、重さの割合は3：6：1である。

(3) 卵の脂質の99％以上は卵白に含まれる。

(4) 卵黄と卵白の熱凝固温度の差を利用して、温泉卵がつくられる。

卵の脂質の99％以上は卵
黄に含まれる。
下記囲み記事参照

答 (3)

52 鶏卵に関する記述のうち、正しいものを1つ選びなさい。

(1) 鶏卵にはすべての栄養素が含まれている。

(2) 卵黄には溶菌作用をもつたんぱく質が含まれる。

(3) 卵黄の色は、飼料に含まれるカロテノイド色素に由来する。

(4) 鮮度が低下すると、濃厚卵白の粘度が上昇する。

(1) 鶏卵は、栄養的に優れているが、ビタミンCは含んでいない。
(2) 卵黄ではなく卵白に含まれている。
(4) 鮮度の低下によって濃厚卵白の粘度は低下する。
下記囲み記事参照

答 (3)

53 乳に関する記述のうち、正しいものを1つ選びなさい。

(1) 牛乳は、ほとんどの栄養成分を含んでおり、特に鉄とビタミンCが豊富である。

(2) 牛乳は、含まれるカルシウムとリンの比率が1：0.9であり、ほかの食品に比べてカルシウムの吸収率が低い。

(3) ヨーグルトは、牛乳や脱脂乳を殺菌・冷却後、乳酸発酵させたもので、整腸作用がある。

(4) バターは、牛乳から乳脂肪（クリーム）を分離した残りを乾燥させたものである。

(1) 牛乳には鉄とビタミンCがほとんど含まれない。
(2) ほかの食品に比べてカルシウムの吸収率が高い。
(4) バターは、クリームを転相（O/W→W/O）させて練り合わせ、成形したもの。

答 (3)

54 チーズに関する記述の（　　）に入る語句として、正しいものを1つ選びなさい。

ナチュラルチーズの製造過程で、乳に含まれるたんぱく質を凝固させるために（　　）を使用する。（　　）には、凝乳させる酵素が含まれている。

(1) レンネット

(2) ロイシン

(3) カゼイン

(4) レシチン

カゼイン（牛乳のたんぱく質）にレンネット（凝乳酵素）を加えて凝固させる。

答 (1)

鶏卵の特徴

● 卵黄：卵の脂質の99％以上が卵黄に含まれる。卵黄の色は、鶏の飼料に含まれるカロテノイド色素に由来している。パプリカや唐辛子、にんじんを多く含む飼料を食べた鶏の卵では卵黄の色が濃い。

● 卵白：卵白にはリゾチームという細菌を分解する酵素が含まれている。卵白から抽出されたリゾチームは、医薬品などに使われている。鮮度が落ちると、濃厚卵白の粘度が下がる。

55 油脂類に関する記述のうち、誤っているものを1つ選びなさい。

(1) 植物油は、必須脂肪酸のリノール酸、α−リノレン酸を多く含む。
(2) 動物油脂には、ビタミンA、ビタミンDなどが含まれている。
(3) 乳脂肪が主成分であるバターは、ビタミンAを含み、消化もよく、血中LDLコレステロールを上げる飽和脂肪酸も少ない。
(4) 魚油は、多価不飽和脂肪酸を多く含む。

山口

飽和脂肪酸も少ない→飽和脂肪酸が多い

答 (3)

56 乳類・油脂類に関する記述のうち、誤っているものを1つ選びなさい。

(1) バターは、牛乳を遠心分離して得られたクリームを、チャーンという機械にかけて、撹拌と衝撃を与え（チャーニング）、粒状になった脂肪球を塊状にした後に、練り合わせて（ワーキング）形成したものである。
(2) あまに油、えごま油は、生食より加熱料理に適している。
(3) マーガリンは、動物油脂や大豆油、やし油などの植物油を原料として脱脂乳、カロテンなどとともに乳化剤を添加して、急冷して練り合わせてバター様にしたものである。
(4) ショートニングは、主に植物油脂や硬化油からつくられた、クリーム状の油脂。水分はほとんど含まず、無味無臭で、製菓に用いることが多い。

群馬、栃木

加熱で酸化しやすいため生食に向く。

答 (2)

57 油脂類に関する記述のうち、誤っているものを1つ選びなさい。

(1) バターは、飽和脂肪酸を多く含む。
(2) ラードは、豚の脂肪組織から抽出される。
(3) ごま油やなたね油は、ビタミンAを多く含む。
(4) オリーブ油は、オレイン酸を多く含む。

神奈川

ビタミンA→ビタミンE

答 (3)

58 食用油脂とその原材料の組み合わせで、誤っているものを1つ選べ。

(1) ショートニング —— 硬化油
(2) バター —— 牛乳
(3) ヘット —— 羊の脂肪組織
(4) ラード —— 豚の脂肪組織

羊の脂肪組織→牛の脂肪組織

答 (3)

59 うま味成分ではないものを1つ選びなさい。

(1) グルタミン酸
(2) グアニル酸
(3) イノシン酸
(4) パルミチン酸

パルミチン酸以外はうま味成分。パルミチン酸は飽和脂肪酸である。

答 (4)

福井、山口

60 食品とその食品に含まれるうま味成分の組み合わせのうち、誤っているものを1つ選びなさい。

(1) 昆布　　　　── クエン酸
(2) 魚介　　　　── イノシン酸
(3) 貝類　　　　── コハク酸
(4) 干ししいたけ ── グアニル酸

61 香辛料類の用途に関する記述のうち、誤っているものを1つ選びなさい。

(1) シナモン（肉桂）　　　── 芳香性。クッキー、焼きりんごなどの菓子に。
(2) バニラ　　　　　　　　── 若葉は汁物、和え物に、実は粉にしてウナギなどに。
(3) わさび　　　　　　　　── 辛味性。刺し身、すし、ドレッシングなどに。
(4) サフラン　　　　　　　── 色と香味を利用。魚の煮込み料理やブイヤベースへの色と香りづけ。

62 特別用途食品、保健機能食品に関する記述のうち、誤っているものを1つ選びなさい。

(1) 特別用途食品とは、消費者庁長官の許可を受けて、特別の用途に適する旨の表示を行う食品である。
(2) 健康食品とは、一般的に健康に関する効果や機能等を表示して販売される食品であり、用語として法令上に規定されている。
(3) 特定保健用食品（トクホ）は、食品ごとに有効性や安全性等に関する科学的根拠について個別審査が行われ、消費者庁長官の許可を受ける必要がある。
(4) 条件付特定保健用食品は、一定の有効性が確認され、限定的な科学的根拠である旨の表示をすることを条件として許可される。

63 特別用途食品に関する記述で、誤っているものを1つ選びなさい。

(1) 特別用途食品は、乳児、幼児、妊産婦、授乳婦、病者等を対象としている。
(2) 特別用途食品の分類の1つである「特定保健用食品」は、1日に必要な栄養成分の補給・補完を目的とした食品である。
(3) 特別用途食品として食品を販売する場合は、その表示について消費者庁長官の許可が必要である。
(4) 表示許可の対象に、えん下困難者用食品がある。

64 保健機能食品の種類として、誤っているものを１つ選びなさい。

(1) 特別用途食品
(2) 栄養機能食品
(3) 機能性表示食品
(4) 特定保健用食品

保健機能食品は、健康にかかわる有用性の表示を認められた、いわゆる健康食品で、「特定保健用食品」、「栄養機能食品」、「機能性表示食品」の３種類がある。

答 (1)

65 保健機能食品（いわゆる健康食品）に関する記述のうち、誤っているものを１つ選びなさい。

(1) 景品表示法および健康増進法に基づく食品表示制度となっている。
(2) 特定保健用食品は、消費者庁長官による個別許可型の食品である。
(3) 栄養機能食品は、定められた基準を満たせば任意表示が可能な規格基準型の食品である。
(4) 機能性表示食品は、食品関連業者の責任において消費者庁長官に届け出を行い、科学的根拠に基づいた機能性を表示した食品である。

景品表示法→食品表示法

答 (1)

66 栄養機能食品の栄養成分として、誤っているものを１つ選びなさい。

(1) n-3系脂肪酸
(2) パントテン酸
(3) ナトリウム
(4) 銅

答 (3)

67 機能性表示食品に関する記述について、（　）に入る語句の組み合わせとして、最も適切なものを１つ選びなさい。

機能性表示食品は、（ A ）を対象とした食品で、食品全般が対象であるが、（ B ）やアルコールを含有する飲料等は対象とならない。

	A	B
(1)	疾病に罹患していない者	特別用途食品
(2)	未成年者	インスタント食品
(3)	乳幼児、妊産婦等	栄養機能食品
(4)	疾病に罹患している者	冷凍食品

未成年者、妊産婦、授乳婦は対象としていない。特別用途食品と同様に、栄養機能食品も除かれる。

答 (1)

68 食品加工に利用する微生物に関する記述のうち、誤っているものを1つ選びなさい。

(1) こうじかびは、たんぱく質を分解してアミノ酸にする酵素をもっている。

(2) 酢酸菌は、たんぱく質から酢酸をつくる性質があり、酢の製造に利用する。

(3) 酪酸菌は、糖質を発酵させて酪酸をつくる性質があり、糠みそやチーズの風味に影響を与える。

(4) 乳酸菌は、糖質を発酵させて乳酸をつくる性質があり、ヨーグルトをつくるのに利用する。

アルコールから酢酸をつくる。

答 (2)

関西

69 発酵食品、主な原料、主に利用する微生物の組み合わせのうち、誤っているものを1つ選びなさい。

(1) ビール —— 小麦 —— 麹かび

(2) 焼酎 —— 芋 —— 麹かび、酵母

(3) ワイン —— ぶどう —— 酵母

(4) 清酒 —— 米 —— 麹かび、酵母

小麦－麹かび→大麦－酵母

答 (1)

北海道

70 食品加工に利用する食用微生物と主な加工食品に関する組み合わせのうち、誤っているものを1つ選びなさい。

(1) 酵母 —— ビール、ワイン、パン

(2) かび —— ヨーグルト

(3) 細菌 —— 納豆、酢

(4) かびと酵母と細菌 —— みそ、しょうゆ

ヨーグルトは、細菌である乳酸菌を利用する加工食品。かびを利用する食品にはかつお節がある。

答 (2)

群馬

71 食品加工に利用する微生物と加工品の組み合わせのうち、正しいものを1つ選びなさい。

(1) かびと細菌 —— 清酒

(2) 細菌 —— 納豆

(3) 酵母 —— かつお節

(4) かび —— 漬け物

(1) 清酒はかびと酵母
(3) かつお節はかび
(4) 漬け物は細菌と酵母

答 (2)

沖縄

72 発酵食品について、誤っているものを1つ選びなさい。

(1) ブルーチーズは、青かびを利用して熟成する。

(2) 納豆は、かび類を利用してつくられる。

(3) ヨーグルトや漬け物は、乳酸菌を利用してつくられる。

(4) ワインは、酵母を利用してつくられる。

かび類→細菌

答 (2)

3　食品の加工・貯蔵

📖 p.95〜99

73　米の加工品に関する記述のうち、正しいものを1つ選びなさい。

(1) 無洗米は、玄米を水に浸して発芽させ、乾燥させたものである。

(2) α（アルファ）化米は、米飯を密閉容器に入れ、加圧加熱殺菌したものである。

(3) 上新粉は、うるち米を洗って水切りし、乾燥させ粉にしたものである。

(4) 道明寺粉は、うるち米を蒸して乾燥させ、粗く挽いたものである。

(1) 無洗米は、肌ぬか部分を取り除いた米。玄米を発芽させたものは発芽玄米。

(2) α化米は、米飯を急速乾燥した米。

(4) 道明寺粉は、もち米を蒸して乾燥させ、粗く挽いたもの。

下記囲み記事参照

答 (3)

74　穀類に関する記述のうち、誤っているものを1つ選びなさい。

(1) 玄米のぬか層と胚芽を取り除く操作を搗精または精白という。

(2) 小麦粉のたんぱく質はグルテンを形成し、小麦粉の粘りに関係する。

(3) とうもろこしは北海道で多く作られ、旬は冬の終わり頃である。

(4) 大麦はビールやウィスキーの原材料として使用される。

冬の終わり頃→夏から初秋

答 (3)

75　穀類の加工品に関する記述のうち、（　　　）にあてはまる組み合わせで、正しいものを1つ選びなさい。

答 (1)

（A）── えん麦をひき割りにしたもので、食物繊維が多い。

（B）── たんぱく質の多い順に、強力粉、準強力粉、中力粉、薄力粉に分けられる。

（C）── 大麦、はだか麦を精麦後、つぶしてつくる。

	A	B	C
(1)	オートミール	小麦粉	押し麦
(2)	小麦粉	押し麦	オートミール
(3)	押し麦	オートミール	小麦粉
(4)	押し麦	小麦粉	オートミール

うるち米・もち米製品

- **上新粉**：うるち米を洗って乾燥させ粉にする。柏餅、草餅、かるかん、ういろうなどに利用する。
- **白玉粉**：もち米を吸水させ水びき後、さらに水にさらし、圧搾機で脱水し、乾燥、粉砕する。白玉団子、求肥などに利用する。
- **道明寺粉**：もち米を精白して蒸し、乾燥させてひいたもの。桜餅などに利用する。
- **寒梅粉**：もち米を精白して水に浸し、蒸してつき餅にし、焼いて粉砕する。打ち菓子、豆菓子に利用する。
- **無洗米**：表面の肌ぬか部分を粘着や吸着の方法でほぼ完全に取り除いた米。とがずに水を加えるだけで炊ける。
- **α化米**：炊いた飯を急速乾燥した米。でん粉がα化しているため、水か湯を加えるだけでご飯ができる。非常食・保存食に利用する。

76 食品とその原料豆の組み合わせのうち、適切でないものを1つ選びなさい。

(1) 納豆　　　── 大豆
(2) 豆苗 <small>トウミョウ</small> ── えんどう豆
(3) 豆板醬 <small>トウバンジャン</small> ── 小豆
(4) はるさめ ── 緑豆

豆板醬の原料は、そら豆である。

答 (3)

77 食品の加工に関する記述のうち、誤っているものを1つ選びなさい。

(1) ハムは、豚のもも肉やロース肉を食塩、硝石（亜硝酸ナトリウム）、香辛料などを加えた液で塩漬けした後、燻煙してつくる。
(2) しょうゆは、蒸して煮た大豆、塩、米や大麦に、麹を加え、発酵させてつくる。
(3) 塩蔵品には、食塩水の中に魚を漬け込む立塩法と、魚に直接食塩を振りかける撒塩法がある。
(4) 牛乳は、消化がよく、ほとんどの栄養成分が含まれており、そのたんぱく質は良質である。

しょうゆは、脱脂大豆と小麦に麹菌を増殖させた麹を、食塩水中で発酵・熟成させてつくる。

答 (2)

78 食品の加工に関する記述のうち、正しいものを1つ選びなさい。

(1) みそは、脱脂大豆と小麦に麹菌を増殖させた麹を、食塩水中で発酵させる。
(2) オートミールは、えん麦をひき割りにしたもので、食物繊維が多い。
(3) バターは、牛乳およびクリームを主原料として、砂糖、香料、卵などを加えて混合し、撹拌しながら凍結させてつくる。
(4) ヨーグルトは、牛乳から乳脂肪を分離した残りを乾燥させたものである。

(1) みそは、蒸して煮た大豆に塩と米や大麦、大豆に麹菌を増殖させた麹を加えて発酵・熟成させる。
(3) バターは、クリームを加熱殺菌し、冷却後に撹拌して脂肪球を凝集させ、練圧する。
(4) ヨーグルトは、牛乳や脱脂乳を、乳酸発酵させる。

答 (2)

79 食品の加工に関する記述のうち、誤っているものを1つ選びなさい。

(1) ベーコンは、塩漬けした牛肉を燻煙して製造する。
(2) 納豆は、大豆を煮て納豆菌を繁殖させて作る。
(3) ジャムは、果実に砂糖、ペクチン、クエン酸などを加え加熱濃縮する。
(4) 練り製品は、魚肉に約3％の食塩、調味料を加えすり混ぜ、成型後加熱する。

牛肉→豚のばら肉

答 (1)

80 食品の加工に関する記述のうち、誤っているものを1つ選びなさい。

(1) チーズは、クリームセパレーターを用いて、牛乳の脂肪分を遠心分離してつくる。
(2) 生湯葉 <small>ゆば</small> は、大豆からつくった豆乳を加熱し、表面にできた膜を掬 <small>すく</small> ったものである。
(3) ヨーグルトは、牛乳や脱脂乳を乳酸菌で乳酸発酵させてつくる。
(4) きなこは、炒 <small>い</small> った大豆を粉砕したものである。

チーズ→クリーム

答 (1)

81 加工食品の工程に関する記述のうち、正しいものを1つ選びなさい。

(1) 中華麺は、準強力粉に酸性のかん水を加えて製麺する。

(2) マヨネーズは、卵黄に食塩などを加え、さらに酢やサラダ油を混ぜ、強く撹拌して乳化させる。

(3) ゆばは、豆乳ににがりを加え、型で成形する。

(4) ハムとは豚のもも肉を用いたものを示すが、日本では、ばら肉もよく使われる。

山口

(1) 酸性→アルカリ性
(3) ゆばは、豆乳を加熱した膜を乾燥させる。
(4) ばら肉→ロース肉

答 (2)

82 食品の加工等に関する記述のうち、誤っているものを1つ選びなさい。

(1) かつお節の本枯節(ほんかれぶし)は、酵母が産生する酵素によって節類独特の風味が醸成される。

(2) チーズは、ナチュラルチーズとプロセスチーズに大別され、プロセスチーズはナチュラルチーズを原料にしている。

(3) こんにゃくは、こんにゃくいもを粉にし、多量の水で膨潤させ、石灰乳（水酸化カルシウム）などを加えて固める。

(4) ソーセージは、塩漬(えんせき)した肉を細切しながら、調味料、香辛料などを加えて練り合わせて腸管などに詰め、乾燥、燻煙、水煮してつくる。

福井、沖縄

酵母→かび
(4) 塩漬とは食塩、硝石(しょうせき)（亜硝酸ナトリウム）などを加えた液に漬けること。
ソーセージは食塩、硝石を撒塩法で擦り込み塩漬し、ハムは食塩と硝石を溶かした液に立塩法(たて)で漬け込んで塩漬を行うことが多い。

答 (1)

83 食品の貯蔵方法に関する記述のうち、誤っているものを1つ選びなさい。

(1) 日本では、ガンマ線を食品に照射する放射線照射法が香辛料、冷凍魚介類の殺菌法として許可されている。

(2) 砂糖の濃厚液には脱水作用があり、微生物の繁殖を防ぐ。

(3) 真空凍結乾燥法は、水分を凍結させて乾燥するため、風味、ビタミン、たんぱく質などの変化が少なく、多孔質なので復元性が良い。

(4) 酸素を減らし炭酸ガスなどを多くした人工空気のなかで密閉し、呼吸作用を積極的に抑制して貯蔵する方法をCA貯蔵（気相調節貯蔵）という。

沖縄

日本で放射線照射が許可されているのは、ばれいしょ（じゃがいも）への発芽抑制を目的としたもののみである。

答 (1)

84 食品の貯蔵に関する記述のうち、誤っているものを1つ選びなさい。

(1) 真空凍結乾燥した食品は、風味、色調の変化が少ない。

(2) チルド食品は、凍結しないことから素材の風味や食感を損失するおそれがある。

(3) 乾燥法は、食品から微生物の生育に必要な水分を少なくすることで、微生物の発育を防ぐ方法である。

(4) 食品をびんまたは缶のなかに密閉した後、加熱殺菌すれば長く保蔵することができる。

損失するおそれがある→維持することができる

答 (2)

上昇→低下。酢漬け法ともいう。

85 食品の貯蔵に関する文章のうち、誤っているものを1つ選びなさい。

(1) 真空凍結乾燥した食品は、ビタミン、たんぱく質などの変化が少ない。
(2) チルド食品は、5～－5℃で保って凍結しないことで解凍時の品質低下を防ぎ、風味や食感を維持できる。
(3) 酸貯蔵は、食品のpHを上昇させ、有害微生物の増殖を抑制することができる。
(4) 燻煙法（燻製法）は、食品を一度塩蔵した後に燻煙する方法である。

福島

答 (3)

冷凍法では細菌の活動力を著しく弱めるが、細菌を死滅させることはできない。

答 (2)

86 食品の貯蔵法についての記述で、誤っているものを1つ選びなさい。

(1) 塩蔵法では、食塩で水分活性を低下させることにより、微生物の発育を防いでいる。
(2) 冷凍法では、食品を凍結点以下で貯蔵することにより、細菌を死滅させている。
(3) 燻煙法では、乾燥と、煙中の成分の抗酸化性ならびに抗菌作用を利用して、食品の保存性を高めている。
(4) ガス貯蔵法では、気体組成を人工的に変えることで青果物の呼吸作用などを抑え、品質保持効果を高めている。

山口

答 (3)

87 食品の冷蔵・冷凍法に関する記述の（　）に入る語句の組み合わせのうち、正しいものを1つ選びなさい。

冷蔵・冷凍法は、低温により細菌の活動を（ A ）方法で、貯蔵効果が高い。冷蔵保存とは（ B ）℃程度の貯蔵をさす。食品衛生法では、冷凍食品の場合、（ C ）℃以下での保存という基準がある。

	A	B	C
(1)	活発にする	10～0	－15
(2)	活発にする	10～15	－10
(3)	抑える	10～0	－15
(4)	抑える	10～15	－10

大豆→じゃがいも

答 (3)

88 食品の貯蔵に関する組み合わせとして、誤っているものを1つ選びなさい。

(1) 乾燥法 ── 干ししいたけ、切り干し大根
(2) 紫外線照射法 ── 清涼飲料水
(3) 放射線照射法 ── 大豆の発芽防止
(4) CA貯蔵 ── 青果物

4 食品の表示

p.100〜103

89 期限表示に関する文章のうち、最も適切なものを1つ選びなさい。

(1) 消費期限は、定められた方法により保存した場合において、期待されるすべての品質の保持が十分に可能であると認められる期限をいう。

(2) 賞味期限は、定められた方法により保存した場合において、腐敗、変敗その他の品質の劣化にともない、安全性を欠くことがないと認められる期限をいう。

(3) 定められた方法により保存することを前提とするので、一部の例外を除き、期限表示にあわせて保存方法を表示しなくてはならない。

(4) 開封しても期限内であれば食品の品質は保たれる。

(1) 消費期限→賞味期限。焼き菓子（1〜3か月）、缶詰（1〜2年程度）などにつけられる。
(2) 賞味期限→消費期限。弁当、生菓子など、製造後、概ね5日以内に消費すべき食品につけられる。
(4) 期限表示は原則として開封すると無効になる。

答 (3)

90 食品の表示に関する記述のうち、誤っているものを1つ選びなさい。

(1) 期限表示は、消費期限または賞味期限のいずれかを表示することになっている。

(2) アレルギー物質の表示制度は、食物アレルギー患者の健康被害の防止を目的としている。

(3) 遺伝子組換え食品の表示では、「遺伝子組換え食品」である旨と「遺伝子組換え不分別」である旨は義務表示である。

(4) 消費者向けの加工食品および添加物には、エネルギー、たんぱく質、脂質、炭水化物、ナトリウム（食塩相当量）を任意で表示できることとなっている。

関西、沖縄

表示は義務となっている。

答 (4)

91 遺伝子組換え食品の表示が義務づけられている農産物として、誤っているものを1つ選びなさい。

(1) 大豆
(2) へちま
(3) とうもろこし
(4) からしな

「対象となる農産物」は、大豆、とうもろこし、ばれいしょ（じゃがいも）、菜種、綿実、アルファルファ、てんさい、パパイヤ、からしなの9種である。これらの農産物を原材料とする加工食品等も対象となる。

答 (2)

遺伝子組換え食品の表示
基本的に4つある。
①**遺伝子組換えである旨**：分別生産流通管理が行われた遺伝子組換え食品の場合である。義務表示。
②**遺伝子組換え不分別である旨**：遺伝子組換え食品と非遺伝子組換え食品が分別されていない場合である。義務表示。
③**適切に分別生産流通管理している旨**：遺伝子組換え農作物が混入しないように分別生産流通管理を実施している場合である。任意表示。
④**非遺伝子組換えである旨**：③の場合で、遺伝子組換え農作物の混入がない原材料を使用している場合である。任意表示。

群馬

92 栄養成分表示の義務表示の対象となる栄養成分として、誤っている
ものを1つ選びなさい。

(1) エネルギー
(2) 脂質
(3) 糖質
(4) たんぱく質

義務…エネルギー、たんぱ
く質、脂質、炭水化物、ナ
トリウム（食塩相当量で表
示）。
任意（推奨）…飽和脂肪酸、
食物繊維。
任意（その他）…糖類、糖
質、コレステロール、n-3
系脂肪酸、n-6系脂肪酸、
ビタミン・ミネラル類

答 (3)

93 食品の表示に関する記述のうち、正しいものを1つ選びなさい。

(1) 賞味期限は、製造日からの期間が3か月を越える食品は年月で表示できる。
(2) アレルギー表示が義務付けられている特定原材料は、5品目である。
(3) 遺伝子組換え食品の義務表示対象農産物は、大豆のみである。
(4) 製造・加工年月日の記載は、すべての食品に義務付けられている。

(2) 5品目→8品目
(3) 大豆、とうもろこし、
ばれいしょ（じゃがい
も）、菜種、綿実、ア
ルファルファ、てん菜、
パパイヤ、からしなの
9種である。
(4) 以前は製造・加工年月
日が記載されていたが、
現在は、食品表示基準
により、消費期限また
は賞味期限を示すこと
になっている。

答 (1)

福井

94 食品の表示に関する記述のうち、正しいものを1つ選びなさい。

(1) アレルギー物質の表示として表示が義務付けられている特定原材料は、えび、
かに、小麦、そば、大豆、卵、乳、落花生の8品目である。
(2) アレルギーや原産地偽装など、安全性にかかわる違反表示を行った場合や表
示事項を表示しなかった場合などに、懲役または罰金が科せられる。
(3) 食品表示法では食品関連事業者に、原則として、消費者向けの加工食品、添
加物および生鮮食品に栄養成分表示を義務付けている。
(4) 原材料の表示について、添加物と添加物以外の原材料を区分し、それぞれに
占める重量の少ない順に記載する。

(1) アレルギー物質の特定
原材料は、えび、かに、
くるみ、小麦、そば、卵、
乳、落花生の8品目。
(3) 生鮮食品には栄養成分
表示が義務付けられて
いない。
(4) 少ない→多い

答 (2)

95 食品表示に関する記述のうち、誤っているものを1つ選びなさい。

(1) 食品表示基準は、加工食品と生鮮食品、添加物の表示について定められている。
(2) 栄養成分表示は、業務用加工食品に義務付けられている。
(3) 食品表示法は、食品衛生法、健康増進法、JAS法の3法の食品の表示に係る規
定を一元化した法律である。
(4) 食品の品質に関する表示が適正でなく、一般消費者の利益が害された場合は、
被害を受けた消費者本人に限らず、個人、法人を問わず、誰でも内閣総理大臣
等に申出が可能である。

一般用加工食品、業務用加
工食品それぞれに横断的に
義務付けられている。栄養
成分表示は一般用加工食品
で義務付けられているが、
業務用加工食品では任意と
されている。

答 (2)

96 特定保健用食品（トクホ）において認められている、保健用途の表示例として誤っているものを1つ選びなさい。

(1) 虫歯の原因になりにくい
(2) ミネラルの吸収を助ける
(3) お腹の調子を整える
(4) 高血圧症を改善する

特定保健用食品は健康の維持・増進に役立つ、または適する旨を表現する表示が認められ、医薬品と誤認されるおそれがあってはならないため、「高血圧症の改善」は認められない。

答（4）

97 特定保健用食品の表示と栄養素の組み合わせで、正しいものを1つ選びなさい。

(1) おなかの調子を整える成分 —— 大豆たんぱく質、キトサン
(2) コレステロールの調整成分 —— カゼインホスホペプチド
(3) 虫歯になりにくい成分 —— キシリトール、パラチノース
(4) 血糖の調整成分 —— オリゴ糖、乳酸菌

(1) おなかの調子を整えるのはオリゴ糖、乳酸菌など。
(2) コレステロールの調整成分はEPA、DHA、キトサンなど。
(4) 血糖の調整成分は、難消化性多糖類など。

答（3）

98 アレルギー表示に関する記述の各（　　）にあてはまる語句の組み合わせのうち、正しいものを1つ選びなさい。

食品表示基準（平成27年内閣府令第10号）において、食品の表示にアレルギー表示が義務付けられている特定原材料は、（ A ）品目あり、（ B ）などがこれに該当する。また、特定原材料に準じて、アレルギー表示が推奨されているものは、（ C ）品目あり、（ D ）などがこれに該当する。

	A	B	C	D
(1)	3	卵、乳、そば	21	えび、くるみ、ゼラチン
(2)	3	牛肉、小麦、かに	50	いくら、キウイフルーツ、豚肉
(3)	8	卵、乳、そば	20	いくら、キウイフルーツ、豚肉
(4)	8	牛肉、小麦、かに	50	えび、くるみ、ゼラチン

群馬

えび、かには、特定原材料に含まれる。牛肉は特定原材料に準ずるものである。重篤度・症例数の多い8品目が特定原材料、過去に一定の頻度で健康被害がみられた20品目が特定原材料に準ずるものとされている。

答（3）

99 アレルギー表示が義務づけられている特定原材料8品目として、正しいものを1つ選びなさい。

(1) えび、かに、くるみ、小麦、そば、卵、乳、落花生
(2) いか、えび、くるみ、小麦、卵、乳、バナナ、落花生
(3) いか、オレンジ、かに、カシューナッツ、そば、さば、卵、乳
(4) えび、牛肉、くるみ、ごま、やまいも、小麦、卵、乳

下記囲み記事参照

答（1）

アレルギー物質を含む食品の表示

省令で表示を義務付ける特定原材料と、通知で表示を奨励する"特定原材料に準ずる"ものがある。
- **特定原材料**：えび、かに、くるみ、小麦、そば、卵、乳、落花生（ピーナッツ）
- **特定原材料に準ずるもの**：アーモンド、あわび、いか、いくら、オレンジ、カシューナッツ、キウイフルーツ、牛肉、ごま、さけ、さば、大豆、鶏肉、バナナ、豚肉、まつたけ*、もも、やまいも、りんご、ゼラチン
  （2023年12月、マカダミアナッツを対象品目に追加し、まつたけを削除することが、消費者庁から公表された）

5 食品の流通

📖 p.104

100 食品の流通に関する記述のうち、正しいものを1つ選びなさい。

(1) 食品の流通において生産者が価格形成の重要な機能をもつ。
(2) 食品は他の商品に比べて流通システムは単純である。
(3) 卸売市場は食品流通において、重要な機能を果たしている。
(4) 食品流通は、価格のコントロールと直接の関係はない。

(1) 生産者→卸売市場
(2) 食品は他の商品と比較すると、難しい特性があるので単純ではない。
(4) 食品流通には特性があるので、適切な仕組みがあることにより、価格をコントロールできる。

🈁 (3)

101 食品の流通に関する記述のうち、誤っているものを1つ選びなさい。

(1) 食品はさまざまな人の手を介し、いろいろな輸送手段により、消費者の手に届けられる。この間の仕組みを流通という。
(2) 食品の生産から流通の過程を追跡可能にしたシステムをトレーサビリティという。
(3) 日本は世界で最もフード・マイレージが小さい。
(4) 食料自給率には生産額ベースとカロリーベースの計算方法がある。

日本は世界中から食品を輸入するのでフード・マイレージの数値が高い。
フード・マイレージとは、食料の輸送に伴い排出される二酸化炭素が地球環境に与える負荷に着目し、食料の輸送量と輸送距離を定量的に把握することを目的とした指標ないし考え方である。

🈁 (3)

102 卸売市場の機能として、誤っているものを1つ選びなさい。

(1) 価格形成　(2) 輸入　(3) 集荷　(4) 分荷

卸売市場は輸入食品の価格形成や輸入量などに関わっていない。

🈁 (2)

103 食品の流通について、誤っているものを1つ選びなさい。

(1) 地産地消とは、収穫した農産物や成育した食用動物、捕獲した魚介類など、産地周辺でのみ消費されることをいう。
(2) 卸売市場は、価格形成、決算、集荷、分荷、情報集約などの機能をもつ。
(3) フード・マイレージの数値が小さいほど、環境への負荷が少ない。
(4) 食品が消費者のもとへ輸送されるまでに排出される二酸化炭素量を数値化したものを、トレーサビリティという。

トレーサビリティは食品が生産、加工、輸送、販売を経て消費者に届くまでの流通過程を記録し、移動ルートを把握できるようにすること。食品が消費者のもとへ輸送されるまでに排出される二酸化炭素量を数値化したものはフード・マイレージ。

🈁 (4)

食品の流通

食品を含めて、商品が生産者から消費者の手元に届くまでの経路を総称して、流通という。
食品は他の商品と比較すると、①不定形で取り扱い方法が多様、②貯蔵・輸送中の鮮度劣化、③有害微生物や有毒物による汚染、④季節や天候による生産の不安定、⑤成長期間の長さ、⑥消費者の嗜好性の変化、など難しい特性があることから、生産量や価格を適切にコントロールするための流通の仕組みが必要である。これらをコントロールするために、卸売市場が重要な機能を果たしている。

104 食品の流通に関する記述のうち、誤っているものを1つ選びなさい。

(1) 食品を含めて商品が生産者から消費者の手元に届くまでの経路を総称して流通という。

(2) フード・マイレージとは、食品が消費者のもとへ輸送されるまでに排出される二酸化炭素量を数値化したものであり、数値が大きいほど環境負荷が少ないと考えられる。

(3) 食品の品質を安定させ、安全で安心な生産物を消費者のもとに届けるには、流通過程においても保蔵技術の開発が必要である。

(4) 卸売市場は、価格形成、決算、集荷、分荷、情報集約などの重要な機能をもつといわれている。

105 食品の流通に関する記述のうち、誤っているものを1つ選びなさい。

(1) フード・マイレージとは、食品が消費者のもとへ輸送されるまでに排出される二酸化炭素量を数値化したもので、わが国のフード・マイレージは低くなっている。

(2) 流通とは、食品を含めて商品が生産者から消費者の手元に届くまでの経路を総称したものである。

(3) トレーサビリティとは、食品が生産、加工、輸送、販売を経て、消費者に届くまでの流通過程を記録し、食品の移動ルートを把握できるようにすることをいう。

(4) わが国は、多くの食品を海外からの輸入に依存しなければならないため、フード・マイレージが高いのが現状である。

106 食品の流通に関する記述の（　　）に入る語句の組み合わせのうち、正しいものを1つ選びなさい。

食品の多くは産地周辺でのみ消費されること（地産地消）は、まれであり、食品の輸入量が（ A ）わが国では、食品輸送の際に排出される二酸化炭素の量を数値化した（ B ）の数値が（ C ）なっている。

	A	B	C
(1)	少ない	トレーサビリティ	高く
(2)	少ない	フード・マイレージ	低く
(3)	多い	フード・マイレージ	高く
(4)	多い	トレーサビリティ	低く

フード・マイレージは、数値が小さいほど環境負荷が少ないと考えられる。
答 (2)

わが国のフード・マイレージは高くなっている。
答 (1)

わが国は、食品の輸入が多く、食品輸送の際に排出される二酸化炭素量も多い。
答 (3)

3

栄養学

1　栄養と栄養素に関する記述のうち、誤っているものを1つ選びなさい。

(1) 人が外界から様々な物質を食べ物として摂取し、代謝、排泄をくり返しながら生命を維持している営みを生命回復と呼ぶ。

(2) 生体は摂取した物質を材料として、生命維持のために必要な生体成分の合成と分解を絶えずくり返し、これを代謝と呼ぶ。

(3) 栄養素とは、生物が成長や健康の維持・増進など、正常な生理機能を営むために摂取しなければならない化学物質である。

(4) 栄養素は働きによって、熱量素（エネルギー源）、構成素（体の組織をつくる）、調整素（代謝を円滑にする）の3つに大別できる。

奈良、沖縄

生命回復→栄養

答 (1)

2　栄養素に関する記述のうち、正しいものを1つ選びなさい。

(1) 人体の構成成分でもっとも多い栄養素は、無機質である。

(2) 三大栄養素とは、たんぱく質、脂質、ビタミンである。

(3) 脂質は、たんぱく質や炭水化物よりも効率のよいエネルギー源となる。

(4) ビタミンは、構成素（身体の組織を作る）となる。

(1) 無機質→脂質（水は栄養素に含めない）
(2) ビタミン→炭水化物
(4) ビタミンは、調整素であり、体機能の維持・調整をする。

答 (3)

3　人体の構成成分に関する記述の（　）に入る語句の組み合わせのうち、正しいものを1つ選びなさい。

人体はさまざまな元素で構成されているが、主要なものは約（ A ）種である。構成成分の割合では、特に（ B ）の量が年齢、性別、体格などにより個人差が大きい。

	A	B
(1)	200	たんぱく質
(2)	20	脂質
(3)	200	無機質
(4)	20	炭水化物（糖質）

人体の構成元素の主要なものは約20種である。構成成分の割合は年齢、性別、体格などにより異なるが、脂質の量は個人差が大きい。

答 (2)

関西

答 (4)

4　人体を構成する元素に関する記述について、（　）に入る語句の組み合わせのうち、正しいものを1つ選びなさい。

人体を構成する元素で含有率が1%以上あるものには、（ A ）、（ B ）、水素、窒素、カルシウム、リンがある。このうち最も含有率が高いのは（ A ）、2番目に高いのが（ B ）である。

	A	B
(1)	塩素	炭素
(2)	炭素	酸素
(3)	酸素	塩素
(4)	酸素	炭素

山口

5　人体を構成する成分に関する記述のうち、正しいものを1つ選びなさい。

(1)　人体を構成する成分の割合は、年齢により変化しない。

(2)　人体を構成する成分の割合は、炭水化物（糖質）より脂質の方が高い。

(3)　人体を構成する成分のうち、たんぱく質の割合は約50%である。

(4)　人体を構成する成分に、無機質（ミネラル）は含まれない。

(1) 年齢、性別、体格などにより異なる。
(3) 50%→16%
(4) 5%含まれる。

答 (2)

6　「食生活指針」〔平成12年（2000年）策定、平成28年（2016年）一部改正〕の大項目について、誤っているものを1つ選びなさい。

(1)　主食、主菜、副菜を基本に、食事のバランスを。

(2)　ごはんなどの穀類をしっかりと。

(3)　野菜・果物、牛乳・乳製品、豆腐、魚なども組み合わせて。

(4)　食塩は控えめに、脂肪はしっかりと。

「食塩は控えめに、脂肪は質と量を考えて」と、生活習慣病（特に高血圧や肥満）予防につながる内容が記載されている。

答 (4)

栃木

7　食事バランスガイドに関する記述のうち、誤っているものを1つ選びなさい。

(1)　国民の健康づくり、生活習慣病の予防、食料自給率の向上をねらいとしている。

(2)　主食、副菜、主菜、牛乳・乳製品、果物（牛乳・乳製品と果物は並列）の順で上から配置した、回転する「コマ」をイメージしたイラストで示している。

(3)　継続的な運動の重要性が表現されている。

(4)　副菜は主として各種ビタミン、ミネラルおよび食物繊維の供給源となる野菜等で、主材料の重量はおおよそ70gとされている。

「何を」、「どれだけ」食べたらよいかの目安を示している。

答 (3)

「食生活指針」の大項目

● 食事を楽しみましょう。
● 1日の食事のリズムから、健やかな生活リズムを。
● 適度な運動とバランスのよい食事で、適正体重の維持を。
● 主食、主菜、副菜を基本に、食事のバランスを。
● ごはんなどの穀類をしっかりと。
● 野菜・果物、牛乳・乳製品、豆類、魚なども組み合わせて。
● 食塩は控えめに、脂肪は質と量を考えて。
● 日本の食文化や地域の産物を活かし、郷土の味の継承を。
● 食料資源を大切に、無駄や廃棄の少ない食生活を。
● 「食」に関する理解を深め、食生活を見直してみましょう。

8 食事バランスガイド（厚生労働省・農林水産省）に関する記述のうち、適切でないものを1つ選びなさい。

(1) バランスガイドは、「コマ」をイメージして描かれており、食事のバランスが悪くなると倒れてしまうことが表現されている。

(2) 1日に「何を」、「どれだけ」食べたらよいかの目安が示されている。

(3) 単位は、「つ」または「サービングサイズ（SV）」で示されている。

(4) 主食、肉・魚、野菜、菓子、水分の5つの区分に分けられている。

> コマのイラストは主食、副菜、主菜、牛乳・乳製品、果物の5つに区分されている。菓子・嗜好飲料はコマを回すヒモとして示されている。水分は軸として食事に欠かせないことを強調している。
>
> 答 (4)

9 食事バランスガイドの2,200 ± 200kcalの「基本形」の場合の料理区分と摂取量の目安量（サービング数）の組み合わせのうち、誤っているものを1つ選びなさい。

(1) 主食 —— 5〜7つ（SV）

(2) 副菜 —— 1〜2つ（SV）

(3) 主菜 —— 3〜5つ（SV）

(4) 果物 —— 2つ（SV）

> 副菜は5〜6つ（SV）である。
>
> 答 (2)

10 食事バランスガイドにおける区分と1つ（SV）の基準の組み合わせとして、誤っているものを1つ選びなさい。

	区分	1つ（SV）
(1)	主食	—— 炭水化物約100g
(2)	副菜	—— 主材料の重量約70g
(3)	主菜	—— たんぱく質約6g
(4)	牛乳・乳製品	—— カルシウム約100mg

> ごはん、パン、麺などの主食に由来する炭水化物は約40gが基準。
>
> 下記囲み記事参照
>
> 答 (1)

「食事バランスガイド」の1つ（SV）の基準

- **主食**：ごはん、パン、麺等の主材料に由来する炭水化物がおおよそ40g
- **副菜**：主として各種ビタミン、ミネラルおよび食物繊維の供給源となる野菜等に関して、主材料の重量がおおよそ70g
- **主菜**：肉、魚、卵、大豆等の主材料に由来するたんぱく質がおおよそ6g
- **牛乳・乳製品**：主材料に由来するカルシウムがおおよそ100mg
- **果物**：主材料の重量がおおよそ100g

2 栄養素の機能

11 熱量素（エネルギー源）に含まれない栄養素を1つ選びなさい。

(1) たんぱく質
(2) 脂質
(3) 無機質（ミネラル）
(4) 糖質

エネルギー源である熱量素は、炭水化物（糖質）、脂質、たんぱく質である。

答 (3)

北海道、栃木、沖縄

12 栄養素の機能に関する記述のうち、誤っているものを1つ選びなさい。

(1) 活動のエネルギー源となる栄養素には、炭水化物（糖質）、脂質、たんぱく質がある。
(2) 体組織の成長と補充の役割をもつ栄養素には、たんぱく質、脂質、無機質（ミネラル）があり、血や肉、骨となる。
(3) 水は、体内での物質輸送、化学変化に必要な物質であり、通常栄養素の中に含まれる。
(4) 体機能の維持・調整の役割がある栄養素には、ビタミン、無機質（ミネラル）、たんぱく質がある。

含まれる→含まれない
水は体重の約6割を占める成分で重要な働きをしているが、通常は栄養素として扱われない。

答 (3)

山口

13 生体内で調整素（体機能の維持・調整）の役割を果たさない栄養素として、正しいものを1つ選びなさい。

(1) ビタミン
(2) 無機質（ミネラル）
(3) 糖質
(4) たんぱく質

糖質は熱量素

答 (3)

14 栄養素に関する記述のうち、誤っているものを1つ選びなさい。

(1) 栄養素のバランスは、多種類の食品を適切に組み合わせた食事で整える必要がある。
(2) 栄養素からみた人体構成成分の大人の平均値は、たんぱく質50～60%、水分15～18%、無機質3～5%、脂質15～25%、炭水化物1%、ビタミン微量である。
(3) たんぱく質の主な機能として、酵素、ホルモンの材料となり代謝を調整する。
(4) ビタミンの多くは体内合成ができず、外界から摂取しないと健康保持が困難である。

成人の構成成分のおおよその平均値は、たんぱく質16%、水分50～60%、無機質5%、脂質21%、炭水化物1%、ビタミン微量である。

答 (2)

「三大栄養素」と「五大栄養素」
● 三大栄養素：炭水化物（糖質）、たんぱく質、脂質
● 五大栄養素：三大栄養素と、ビタミン、無機質

15 炭水化物に関する記述のうち、誤っているものを1つ選びなさい。

(1) 炭水化物は、エネルギー源として重要であり、1gで9kcalのエネルギーをもつ。

(2) 炭水化物は、炭素と水の化合物で、ブドウ糖、乳糖、穀類やいも類のでん粉、生体内では肝臓や筋肉中のグリコーゲンなどがこれに該当する。

(3) ペクチン、グルコマンナン、セルロースなどの難消化性炭水化物（食物繊維）は、腸のぜん動運動を促進して便秘を予防する。

(4) 砂糖類（砂糖、果糖など）のとりすぎは、肥満や糖尿病、動脈硬化になりやすいので、注意が必要である。

関西

利用可能炭水化物は、単糖当量1gで3.75kcal、差引き法によるものでは1gで4kcalのエネルギーをもつ。

答（1）

16 炭水化物に関する記述のうち、正しいものを1つ選びなさい。

(1) 主な二糖類は、ブドウ糖、果糖、ガラクトースである。

(2) 主要なエネルギー供給源で、利用可能炭水化物（差引き法）1g当たり4kcalのエネルギーを持つ。

(3) エネルギーとして消費するには、ビタミンAが必要である。

(4) 難消化性炭水化物には、血中LDLコレステロールの上昇作用がある。

センター、奈良

(1) 主な二糖類は、麦芽糖（マルトース）、ショ糖（スクロース）、乳糖（ラクトース）である（下記囲み記事参照）。

(3) ビタミンA→ビタミンB$_1$

(4) 上昇→低下。難消化性炭水化物とは、食物繊維のことである。

答（2）

17 多糖類に関する記述のうち、正しいものを1つ選びなさい。

(1) セルロースは、ヒトの消化酵素で分解される。

(2) アミロペクチンは、消化されるとブドウ糖と果糖を生じる。

(3) グリコーゲンは、主に肝臓と筋肉に存在する。

(4) でん粉は、体内で1g当たり9kcalのエネルギーを発生する。

(1) セルロース→でん粉・グリコーゲン

(2) スクロースの説明である。

(4) 9kcal→4kcal

答（3）

炭水化物の分類

一般に、3つに大別される。

● **単糖類**：ブドウ糖（グルコース）、果糖（フルクトース）、マンノース、ガラクトースなど

● **二糖類**：ショ糖（スクロース）、麦芽糖（マルトース）、乳糖（ラクトース）

● **多糖類**：でん粉、グリコーゲン、食物繊維（セルロース、ペクチン、グルコマンナン、ガラクタン、アルギン酸など）

主な二糖類と消化酵素

二糖類	〈消化酵素〉→	単糖＋単糖
マルトース（麦芽糖）	〈マルターゼ〉	グルコース＋グルコース
スクロース（ショ糖）	〈スクラーゼ〉	グルコース＋フルクトース
ラクトース（乳糖）	〈ラクターゼ〉	グルコース＋ガラクトース

神奈川

18 炭水化物に関する記述のうち、誤っているものを1つ選びなさい。

(1) ブドウ糖は、単糖類である。
(2) でん粉は、多糖類である。
(3) 果糖は、二糖類である。
(4) ショ糖は、二糖類である。

果糖（フルクトース）は単糖類である。

答 (3)

群馬

19 炭水化物、消化酵素、分解生成物の組み合わせのうち、正しいものを1つ選びなさい。

(1) 麦芽糖 —— リパーゼ —— ブドウ糖＋ガラクトース
(2) ショ糖 —— スクラーゼ —— ブドウ糖＋果糖
(3) 乳糖 —— マルターゼ —— 果糖＋ガラクトース
(4) でん粉 —— ラクターゼ —— ブドウ糖＋ブドウ糖

p.82の囲み記事参照

答 (2)

20 炭水化物の分類の組み合わせのうち、正しいものを1つ選びなさい。

(1) ショ糖（スクロース） —— 単糖類
(2) 乳糖（ラクトース） —— 二糖類
(3) 果糖（フルクトース） —— 二糖類
(4) ブドウ糖（グルコース） —— 多糖類

(1) ショ糖（スクロース）は二糖類
(3) 果糖（フルクトース）は単糖類
(4) ブドウ糖（グルコース）は単糖類

答 (2)

栃木

21 食物繊維に関する記述のうち、誤っているものを1つ選びなさい。

(1) 不溶性食物繊維には、便通をよくする働きがある。
(2) 水溶性食物繊維には、コレステロール低下作用がある。
(3) 動物性食物繊維には、エビ・カニの殻の成分であるペクチンがある。
(4) 日本人の食事摂取基準（2020年版）では、18～64歳における食物繊維の目標量を、男性21g/日以上、女性18g/日以上としている。

エビ・カニの殻に含まれる食物繊維は、不溶性のキチンである。
下記囲み記事参照

答 (3)

22 食物繊維の働きに関する記述のうち、誤っているものを1つ選びなさい。

(1) 便秘の予防
(2) 食後の血糖値上昇の促進
(3) 血中コレステロール値の上昇の抑制
(4) 糖尿病の予防

水溶性食物繊維には、急激な血糖や血圧の上昇を抑制する働きがある。

答 (2)

食物繊維

人の消化酵素では分解されない（難消化性）成分であり、エネルギー源にはならない。水溶性と不溶性がある。
●**水溶性食物繊維**：ペクチン（果実に多い）、グルコマンナン（こんにゃくに多い）、アルギン酸（こんぶに多い）など。コレステロール低下作用、血糖・血圧の上昇を抑制する働きがある。
●**不溶性食物繊維**：セルロース（豆や野菜に多い）、キチン（カニなどの殻の成分）など。消化管通過時間を早めて便通をよくする働きがある。

23 食物繊維に関する記述のうち、誤っているものを1つ選びなさい。

(1) ヒトの消化酵素では分解されない難消化性の成分である。

(2) 植物性では、野菜や豆類に多いペクチン、果実に多いセルロースが該当する。

(3) 動物性では、カニの殻の成分のキチンが該当する。

(4) 水溶性食物繊維には、コレステロール低下作用がある。

24 食物繊維に関する記述のうち、正しいものを1つ選びなさい。

(1) 食物繊維は、腸内細菌の発酵によってほとんど分解される。

(2) 不溶性食物繊維は、大腸の通過時間を遅くさせて便秘を促進する働きがある。

(3) こんにゃくに多いグルコマンナンは、水溶性食物繊維である。

(4) 食物繊維の摂取目標量は、18〜64歳男性で100g/日以上である。

愛媛、沖縄

25 脂質に関する記述のうち、誤っているものを1つ選びなさい。

(1) 中性脂肪が分解されてできる脂肪酸は、二重結合をもつ不飽和脂肪酸と二重結合をもたない飽和脂肪酸に分けられる。

(2) LDLコレステロールは血管などに付着した余分なコレステロールを肝臓に運ぶため、動脈硬化の予防につながる。

(3) 誘導脂質の1つに、ステロイドがある。

(4) リノール酸、α-リノレン酸は、体内で合成できない。

山口

26 脂質に関する記述のうち、誤っているものを1つ選びなさい。

(1) コレステロールは、細胞膜やステロイドホルモン、胆汁酸、ビタミンCの材料として大切な成分である。

(2) リン脂質は、複合脂質である。

(3) 中性脂肪を分解すると、脂肪酸とグリセロールになる。

(4) 日本人の食事摂取基準（2020年版）では、脂質の目標量は、1歳以上の全ての年齢で総エネルギーの20〜30％とされている。

脂質の分類

一般に、3つに大別される。

- **単純脂質**：脂肪酸とアルコール（グリセロール）のエステル、中性脂肪など
- **複合脂質**：単純脂質にリン酸、炭水化物などが結合したもので、リン脂質、糖脂質など
- **誘導脂質**：各種脂質の構成成分。脂質の加水分解で生じるもので、脂肪酸、ステロイド、コレステロールなど

27 脂質に関する記述のうち、誤っているものを1つ選びなさい。

(1) 単純脂質とは、アルコールと脂肪酸のエステルである。

(2) α－リノレン酸は、必須脂肪酸である。

(3) レシチンは、ガラクトースを含む脂質である。

(4) n-3系脂肪酸は不飽和脂肪酸である。

神奈川

レシチンは代表的なリン脂質で、リン酸エステルとコリンを含む。ガラクトースは含まれない。

答 (3)

28 脂質に関する記述のうち、正しいものを1つ選べ。

(1) 脂質（脂肪酸のトリアシルグリセロール当量）のエネルギーは、1g当たり9kcalである。

(2) 単純脂質は体内でグリセロールとコレステロールに分解されてから利用される。

(3) 必須脂肪酸とは、人が食物から摂取する必要がない脂肪酸のことである。

(4) 牛脂や豚脂の動物性脂質は、魚油に多いイコサペンタエン酸（IPA）、ドコサヘキサエン酸（DHA）と同様に、血中コレステロール低下作用がある。

福島

(2) 単純脂質は、グリセロールやコレステロールに、それぞれ**脂肪酸が結合した中性脂肪やコレステロールエステル**である。

(3) 体内で（十分量を）合成できないため摂取する必要がある。

(4) 動物性脂肪に多い飽和脂肪酸は、LDLコレステロールを上昇させる。

答 (1)

29 脂質に関する記述のうち、誤っているものを1つ選びなさい。

(1) 多価不飽和脂肪酸は、n-3系脂肪酸とn-6系脂肪酸に分類される。

(2) 脂質を含むたんぱく質をリポたんぱく質という。

(3) 必須脂肪酸は、成長や健康を保つ上で重要であり身体機能の調節には不可欠である。

(4) コレステロールは、体内で合成できない。

関西

合成できない→合成できる

答 (4)

30 必須脂肪酸として、誤っているものを1つ選びなさい。

(1) オレイン酸

(2) リノール酸

(3) アラキドン酸

(4) α－リノレン酸

必須脂肪酸は、リノール酸、α－リノレン酸、アラキドン酸の3つ。

答 (1)

31 脂質に関する記述のうち、正しいものを1つ選びなさい。

(1) 必須脂肪酸は、飽和脂肪酸である。

(2) リノール酸は、不飽和脂肪酸である。

(3) 脂質は、エネルギーとして利用される時、炭水化物に比べビタミンB$_1$を多く必要とする。

(4) 脂質は、脂溶性ビタミンの吸収を阻害する作用がある。

(1) 必須脂肪酸はいずれも多価不飽和脂肪酸である。

(3) 脂質をエネルギーに変換する際、ビタミンB$_1$の必要量は糖質より少ない（ビタミンB$_1$節約作用）。

(4) 阻害する→促進する

答 (2)

32 脂質に関する記述のうち、正しいものを1つ選びなさい。

(1) 体内で1g当たり4kcalのエネルギーを発生する。
(2) コレステロールは、細胞膜の構成成分である。
(3) 胃内の滞留時間が短く、消化・吸収は速い。
(4) 動物性脂肪には、飽和脂肪酸は含まれない。

北海道

33 コレステロールに関する記述のうち、正しいものを1つ選びなさい。

(1) 細胞膜やステロイドホルモン、胆汁酸、ビタミンDの材料となる。
(2) 肝臓で合成されるよりも、食事から摂取するほうが多い。
(3) エネルギーとして活用することができる。
(4) HDLコレステロールは、過剰になると動脈硬化を引き起こすため、悪玉コレステロールと呼ばれている。

34 油脂と含まれる主な脂肪酸の組み合わせのうち、誤っているものを1つ選びなさい。

(1) オリーブ油 —— オレイン酸
(2) あまに油　 —— α-リノレン酸
(3) 魚油　　　 —— ドコサヘキサエン酸
(4) えごま油　 —— ラウリン酸

奈良

35 たんぱく質を変性させる要因として、誤っているものを1つ選びなさい。

(1) 熱
(2) 酸
(3) アルカリ
(4) 糖

36 たんぱく質に関する記述のうち、（　　）の中に入る語句として、正しいものを1つ選びなさい。

たんぱく質が、熱、酸、アルカリ、酵素、アルコールなどによって変化したものを誘導たんぱく質といい、このうち（　　）は、コラーゲンを長時間煮出してできたものである。

(1) ヒスチジン
(2) ゼラチン
(3) アルブミン
(4) リシン

37 **たんぱく質に関する記述のうち、誤っているものを1つ選びなさい。**

(1) たんぱく質には、窒素が含まれている。
(2) たんぱく質の主な働きは、体たんぱく質の構成素となることである。
(3) 日本人の食事摂取基準（2020年版）では、すべての年齢で、総摂取エネルギーの25％をたんぱく質で摂取することを目標にしている。
(4) たんぱく質は、単純たんぱく質、複合たんぱく質、誘導たんぱく質の3つに大別される。

福島、栃木、静岡

食事摂取基準では、たんぱく質の目標量は1歳以上に設定されており、男女ともに1〜49歳13〜20％、50〜64歳14〜20％、65歳以上15〜20％。
(4) 下記囲み記事参照

答 (3)

38 **たんぱく質に関する記述のうち、正しいものを1つ選びなさい。**

(1) 約20種類のアミノ酸が、ペプチド結合で数多くつながった化合物（ポリペプチド）である。
(2) 炭素、水素、酸素のほかに約16％のヨウ素を主成分とする。
(3) 複合たんぱく質は、アミノ酸だけでつくられている。
(4) 精白米や小麦粉など、穀物に含まれるたんぱく質にはリシンが多い。

(2) ヨウ素→窒素
(3) 複合たんぱく質→単純たんぱく質。複合たんぱく質は、単純たんぱく質とほかの物質（核酸、糖など）が結合したもの。
(4) リシンが多い→リシンが少ない

答 (1)

39 **複合たんぱく質として、正しいものを1つ選びなさい。**

(1) グルテニン
(2) グロブリン
(3) アルブミン
(4) ミオグロビン

愛媛

(1)(2)(3) は、アミノ酸のみでつくられる単純たんぱく質。

答 (4)

40 **たんぱく質に関する記述のうち、適切でないものを1つ選びなさい。**

(1) 体内で合成できない必須アミノ酸は、9種類である。
(2) 血清アルブミンやケラチンは、たんぱく質である。
(3) ヘモグロビンは、色素を含むたんぱく質であり、銅を含む。
(4) 二次的にエネルギー源としても利用され、1gで4kcalのエネルギーをもつ。

銅→鉄

答 (3)

たんぱく質の分類

一般に、3つに大別される。
● 単純たんぱく質：アミノ酸だけでつくられ、アルブミン、グロブリン、グルテリンなどがある。
● 複合たんぱく質：単純たんぱく質と他の物質（核酸、糖、脂質、リン酸、色素、金属など）が結合したもので、糖たんぱく質、リポたんぱく質、色素たんぱく質などがある。
● 誘導たんぱく質：たんぱく質が熱、酸、アルカリ、酵素などによって変化（変性や加水分解）したもので、ゼラチン、ペプトン、ペプチドなどがある。

41 たんぱく質（アミノ酸）に関する記述のうち、誤っているものを1つ選びなさい。

(1) 肉類は、穀類などに不足するリシンやトレオニンなどを多く含み、補足効果が高い。
(2) たんぱく質は、すべてアミノ酸まで分解されてから吸収される。
(3) アミノ酸のアミノ基には、必ず窒素が含まれている。
(4) たんぱく質の構成アミノ酸のうち、最も不足するアミノ酸を、第1制限アミノ酸という。

42 たんぱく質に関する記述のうち、誤っているものを1つ選びなさい。

(1) たんぱく質節約作用とは、炭水化物や脂質の摂取が十分であることによって、たんぱく質の消費がおさえられる現象をいう。
(2) 不足すると、発育不良、免疫低下、貧血、活力低下、疲れやすい、月経異常などの障害が現れる。
(3) 必須アミノ酸の1つであるイソロイシンは、体内でナイアシンに合成される。
(4) 発育期の子ども、妊婦、授乳婦は、特に動物性たんぱく質を十分にとる必要がある。

43 たんぱく質に関する記述のうち、誤っているものを1つ選びなさい。

(1) 体内で合成可能なアミノ酸を非必須アミノ酸といい、体内で合成できない9種類のアミノ酸を必須アミノ酸という。
(2) 筋肉、皮膚、血液、毛髪など、生体の構成成分である。
(3) 肉、魚、卵、乳類などの動物性食品に多く含まれるが、大豆にも多く含まれている。
(4) たんぱく質の栄養価を示す指標の一つとしてアミノ酸スコアがあり、非必須アミノ酸の種類と含量が多いたんぱく質ほど、栄養価が高い。

44 ヒトの必須アミノ酸として、適切でないものを1つ選びなさい。

(1) ナイアシン
(2) 含硫アミノ酸
(3) トリプトファン
(4) バリン

一部は、消化の途中段階であるジペプチドやトリペプチドの状態でも吸収される。

答 (2)

イソロイシン→トリプトファン

答 (3)

アミノ酸価（アミノ酸スコア）は、不可欠（必須）アミノ酸の種類と含量で決まる。
(1) 可欠（非必須）アミノ酸は11種類、不可欠（必須）アミノ酸は9種類である。
下記囲み記事参照

答 (4)

ナイアシンは水溶性ビタミンの1種。ヒトの必須アミノ酸は(2)～(4)のほか、ヒスチジン、イソロイシン、ロイシン、リシン、芳香族アミノ酸、トレオニン。

答 (1)

不可欠（必須）アミノ酸

食物からとらなければならない9種類の（ア）ミノ酸は、（メ）チオニン、（フ）ェニルアラニン、（リ）シン、（ヒ）スチジン、（ト）リプトファン、（イ）ソロイシン、（ロ）イシン、（バ）リン、（ト）レオニン（「雨降り、一色鳩」、おぼえ方の一例）。

　＊ただし、アミノ酸価は、含硫アミノ酸としてメチオニン＋シスチン、芳香族アミノ酸としてフェニルアラニン＋チロシンで評価する。

45　たんぱく質に関する記述のうち、誤っているものを1つ選びなさい。

(1) 酵素によりアミノ酸に分解され、小腸壁から吸収される。
(2) 鶏卵のアミノ酸価は、精白米に比べて低い。
(3) アミノ酸は、エネルギー源として利用される。
(4) 牛肉の赤身に含まれる色素たんぱく質は、ミオグロビンである。

低い→高い。魚介類や畜肉、卵など動物性食品はたんぱく質含量が多く、アミノ酸価も高い。一方、穀類や野菜、果物類はたんぱく質含量が少なく、アミノ酸価も低い。大豆は他の植物性食品と比べるとたんぱく質含量は多く、アミノ酸価も高い。

答 (2)

群馬、長野

46　ビタミンに関する記述のうち、誤っているものを1つ選びなさい。

(1) 微量で栄養機能を発揮する。
(2) 補酵素や調節因子として生体内の代謝に関与する。
(3) 一般的にビタミンは体内で合成できないため、食物から摂取する必要がある。
(4) 日本人の食事摂取基準（2020年版）では、ビタミンB_1の耐容上限量が設定されている。

ビタミンB群で耐容上限量が設定されているのはナイアシン、B_6、葉酸のみである。
p.90の囲み記事参照

答 (4)

北海道

47　ビタミンに関する記述のうち、誤っているものを1つ選びなさい。

(1) すべてのビタミンは体内で合成できるので、食物から摂取する必要はない。
(2) 化学的性質により、油脂に溶けやすい脂溶性ビタミンと、水に溶けやすい水溶性ビタミンに分類される。
(3) いわゆる健康食品やサプリメントであっても、ビタミンをとりすぎると、脂溶性ビタミンは排泄されにくく、過剰症につながりやすい。
(4) ビタミンは他の栄養素に比べて性質が不安定で、調理、加工による損失が大きい。

一部は体内で腸内細菌により合成できるが、基本的には食物から摂取する必要がある。

答 (1)

48　ビタミンに関する記述のうち、正しいものを1つ選びなさい。

(1) ビタミンA、D、E、Kはいずれも水に溶けやすい。
(2) ビタミンDは、二次的に正常な骨形成を促進する。
(3) ビタミンB_1は、主に脂質の代謝に補酵素として関わっている。
(4) ビタミンB_2は、主に核酸の代謝に補酵素として関わっている。

(1) いずれも油脂に溶けやすい脂溶性ビタミンである。
(3) 脂質→炭水化物（糖質）
(4) 核酸→脂質

答 (2)

ビタミン

ビタミンは代謝に不可欠であるが、体内では十分に合成できない。健康の保持・増進、健全な発育・発達のためには、不足しないように食物から摂取する必要がある。化学的性質により、次の2つに大別される。
- **脂溶性ビタミン**：ビタミンA、D、E、K
- **水溶性ビタミン**：ビタミンB複合体（ビタミンB_1、B_2、B_6、B_{12}、ナイアシン、パントテン酸、ビオチン、葉酸など）、ビタミンC

49 ビタミンに関する記述のうち、誤っているものを1つ選びなさい。

(1) ビタミンDは、骨の代謝に関わり、代表的な欠乏症として、くる病がある。

(2) ビタミンAは、皮膚や粘膜を正常に保つのに役立つ。

(3) 水溶性ビタミンは、尿中に排泄されるため、脂溶性ビタミンと比べ過剰症は少ない。

(4) ビタミンCは、脂溶性であり、熱に強い。

> ビタミンCは水溶性であり、熱に弱い。
>
> 答 (4)

50 ビタミンに関する記述のうち、誤っているものを1つ選びなさい。

(1) ビタミンA、ビタミンCは酸化しにくい。

(2) ビタミンE、ビタミンKは光に弱い。

(3) ビタミンKは、血液凝固因子の合成や骨の形成に必要な脂溶性ビタミンである。

(4) 葉酸は、核酸の合成などに関与する補酵素であり、欠乏により巨赤芽球性貧血を生じる。

> ビタミンA、Cは酸化しやすい。
>
> 答 (1)

51 ビタミンに関する記述のうち、誤っているものを1つ選びなさい。

(1) ビタミンAは、過剰症のおそれがあるので、食事摂取基準では耐容上限量が定められている。

(2) ビタミンCには、コラーゲンの生合成、抗酸化作用や鉄の吸収促進など、多くの働きがある。

(3) β-カロテンの吸収を高めるには、油脂を用いた加熱調理が望ましい。

(4) ビタミンDの代表的な過剰症としては、子どものくる病、成人の骨軟化症などがある。

> ビタミンDの代表的な過剰症としては高カルシウム血症や腎障害があり、代表的な欠乏症としてはくる病や骨軟化症がある。
> (1) 下記囲み記事参照
>
> 答 (4)

52 ビタミンに関する記述のうち、誤っているものを1つ選びなさい。

(1) ビタミンEは抗酸化作用をもつ。

(2) パントテン酸は水溶性ビタミンである。

(3) ビタミンCはヒト体内で合成できる。

(4) ビタミンCは欠乏すると、歯茎などから出血しやすくなる。

> (1) ビタミンE自体が酸化されることによって抗酸化作用が起こる。
> (3) 合成できる→合成できない
>
> 答 (3)

耐容上限量が設定されたビタミン

日本人の食事摂取基準（2020年版）で耐容上限量が定められているのは、脂溶性ビタミンのビタミンA、D、Eと、水溶性ビタミンのビタミンB_6、ナイアシン、葉酸である。

53 ビタミンの働きと含有食品の組み合わせのうち、正しいものを1つ選びなさい。

(1) ビタミンA ── 皮膚・粘膜の保護 ── かんぴょう
(2) ビタミンB₁ ── 糖質の代謝 ── 豚肉
(3) ビタミンC ── 抗酸化作用 ── 干しひじき
(4) ビタミンD ── 骨形成促進 ── いちじく

栃木

以下、含有食品例として
(1) かんぴょう→レバー
(3) 干しひじき→果実類
(4) いちじく→肝油
など。

答 (2)

54 ビタミンの主な欠乏症と主な含有食品に関する組み合わせのうち、正しいものを1つ選びなさい。

(1) ビタミンA ── 壊血病 ── 果実類、いも類、緑黄色野菜
(2) ビタミンB₁ ── 脚気 ── 豚肉、豆類、米・小麦の胚芽
(3) ビタミンC ── 夜盲症 ── 肝油、魚介類、きのこ類
(4) ビタミンK ── くる病 ── 植物油、魚介類、胚芽米

センター、北海道、関西、愛媛

(1) ビタミンA─夜盲症─レバー、うなぎ
(3) ビタミンC─壊血病─果実類
(4) ビタミンK─血液凝固不良─緑黄色野菜、海藻類

答 (2)

55 ビタミンとその主な欠乏症の組み合わせで、誤っているものを1つ選びなさい。

(1) ビタミンB₁ ── 脚気
(2) ナイアシン ── ペラグラ
(3) ビタミンC ── 壊血病
(4) ビタミンD ── 口角炎

山口

ビタミンDの欠乏症には、くる病、骨軟化症がある。

答 (4)

56 ビタミンとその欠乏症に関する組み合わせのうち、正しいものを1つ選びなさい。

ビタミン　　　欠乏症
(1) ビタミンB₆ ── 感覚神経障害
(2) ビタミンD ── 高カルシウム血症
(3) ビタミンB₁ ── 脚気
(4) ナイアシン ── 消化管障害

(1) 湿疹、口角炎、貧血。感覚神経障害は過剰症。
(2) くる病、骨軟化症。高カルシウム血症は過剰症。
(4) ペラグラ、舌炎。消化管障害は過剰症。

答 (3)

57 脂溶性ビタミンの主な欠乏症・過剰症の組み合わせのうち、誤っているものを1つ選びなさい。

(1) ビタミンAの過剰症 ── 頭痛、吐き気、肝障害、胎児の奇形発現
(2) ビタミンDの過剰症 ── 夜盲症、成長障害
(3) ビタミンEの欠乏症 ── 未熟児の溶血性貧血、乳児の皮膚硬化症
(4) ビタミンKの欠乏症 ── 血液凝固不良、新生児メレナ

ビタミンDの過剰症は、高カルシウム血症、腎障害など。
夜盲症、成長障害は、ビタミンAの欠乏症でみられる。

答 (2)

58 脂溶性ビタミンの供給に関する記述のうち、正しいものを1つ選び なさい。

(1) ビタミンAは、皮膚でつくられる。
(2) ビタミンDは、β-カロテンの摂取で生成する。
(3) ビタミンEは、エルゴステロールに紫外線が当たると生成する。
(4) ビタミンKは、納豆に多く含まれる。

(1) ビタミンAは、β-カ ロテンなどから生成さ れる。
(2) ビタミンDは、皮膚に あるプロビタミンDに 紫外線が当たると生成 される。
(3) ビタミンEは、ナッツ 類や植物油に多く含ま れる。

答 (4)

北海道

59 水溶性ビタミンの主な欠乏症と含有食品の組み合わせのうち、正し いものを1つ選びなさい。

(1) ビタミンB$_2$ ── 口角炎 ── チーズ
(2) ナイアシン ── 消化管障害 ── レバー、豆類
(3) ビタミンB$_6$ ── ペラグラ ── 果実類
(4) パントテン酸 ── 悪性貧血 ── 魚介類

(2) ナイアシン─ペラグラ ─レバー、魚介類
(3) ビタミンB$_6$─湿疹─ レバー、肉類
(4) パントテン酸の欠乏症 はまれ。レバー、納豆 などに含まれる。

答 (1)

60 無機質（ミネラル）に関する記述のうち、誤っているものを1つ選 びなさい。

(1) 日本人の食事摂取基準（2020年版）では、成人の1日当たりの食塩の目標量 は男性7.5g/日未満、女性6.5g/日未満としている。
(2) 無機質は、人体を構成する主要元素である酸素、炭素、水素、窒素以外のす べての元素をいう。
(3) 鉄は、2価鉄より3価鉄のほうが吸収されやすい。
(4) 生体内のヨウ素は、そのほとんどが甲状腺に存在し、甲状腺ホルモンの成分 として重要な役割を担っている。

2価鉄のほうが吸収されや すい。

答 (3)

無機質（ミネラル）

人体は炭素、酸素、水素、窒素の有機質と、それ以外の無機質からつくられている。無機質はミネラル、灰分、無機 塩類とも呼ばれ、骨や歯をつくったり、体液のpH保持、体液の浸透圧調節、生理作用の調節等に大きな働きをして いる。体内で合成できないので、食品から摂取する必要がある。

●主な無機質：カルシウム、リン、カリウム、ナトリウム、マグネシウム、鉄、ヨウ素、亜鉛、銅、マンガン、セレ ン、クロム、モリブデン

92

61　ミネラルの働きについての記述で、誤っているものを1つ選びなさい。

(1) エネルギーの供給源になる。

(2) 体液のpHを正常に保つ。

(3) 骨や歯をつくる。

(4) 体液の浸透圧を正常に保つ。

栃木、神奈川、愛媛

エネルギーの供給源にはならない。

答 (1)

62　無機質（ミネラル）と欠乏症の組み合わせのうち、誤っているものを1つ選びなさい。

　　　無機質　　　　　欠乏症

(1) カルシウム ―― 骨粗鬆症

(2) 鉄　　　　―― 鉄欠乏性貧血

(3) ヨウ素　　―― 甲状腺腫

(4) リン　　　―― クレチン病

沖縄

リンは、細胞膜の構成成分であり、通常、不足しにくいため、欠乏症は知られていない。クレチン病は、甲状腺ホルモンの先天性欠乏によって起こる。

答 (4)

63　無機質（ミネラル）、主な欠乏症、主な食品の組み合わせとして、誤っているものを1つ選びなさい。

(1) カルシウム　　―― 骨粗鬆症　　―― 牛乳、小魚

(2) 亜鉛　　　　　―― 胃腸障害　　―― 野菜、海藻類

(3) 鉄　　　　　　―― 鉄欠乏性貧血 ―― レバー、あさり

(4) マグネシウム ―― 循環器障害　―― 種実類、豆類

栃木、福井、奈良

亜鉛―味覚障害―肉類、魚介類

答 (2)

64　カルシウムに関する記述のうち、誤っているものを1つ選びなさい。

(1) 緑黄色野菜からのカルシウムの吸収率は非常に低く、1%以下である。

(2) 体内カルシウムの約99%は骨と歯に存在し、残りの1%が体液や血液中に存在している。

(3) ビタミンDは、カルシウムの吸収を高める。

(4) ほうれんそうに含まれるシュウ酸やリンの過剰摂取は、カルシウムの吸収を阻害する。

カルシウムの吸収率は、牛乳・乳製品が約50%、小魚が約30%、緑黄色野菜が約20%となっている。

答 (1)

65　鉄に関する記述のうち、誤っているものを1つ選びなさい。

(1) 生体内の鉄の約60〜70%は、赤血球中のヘモグロビン（血色素）に存在する。

(2) ヘモグロビンは、全身に酸素を運搬する役割をもつ。

(3) 生体内への鉄の吸収率はもともと低いが、紅茶、緑茶などに含まれるタンニンとともにとると、吸収が高まる。

(4) 女性では、月経、妊娠、出産で鉄が欠乏しやすい。

タンニンは吸収を阻害する。

答 (3)

66 ナトリウムに関する記述で、誤っているものを1つ選びなさい。

(1) ナトリウムは、体内の約50％が細胞外液に、約40％が骨に、約10％が細胞内液に存在する。

(2) ナトリウムは神経伝達や筋収縮、体液の浸透圧の維持、体液の酸塩基平衡の維持などに関与している。

(3) ナトリウムの主な摂取源である食塩の過剰摂取は、高血圧、胃がんなどのリスクになる。

(4) 極度の減塩は、味覚への影響から食欲増強を促す。

食欲増強を促す→食欲不振を招く

答 (4)

67 無機質（ミネラル）に関する記述のうち、誤っているものを1つ選びなさい。

(1) マグネシウムは、酵素の活性化作用がある。

(2) カルシウムは、不足より過剰摂取に注意が必要である。

(3) 生体内のリンは、骨や歯に含まれている。

(4) リンは、細胞内外液の浸透圧や酸塩基平衡の調整に関与する。

カルシウム→マグネシウム

答 (2)

68 無機質（ミネラル）に関する記述のうち、誤っているものを1つ選びなさい。

(1) 乳糖、たんぱく質、シュウ酸などの過剰摂取は、カルシウムの吸収を阻害する。

(2) 人体の元素組成で最も多い無機質は、カルシウムである。

(3) 非ヘム鉄は、野菜や穀物などに含まれる鉄分である。

(4) コバルトは、ビタミンB$_{12}$の構成成分である。

乳糖、たんぱく質はカルシウムの吸収を高める。

答 (1)

69 水に関する記述のうち、誤っているものを1つ選びなさい。

(1) 体重に占める水分重量の割合（％）は、年齢が上がると減少する。

(2) 水分を10％失えば健康を保てず、20％失えば死にいたる。

(3) 尿量は、水分排泄量の90％以上を占めている。

(4) 呼吸（肺）や発汗（皮膚）などにより、体温を調節する機能をもつ。

90％以上→50％以上

答 (3)

70 水分代謝に関する記述のうち、正しいものを1つ選びなさい。

(1) 体水分量の0.5％を失うと、健康に障害が起きる。

(2) 水は、成人では体重の約50〜60％を占める。

(3) 体内水分のバランスは、口渇感による水分摂取と、膀胱の排尿調節作用によって保たれている。

(4) 体水分量が不足すると、高齢者は若年者よりのどの渇きを感じやすい。

(1) 0.5％→10％
(3) 膀胱→腎臓
(4) のどの渇きを感じやすい→のどの渇きを感じにくい

答 (2)

3 栄養生理

p.124〜132

沖縄

71 栄養生理に関する記述のうち、誤っているものを1つ選びなさい。

(1) 動脈と静脈の血糖値の差が広がる（血糖値が上がる）と、満腹中枢が刺激され、食物の摂取を抑制する。

(2) 摂食中枢が刺激されると空腹を感じ、食物の摂取を促進する。

(3) 摂食行動は、間脳の視床下部に存在する摂食中枢と満腹中枢によって調節されている。

(4) 血中遊離脂肪酸が増えると満腹中枢が刺激され、食物の摂取を抑制する。

血中遊離脂肪酸が増えると摂食中枢が刺激され、食物の摂取を促進する。

答 (4)

愛媛

72 膵臓から分泌されるホルモンとして、正しいものを1つ選びなさい。

(1) サイロキシン　　(2) コルチゾール　　(3) グルカゴン　　(4) アドレナリン

膵臓から分泌される主なホルモンは、グルカゴン、インスリン、ソマトスタチン。

答 (3)

73 膵臓から分泌される主なホルモンに関する組み合わせのうち、正しいものを1つ選びなさい。

分泌細胞	ホルモン	作用
(1) α細胞 ── グルカゴン ── 血糖低下
(2) α細胞 ── インスリン ── 血糖上昇
(3) β細胞 ── グルカゴン ── 血糖上昇
(4) β細胞 ── インスリン ── 血糖低下

グルカゴンは、膵臓のα細胞から分泌され、血糖上昇作用がある。

答 (4)

74 ホルモンと関係する疾患や作用の組み合わせのうち、誤っているものを1つ選びなさい。

(1) 血圧上昇　　　　── アドレナリン

(2) 胃酸分泌促進　　── ガストリン

(3) 下垂体性小人症　── 性ホルモン

(4) 巨人症　　　　　── 成長ホルモン

下垂体性小人症は、成長ホルモンの不足が原因である。

答 (3)

山口

75 消化管ホルモンと主な作用に関する組み合わせのうち、正しいものを1つ選びなさい。

ホルモン	主な作用
(1) ガストリン ── 胃酸・ペプシン分泌抑制、インスリン分泌刺激
(2) セクレチン ── 胃酸分泌促進、ペプシノーゲン分泌促進
(3) コレシストキニン（CCK）── 胆のうの収縮（胆汁の分泌）、膵酵素分泌促進
(4) グルコース依存性インスリン分泌刺激ホルモン（GIP）── 膵臓からの膵液〔HCO_3^-（炭酸水素イオン）〕の分泌促進

(1) ガストリンは、胃酸分泌促進、ペプシノーゲン分泌促進。インスリン分泌刺激は、GIP。

(2) セクレチンは、膵臓からの膵液〔HCO_3^-（炭酸水素イオン）〕の分泌促進。

(4) グルコース依存性インスリン分泌刺激ホルモン（GIP）は、胃酸・ペプシン・ガストリン分泌抑制、インスリン分泌刺激。

答 (3)

76 ホルモンに関する記述のうち、誤っているものを1つ選びなさい。

(1) ホルモンは、微量で生体の複雑な機能を調節する重要な役割を担っている。
(2) 副腎髄質ホルモンであるアドレナリンとノルアドレナリンには、血圧を低下させる働きがある。
(3) 膵臓から分泌されるインスリンの分泌量または作用が低下した状態を糖尿病という。
(4) 成長ホルモンが過剰に分泌されると巨人症になる。

センター、静岡

アドレナリンとノルアドレナリンは、血圧を上昇させる。

答 (2)

77 ホルモンに関する記述のうち、正しいものを1つ選びなさい。

(1) ステロイドホルモンは、脳下垂体前葉から分泌され、たんぱく質の合成と蓄積を促す。
(2) アドレナリンは、膵臓から分泌される。
(3) インスリンは、血糖を低下させる唯一のホルモンである。
(4) 甲状腺ホルモンは、亜鉛を含んでいる。

沖縄

(1) ステロイドホルモン→成長ホルモン
(2) 膵臓→副腎髄質
(4) 亜鉛→ヨウ素

答 (3)

78 ホルモンに関する記述のうち、誤っているものを1つ選びなさい。

(1) ホルモンは化学構造によってステロイド系、アミン系、ペプチド系等、複数に分別される。
(2) ホルモンは互いに密接な連携を保ち、生体の恒常性を維持している。
(3) 甲状腺ホルモンの過剰分泌により、基礎代謝や体温が上昇し、バセドウ病を発症する。
(4) 副甲状腺ホルモンの過剰分泌により、血清カルシウムが上昇し、けいれんを起こす。

栃木

副甲状腺ホルモンの不足により、血清カルシウムが減少し、けいれんを起こす。

答 (4)

79 消化器官に関する記述のうち、誤っているものを1つ選びなさい。

(1) 食塊が咽頭の粘膜に触れると、嚥下運動が反射的に起こる。
(2) 胃の内容物が十二指腸に送られると、腸-胃反射が起こり、胃の運動が促進される。
(3) 栄養素の吸収のほとんどは、小腸で行われる。
(4) 大腸では、水分と電解質の吸収、糞便の形成が行われる。

促進される→抑制される

答 (2)

消化酵素

栄養素の種類に応じて働く酵素が異なる。
●**口と胃**：唾液アミラーゼ（プチアリン）は、でん粉に作用してデキストリンへ。
●**胃**：胃液のペプシンは、たんぱく質に作用してプロテオースやペプトンへ。
●**腸**：膵液のトリプシン、キモトリプシン、エラスターゼは、たんぱく質・プロテオース・ペプトンに作用してポリペプチドへ。
　膵液アミラーゼ（アミロプシン）は、でん粉・デキストリンに作用して麦芽糖へ。
　膵液リパーゼ（ステアプシン）は、中性脂肪に作用して脂肪酸とモノグリセリドへ。
　腸液のアミノペプチダーゼは、ポリペプチドに作用してアミノ酸へ。腸液ラクターゼは、乳糖に作用してブドウ糖とガラクトースへ　など。

奈良

80 消化酵素を含まない分泌液として、正しいものを1つ選びなさい。

(1) 唾液　　(2) 胃液　　(3) 膵液　　(4) 胆汁

栃木

81 消化吸収に関する記述のうち、誤っているものを1つ選びなさい。

(1) 消化には、物理的（機械的）消化、化学的消化、細菌学的（生物学的）消化がある。
(2) 小腸から吸収された栄養素のうち、脂溶性成分は毛細血管へ、水溶性成分はリンパ管へ流入する。
(3) ショ糖（砂糖）は、スクラーゼにより、ブドウ糖と果糖になる。
(4) 脂質の吸収が低下しているときは、脂溶性ビタミンの吸収が阻害される。

吸収された脂溶性成分はリンパ管へと流入する。水溶性成分は毛細血管へと流入する。

答 (2)

沖縄

82 消化吸収に関する記述のうち、誤っているものを1つ選びなさい。

(1) アルコールは、胃で吸収されるため、大量の飲酒は胃粘膜の障害につながる。
(2) たんぱく質は、低分子のアミノ酸やペプチドにまで分解されて、小腸壁から吸収される。
(3) ビタミンB₂の吸収には、胃液に含まれる内因子が必要である。
(4) 乳糖は、ラクターゼによってブドウ糖とガラクトースに分解される。

ビタミンB₂→ビタミンB₁₂

答 (3)

沖縄

83 消化吸収率に関する記述のうち、正しいものを1つ選びなさい。

(1) 食物繊維を多く含む食品では上昇しやすい。
(2) 一定期間での栄養素の摂取量に対する吸収量を示したものである。
(3) 咀嚼によって変化しない。
(4) 脂質、たんぱく質、糖質の順に消化吸収率は高い。

(1) 上昇しやすい→低下しやすい
(3) 変化しない→変化する
(4) 糖質、動物性たんぱく質、脂質、植物性たんぱく質の順に高い。

答 (2)

84 消化器官と働きの関係のうち、誤っているものを1つ選びなさい。

(1) 胃　　── 殺菌作用
(2) 小腸 ── 糞の形成
(3) 膵臓 ── 消化液の分泌
(4) 肝臓 ── 栄養素の貯蔵

小腸（十二指腸、空腸、回腸）では、栄養素の消化と吸収が行われる。糞便の形成は大腸で行われる。

答 (2)

消化の種類

- **物理的（機械的）消化**：咀嚼、嚥下、蠕動運動、分節運動、振子運動など
- **化学的消化**：消化液（消化酵素）による栄養素の加水分解
- **細菌学的（生物学的）消化**：腸内細菌による発酵や腐敗など

85 栄養素の吸収に関する記述のうち、正しいものを1つ選びなさい。

(1) 消化管で分解されてできた単糖類は、腸壁から吸収され門脈に流入し、肝臓に運ばれる。

(2) 小腸上皮細胞に取り込まれて再合成された中性脂肪は、VLDLに包まれて運ばれる。

(3) 吸収されたアミノ酸は、リンパ管を通って血液中に入る。

(4) 小腸におけるカルシウムの吸収は、活性型ビタミンDにより阻害される。

神奈川

(2) 食事由来の脂溶性成分はキロ（カイロ）ミクロンに包まれて運搬される。

(3) リンパ管を通って血液中に入る→毛細血管から門脈に入り、肝臓に運ばれる

(4) 阻害→促進

答 (1)

---

86 消化液、消化酵素とその作用に関する組み合わせのうち、正しいものを1つ選びなさい。

消化液	消化酵素	作用
(1) 唾液 —— ペプシン ——		たんぱく質をアミノ酸に分解
(2) 胃液 —— ラクターゼ ——		でん粉をデキストリンに分解
(3) 膵液 —— リパーゼ ——		トリグリセリドを脂肪酸とモノグリセリドに分解
(4) 腸液 —— トリプシン ——		麦芽糖をブドウ糖に分解

(1) 唾液に含まれる酵素アミラーゼは、多糖類を分解する。

(2) 胃液の酵素ペプシンは、たんぱく質を分解する。

(4) 腸に分泌される酵素の1つ、トリプシンは膵液に含まれ、たんぱく質を分解する。腸液に含まれるマルターゼが、麦芽糖を分解する。

答 (3)

---

87 胃のG細胞から分泌され、胃酸とペプシノーゲンの分泌を促進する消化管ホルモンを1つ選びなさい。

(1) ガストリン

(2) セクレチン

(3) コレシストキニン（CCK）

(4) グルコース依存性インスリン分泌刺激ホルモン（GIP）

(2)〜(4) は十二指腸、空腸で合成され、(2) は膵臓からの膵液の分泌促進、(3) は胆汁の分泌、(4) は胃酸・ペプシン・ガストリンの分泌を抑制し、インスリンの分泌を刺激するホルモンである。

答 (1)

---

88 炭水化物の消化吸収に関する記述のうち、誤っているものを1つ選びなさい。

(1) 食物中のでん粉は、唾液アミラーゼ、膵液アミラーゼにより麦芽糖に分解される。

(2) 分解されてできた単糖類は、腸壁から吸収される。

(3) 余剰分の血糖はクエン酸として肝臓と筋肉に蓄えられる。

(4) 血糖として各組織に運ばれ、エネルギーを供給する。

余剰な血糖は、肝臓と筋肉にグリコーゲンとして備蓄され、さらなる余剰分は体脂肪に変換されて蓄えられる。

答 (3)

---

89 線で結んだ関係のうち、誤っているものを1つ選びなさい。

(1) でん粉分解酵素 —— アミラーゼ

(2) たんぱく質分解酵素 —— ペプシン

(3) ショ糖分解酵素 —— リパーゼ

(4) 脂質分解酵素 —— ステアプシン

ショ糖分解酵素はスクラーゼである。リパーゼは脂質分解酵素。

答 (3)

4 ライフステージと栄養

📖 p.133〜146、154〜157

---

90 妊娠期の栄養に関する記述のうち、正しいものを1つ選びなさい。

(1) 妊娠前から葉酸を1日400μg摂ることが望ましい。

(2) 妊娠期には、非妊娠時より脂肪エネルギー比率を高める。

(3) 「日本人の食事摂取基準（2020年版）」では、妊娠後期のエネルギー付加量は授乳婦と同じ400kcalである。

(4) 妊娠高血圧症候群では、強めに塩味をきかせた食事で食欲を増すとよい。

(2) 脂肪エネルギー比率は同じ。栄養素をバランスよく摂り、良質たんぱく質摂取、低脂肪、高ビタミン、減塩を心がける。

(3) 付加は妊娠後期450kcal、授乳婦350kcalである。

(4) 過剰な食塩摂取は避ける。

- - - - - - - - - - - - - - - -

答 (1)

---

91 母子栄養に関する記述のうち、誤っているものを1つ選びなさい。

(1) カルシウムは、神経管閉鎖障害のリスク低減と関連のあることが示されているため、妊婦、妊娠を計画している女性、また妊娠の可能性がある女性は、摂取に配慮が必要である。

(2) 妊娠期には、妊娠高血圧症候群、肥満、糖尿病を招きやすいので、これらを予防するために、塩分を控え、エネルギーの過剰摂取を避ける。

(3) 離乳の完了とは、形のある食物をかみつぶすことができるようになり、エネルギーや栄養素の大部分が母乳または育児用ミルク以外の食物からとれるようになった状態である。

(4) 保育所を利用している幼児の家庭の食事では、保育所の献立を知り、朝・夕の食事をバランスよくすることが必要である。

神経管閉鎖障害は葉酸欠乏症である。カルシウム欠乏症は骨粗鬆症である。

- - - - - - - - - - - - - - - -

答 (1)

---

92 乳児期の栄養に関する記述のうち、正しいものを1つ選びなさい。

(1) 分娩後3〜4日の母乳は初乳といい、IgAなどの免疫物質を多く含む。

(2) 離乳食を始めたら、母乳や粉乳は与えないようにする。

(3) はちみつは、満1歳までは、サルモネラ菌による食中毒の危険があるため与えない。

(4) 離乳初期は、発育の盛んなときなので、ビタミンDの多い食品をできるだけ多く与える。

(2) 離乳食は1日1回1さじから始め、段階的に離乳を完了する。
p.100の囲み記事参照

(3) サルモネラ菌→ボツリヌス菌

(4) 離乳期は、発育に特に重要なエネルギーとたんぱく質が不足しないように留意する。

- - - - - - - - - - - - - - - -

答 (1)

93 成長期（思春期）の栄養に関する記述のうち、誤っているものを1つ選びなさい。

(1) 成長期では、欠食によるエネルギー不足に注意が必要である。

(2) 摂取エネルギーが増加すると、エネルギー代謝に関連するビタミンDの必要量も増える。

(3) 成長期の骨形成には、十分なカルシウム摂取が必要である。

(4) 成長期では、鉄が不足しやすく、貧血の予防には、赤身の肉類と野菜や果物を組み合わせるとよい。

エネルギー代謝に関連して必要量が増えるのは、ビタミンB₁・B₂、ナイアシンである。

答 (2)

---

94 成人期の栄養に関する記述のうち、正しいものを1つ選びなさい。

(1) 生活習慣病の予防のためには、食生活だけ気をつければよい。

(2) BMI（体格指数）は体重と身長を用いて計算し、エネルギー収支の指標となる。

(3) 「日本人の食事摂取基準（2020年版）」では、目標とするBMIの範囲は20〜64歳まで同一である。

(4) 「日本人の食事摂取基準（2020年版）」では、食塩相当量の目標量は男女とも同一である。

(1) ストレスを避けた規則正しい生活や運動、睡眠にも気をつける。

(3) 18〜49歳は18.5〜24.9、50〜69歳は20.0〜24.9であり、同一ではない。

(4) 成人の男性は7.5g/日未満、女性は6.5g/日未満で異なっている。

答 (2)

---

95 成人期の栄養に関する記述のうち、誤っているものを1つ選びなさい。

(1) エネルギーの摂取量は、標準体重維持程度にする。

(2) 脂肪の少ない良質なたんぱく質を十分に摂る。

(3) 食塩は控えめにし、1日の摂取量は成人男性で11g未満、成人女性で10g未満にする。

(4) 食物繊維を適量摂り、緑黄色野菜を十分に摂る。

食事摂取基準2020年版における食塩の目標量は、成人男性では1日あたり7.5g未満、成人女性では6.5g未満である。

答 (3)

離乳の進め方

離乳は、母乳などの乳汁栄養から幼児食に移行する過程をいう。子どもの様子をみながら1さじずつ始め、母乳は飲みたいだけ、ミルクは1日に2、3回程度飲ませる。離乳が進むにつれ、1日2回食、3回食へと食事のリズムをつけ、生活リズムを整えていくようにする。通常、生後5〜6か月ごろから開始し、12〜18か月ごろに離乳を完了する。

● **離乳の開始**：アレルギーの心配の少ないおかゆ（米）から始める→慣れたらじゃがいも、野菜、果物→さらに慣れたら豆腐、白身魚など、種類を増やしていく。はちみつは乳児ボツリヌス症予防のため、満1歳までは使わない。

● **離乳の進行**：卵黄（固ゆで）から全卵、白身魚から赤身魚、青皮魚へと進めていく。ヨーグルト、塩分の少ないチーズもよい。食べやすく調理した脂肪の少ない鶏肉、豆類、野菜、海藻と増やしていく。

● **生後9か月以降**：鉄が不足しやすいので、赤身魚、肉、レバーを取り入れ、調理用の牛乳・乳製品の代わりに育児用ミルクを使用するなど工夫する。

福島、群馬、沖縄

96 高齢期の栄養と運動に関する記述のうち、誤っているものを1つ選びなさい。

(1) 高齢者は味覚が鈍くなるので、味付けを濃くする必要がある。

(2) ロコモティブシンドロームなど運動不足による筋力低下が問題となっている。

(3) 高齢者は口渇感が鈍くなり、脱水症状を起こしやすいため、水分を十分に補給する必要がある。

(4) 咀嚼力や嚥下力が低下するので、飲み込みやすく、消化のよいものに工夫する。

高齢期では、味を感じる味蕾を構成する味細胞の老化（衰え）により味覚が鈍くなり、濃い味になりがちである。高血圧や動脈硬化といった生活習慣病予防のためには、個人の好みを配慮した上で薄味を心がけるとよい。

答 (1)

北海道

97 高齢期の食生活に関する記述のうち、適切でないものを1つ選びなさい。

(1) 消化・吸収能力が落ち、体重や食欲が減少しやすいため、たんぱく質は量より質を重視する。

(2) 基礎代謝量が大きくなるので、エネルギー摂取量は多めにする。

(3) カルシウム、鉄が不足しやすいので、乳製品やしらす干し、レバー、緑黄色野菜などを十分に摂取するとよい。

(4) 個人差が大きいので、食物の内容や形状、やわらかさについては個人に合わせて考えることが重要である。

高齢者では基礎代謝量が若年よりも小さくなるので、エネルギー摂取量も少なめになる。
p.102の囲み記事参照

答 (2)

静岡

98 ライフステージと栄養に関する記述のうち、誤っているものを1つ選びなさい。

(1) 分娩後5〜9日ごろの母乳は移行乳といい、たんぱく質、無機質が減り、乳糖が増える。

(2) 幼児期では、体重あたりの食事摂取基準は成人より多めに設定されている。

(3) 成人期では、ストレスや運動不足、外食や飲酒などから生活習慣病のリスクが高くなる。

(4) 高齢期では、食物繊維をあまりとらないようにすることが健康によいとされている。

高齢者に多い便秘の改善のためにも、食物繊維は適度に摂ることが望ましい。

答 (4)

99 ライフステージ別の栄養に関する記述のうち、誤っているものを1つ選びなさい。

(1) 幼児期は、3度の食事で必要量を満たすことは難しいため、不足する分は適切な間食でおぎなうことが必要である。

(2) 成長期の骨形成には、十分なカルシウム摂取が必要である。

(3) 思春期は、急激な成長に造血が追いつかず貧血になりやすいため、鉄が多く必要とされる。

(4) 高齢期は、消化や吸収能力が落ちるため、たんぱく質の量は壮年期よりも少なくとる方がよい。

摂取量は壮年期と同じでよい。ただし、少なくなりがちなので、良質なたんぱく質の摂取を心がける。
(1) 幼児期の消化器は相対的に小さく、また、機能が不十分であるため、3度の食事で必要量を満たすことは難しく、間食で不足分を補う必要がある。総エネルギーの10〜20%程度で、2〜3時間の間隔をあけるとよい。

答 (4)

100 ライフステージと栄養に関する記述のうち、誤っているものを1つ
選びなさい。

(1) 高齢期は、高血圧や動脈硬化などを予防するため、食塩や砂糖を摂り過ぎないように薄味を心がけるとよい。

(2) 母乳は乳児に最適な成分組成であり、感染抑制作用をもつ免疫グロブリンが含まれている。

(3) 妊娠期は、カルシウムの吸収率が低下する。

(4) 思春期は、急速な発育や活動量の増加などのため、一生で最も多くのエネルギーと栄養素を必要とする。

101 ライフステージ別の食生活に関する記述のうち、正しいものを1つ
選びなさい。

(1) 妊娠中は、特に貧血になりやすいので、良質たんぱく質、鉄分、ビタミンを十分にとる。

(2) 離乳食は生後5、6か月ごろから始め、早く慣れさせるために大人と同じ味つけにする。

(3) 幼児期は、消化器官の機能が十分発達しているので、1日3食にし、間食は必要ない。

(4) 高齢期は、飲み込み（えん下）障害の調理の工夫として、油脂の使用を控える。

基礎代謝量

基礎代謝量とは生命を維持するために必要な最低限のエネルギー必要量のことをいう。人間は睡眠中でも体温の保持、心臓の活動、呼吸などのためにエネルギーを必要とする。普通は食後12～15時間経過して室温20℃の室内で静かに仰臥しているときに消費される熱量のことである。

①体重が重いほど基礎代謝量は大きい。

②筋肉質の人の基礎代謝量は脂肪太りの人に比べて大きい。

③女性より男性のほうが基礎代謝量は大きい。

④基礎代謝基準値（体重あたりの基礎代謝：kcal/kg/日）は、年齢が若いほど大きいが、基礎代謝量（kcal/日）は、男性では15～17歳、女性では12～14歳が最も大きい。

⑤冬の基礎代謝は夏より大きい。

⑥同じ体重では、体表面積が大きいほど基礎代謝量が大きい。

⑦体温が高いほうが基礎代謝量が大きい。

⑧身体活動量が多い人では基礎代謝量が大きい。

⑨甲状腺機能亢進症（バセドウ病）患者の基礎代謝量は大きい。

⑩妊娠時の基礎代謝量は大きい。

⑪低栄養状態では、基礎代謝量は小さくなる。

福井

102 日本人の食事摂取基準（2020年版）に関する記述について、誤っているものを1つ選びなさい。

(1) 令和2（2020）～令和6（2024）年度の5年間使用される。
(2) 身体活動レベルとは、1日の身体活動に要する消費エネルギー量が基礎代謝量の何倍に当たるかを表したものである。
(3) 基礎代謝基準値は、加齢に伴い上昇していく。
(4) ナトリウム（食塩相当量）は、2015年版よりもさらに低い目標が設定されている。

(3) 上昇→低下
(4) 成人の目標量（g/日未満）
2015→2020（年版）
男性8.0→7.5
女性7.0→6.5
と0.5gずつ低くなった。

答（3）

関西

103 日本人の食事摂取基準（2020年版）に関する記述のうち、誤っているものを1つ選びなさい。

(1) 日本人の食事摂取基準は、厚生労働省が定める。
(2) 対象は、健康な個人並びに集団とし、高血圧、脂質異常、高血糖、腎機能低下に関して保健指導レベルにあるものは含まない。
(3) エネルギーの摂取量および消費量のバランスの維持を示す指標として「体格（BMI：body mass index）」が採用されている。
(4) 過剰摂取による健康障害の回避を目的として、「耐容上限量（UL）」が設定されている。

健康な個人および集団に加え、生活習慣病（高血圧、脂質異常、高血糖、腎機能低下）の保健指導レベルまでを対象としている。
下記囲み記事参照
(3) BMI＝体重（kg）÷〔身長（m）〕²

答（2）

身体活動レベルと活動内容
● **低い身体活動レベル**：生活の大部分が座位で、静的な活動が中心の場合。
● **ふつうの身体活動レベル**：座位中心であるが、職場内での移動や立位での作業・接客など、あるいは通勤・買い物・家事、軽いスポーツなどのいずれかを含む場合。
● **高い身体活動レベル**：移動や立位の多い仕事への従事者。あるいは、スポーツなど余暇における活発な運動習慣をもっている場合。

日本人の食事摂取基準（📖p.154～157）
● **目的**：国民の健康の保持・増進を図る上で摂取することが望ましいエネルギーおよび栄養素の量の基準を示すものであり、2020年版では生活習慣病の発症予防・重症化予防とともに高齢者の低栄養予防・フレイル予防も目的に追加された。
● **使用期間**：2020年版は、令和2（2020）年度から令和6（2024）年度までの5年間。
● **対象**：健康な個人並びに集団とし、高血圧、脂質異常、高血糖、腎機能低下に関して保健指導レベルにある者までを含むものとした。
● **設定指標**（📖p.157）
　推定平均必要量（EAR）：摂取不足の回避を目的としており、半数の人の必要量を満たす量。
　推奨量（RDA）：推定平均必要量を補助する目的で設定されており、ほとんどの人の必要量を充足する量。
　目安量（AI）：十分な科学的根拠が得られず、推定平均必要量と推奨量が設定できない場合に設定。一定の栄養状態を維持するのに十分な量であり、目安量以上を摂取している場合は不足のリスクはほとんどない。
　耐容上限量（UL）：過剰摂取による健康障害の回避を目的として設定。
　目標量（DG）：生活習慣病の予防を目的に、「生活習慣病の予防のために現在の日本人が当面の目標とすべき摂取量」として設定。

104 肥満の指標となるBMI（体格指数）に関する記述のうち、正しいものを1つ選びなさい。

(1) BMIは、体重（kg）÷（身長（m）×身長（m））で算出する。

(2) 低体重の指標は、BMIが20未満である。

(3) 肥満の指標は、BMIが30以上である。

(4) 望ましい体重を算出するためのBMIは、25とされる。

(2) 20未満→18.5未満
(3) 30以上→25以上
(4) 25→22

答 (1)

105 日本人の食事摂取基準（2020年版）に関する記述で、（ A ）、（ B ）にあてはまる組み合わせのうち、正しいものを1つ選びなさい。

健康の保持・増進と生活習慣病の発症予防と（ A ）のために必要なエネルギー量および各種の栄養素の摂取量を、（ B ）あたりの数値で定めている。

	A	B
(1)	重症化予防	1日
(2)	再発予防	1日
(3)	重症化予防	1食
(4)	再発予防	1食

答 (1)

106 日本人の食事摂取基準（2020年版）に関する記述のうち、誤っているものを1つ選びなさい。

(1) 栄養素の指標のうち、目標量は生活習慣病の発症予防を目的とするものである。

(2) 策定目的に、生活習慣病の発症予防及び重症化予防のほか、高齢者の低栄養予防やフレイル予防が加えられた。

(3) ナトリウム（食塩相当量）について、成人男性で7.5g/日未満、成人女性で6.5g/日未満と、2015年版よりもさらに低い目標が設定された。

(4) 栄養素の指標のうち、推定平均必要量はほとんどの人が充足している量である。

推定平均必要量→推奨量
p.103の囲み記事参照

答 (4)

107 日本人の食事摂取基準（2020年版）に関する文章の（　　）に入る語句の組み合わせで、正しいものを1つ選びなさい。

エネルギー摂取において、（ A ）から総エネルギーの50～65％、（ B ）から20～30％、（ C ）から13～20％摂取するのが望ましいエネルギー産生栄養素バランス（％エネルギー）とされている。

	A	B	C
(1)	たんぱく質	炭水化物	脂質
(2)	炭水化物	たんぱく質	脂質
(3)	炭水化物	脂質	たんぱく質
(4)	たんぱく質	脂質	炭水化物

p.105の囲み記事参照

答 (3)

長野

低下させる→上昇させる

答（2）

108 エネルギー代謝に関する記述のうち、誤っているものを1つ選びなさい。

(1) 基礎代謝は、生命維持、体温保持、心臓の脈はく、呼吸を続けるために必要な代謝である。

(2) 甲状腺機能亢進症は、甲状腺ホルモンの分泌過多により基礎代謝を低下させる。

(3) 基礎代謝は、体格や性別、年齢などに影響を受ける。

(4) 食物を食べた後にエネルギー消費量が増すことを食事誘発性熱産生という。

北海道

体表面積に正比例し、体表面積が大きい（身長が高い）ほうが、基礎代謝が大きい。
p.102の囲み記事参照

答（2）

109 基礎代謝量（生きていくために最低限必要なエネルギー消費量）に関する記述のうち、誤っているものを1つ選びなさい。

(1) 日本人の食事摂取基準（2020年版）によると、男性では15～17歳、女性では12～14歳が最も高い値を示しており、加齢に伴い低下していく。

(2) 体表面積に反比例し、同じ体重では、体表面積が小さい（身長が低い）ほうが、基礎代謝が大きい。

(3) 低温環境においては筋肉が緊張し、熱産生が増加するため、冬のほうが夏よりも高くなる。

(4) 身体活動量が多い人は、筋肉などの活性組織が多く、脂肪などの不活性組織が少ないことから、基礎代謝が大きい。

エネルギー産生栄養素バランス（％エネルギー）

目標量[1,2]（男女）				
年齢等		たんぱく質[3]	脂質[4]		炭水化物[5,6]
			脂質	飽和脂肪酸	
0～11（月）		—	—		—
1～14（歳）		13～20	20～30	10以下	50～65
15～17（歳）		13～20	20～30	8以下	50～65
18～49（歳）		13～20	20～30	7以下	50～65
50～64（歳）		14～20	20～30	7以下	50～65
65以上（歳）		15～20	20～30	7以下	50～65
女性	妊婦初期・中期	13～20	20～30	7以下	50～65
	後期	15～20			
	授乳婦				

[1] 必要なエネルギー量を確保した上でのバランスとすること。

[2] 範囲に関しては、おおむねの値を示したものであり、弾力的に運用すること。

[3] 65歳以上の高齢者について、フレイル予防を目的とした量を定めることは難しいが、身長・体重が参照体位に比べて小さい者や、特に75歳以上であって加齢に伴い身体活動量が大きく低下した者など、必要エネルギー摂取量が低い者では、下限が推奨量を下回る場合がありうる。この場合でも、下限は推奨量以上とすることが望ましい。

[4] 脂質については、その構成成分である飽和脂肪酸など、質への配慮を十分に行う必要がある。

[5] アルコールを含む。ただし、アルコールの摂取を勧めるものではない。

[6] 食物繊維の目標量を十分に注意すること。

110 基礎代謝に関する記述のうち、正しいものを1つ選びなさい。

(1) 低栄養状態では高くなる。

(2) 妊娠時、特に後期において高くなる。

(3) 甲状腺機能が亢進すると、基礎代謝は低下する。

(4) 一般的に女性より男性のほうが低い。

(1) 高くなる→低くなる

(3) 低下→上昇。甲状腺ホルモンは代謝を活性化する作用があり、甲状腺機能亢進症（バセドウ病）は基礎代謝を上昇させる。甲状腺機能低下症（クレチン病）は基礎代謝を低下させる。

(4) 低い→高い

p.102の囲み記事参照

答 (2)

---

111 ある食品が下記の栄養素量を含んでいる場合、その食品のエネルギー値を日本食品標準成分表2020年版のエネルギー換算係数により計算し、正しいものを1つ選びなさい。

《栄養素量：アミノ酸組成によるたんぱく質20g　脂肪酸のトリアシルグリセロール当量25g　利用可能炭水化物（単糖当量）1g》

(1) 約46kcal

(2) 約184kcal

(3) 約309kcal

(4) 約414kcal

1g当たりのエネルギー換算係数は、アミノ酸組成によるたんぱく質4kcal、脂肪酸のトリアシルグリセロール当量9kcal、利用可能炭水化物（単糖当量）3.75kcalである。

4kcal×20g＋9kcal×25g＋3.75kcal×1g＝約309kcal

答 (3)

---

112 栄養指導に用いる食品分類法について、誤っているものを1つ選びなさい。

(1) 3群組み合わせ（3色運動として広く用いられている）

(2) 4群組み合わせ（香川綾氏の提唱による食品群である）

(3) 6つの基礎食品（厚生労働省が食品を分類したものである）

(4) 7つの基礎食品（糖尿病の栄養指導時によく用いられる）

糖尿病の指導に用いるのは「糖尿病食事療法のための食品交換表」である。

答 (4)

---

113 「六つの基礎食品」の組み合わせのうち、誤っているものを1つ選びなさい。

(1) 1群 —— たんぱく質 —— 牛乳、乳製品、小魚

(2) 3群 —— カロテン —— 緑黄色野菜

(3) 5群 —— 炭水化物 —— 穀類、いも類、砂糖

(4) 6群 —— 脂肪 —— 油脂類、種実類

たんぱく質を多く含む食品のうち、魚、肉、卵、大豆が1群に分類される。たんぱく質に加えカルシウムも多く含む牛乳、乳製品、小魚（骨ごと食べられる魚）は2群に分類される。

答 (1)

栃木、沖縄

114 運動と栄養に関する記述のうち、正しいものを1つ選びなさい。

(1) 運動不足でエネルギー過剰の人は、肥満、高血圧、脂質異常症（高脂血症）などになりやすい。

(2) 運動時に消費されるエネルギー源の半分以上が、体内の脂質である。

(3) 運動により消費エネルギーが増加したとしても、ビタミン類の必要量は変わらない。

(4) 運動時の発汗による脱水には、水のみを補給することで十分である。

(2) 脂質→炭水化物（血糖やグリコーゲン）
(3) 変わらない→多くなる
(4) 水と電解質の補給が必要である。

答 (1)

北海道、沖縄

115 運動と栄養に関する記述のうち、正しいものを1つ選びなさい。

(1) 脂質は、炭水化物に比べて少量で効果的にエネルギー補給ができる。

(2) ロコモティブシンドロームとは、運動不足でエネルギー過剰の状態をいう。

(3) トレーニングなどにより筋肉量が増大した場合は、炭水化物の必要量が増加する。

(4) 脂質は、少量で効果的にエネルギーを補給できるので、適正体重が維持されていても積極的に摂取する必要がある。

(2) 運動不足で筋力が低下した状態。
(3) 炭水化物→たんぱく質
(4) 適正体重が維持されていれば積極的に摂取する必要はない。

答 (1)

北海道

116 国民の栄養状態に関する記述のうち、正しいものを1つ選びなさい。

(1) 昭和54年以降、植物性たんぱく質の摂取割合が動物性たんぱく質の摂取割合を上回っている。

(2) エネルギー摂取量は、昭和50年からゆるやかな増加傾向が続き、現在では肥満や生活習慣病が多発し、健康上、大きな問題となっている。

(3) 食塩の摂取量は平成7年より減少傾向が続き、令和元年は9.7g/日であった。

(4) 米などの穀類の摂取量は徐々に減っているが、1日のエネルギー摂取量に対する穀類エネルギー比率は昭和50年以降、50%以上を維持している。

(1) 上回っている→下回っている
(2) エネルギー摂取量は昭和50年以降減少傾向であったが、最近5年間では増加傾向である。
(4) 50%以上を維持している→50%を下回っている。昭和50年の穀類エネルギー比率は49.8%で、減少傾向が続き、令和元年には39.5%であった。

答 (3)

沖縄

117 国民の栄養状態に関する記述のうち、正しいものを1つ選びなさい。

(1) 国民の栄養素等摂取状況と身体状況は、厚生労働省が毎年実施する国民健康・栄養調査によって明らかにされている。

(2) エネルギーの摂取量は、ここ5年間で緩やかに減少傾向である。

(3) 食品群別摂取量は、米などの穀類が徐々に増加し、昭和50年以降、穀類エネルギー比率は50%を超えている。

(4) 食塩の摂取量は、平成7年より緩やかに増加傾向である。

(2) 減少傾向→増加傾向
(3) 増加→減少
　超えている→下回っている
(4) 増加傾向→減少傾向

答 (1)

ただし、令和2年、3年は調査を行っていない。

5 病態と栄養

沖縄

118 病態と栄養に関する記述のうち、誤っているものを1つ選びなさい。

(1) 医療の現場における栄養補給は、「腸を使用する」、「腸を使用しない」が分類の基本となる。

(2) 一般食は、疾病治療による栄養素の制限がないものであるが、栄養的配慮のもとで体力を増し、間接的に治療効果を高めるためのものである。

(3) 特別食は、管理栄養士が発行した食事箋に基づいた治療食で、その病気の治療に直接役立つ重要な食事である。

(4) 流動食とは、刺激物、不消化物を含まない液状の食物で、口中で溶けるものを含む。

食事箋を発行するのは医師である。

答 (3)

119 栄養補給に関する記述のうち、適切でないものを1つ選びなさい。

(1) 栄養・食事療法や栄養補給は、医療の現場で疾病を治癒し、栄養状態を改善する手段の1つである。

(2) 経鼻や胃ろうなどの経管栄養は、経腸栄養に分類される。

(3) 医師の発行する食事箋に基づく治療食は、その病気の治療に直接役立つ重要な食事である。

(4) 流動食は、刺激物や不消化物を含まない液状の食物で、特別食に分類される。

特別食→一般食

答 (4)

120 肥満に関する記述のうち、誤っているものを1つ選びなさい。

(1) 肥満の予防は、食事療法と運動が望ましい。

(2) BMI 22kg/m²のときが健康障害の危険性が最も低い。

(3) 糖尿病や脂質異常症などの生活習慣病との関連性はない。

(4) 体脂肪が過剰に蓄積した状態をいう。

肥満は糖尿病、脂質異常症、動脈硬化といった生活習慣病を併発することが多い。

答 (3)

121 肥満に関する記述のうち、誤っているものを1つ選びなさい。

(1) 肥満は、高尿酸血症（痛風）の危険性を増大させる。

(2) 成人の肥満の指標は、BMI（体格指数）が25以上である。

(3) 成人後の肥満は、通常は個々の脂肪細胞が大きくなった結果であり、食事療法の効果が上がりにくい。

(4) 1日1,000kcal以下の食事を続ける場合は、医師の管理が必要である。

成人の脂肪細胞肥大型肥満では、食事療法の効果が上がりやすい。

答 (3)

長野

122 糖尿病に関する記述のうち、正しいものを1つ選びなさい。

(1) 糖尿病には1型と2型があり、日本の糖尿病患者の90%以上は1型である。

(2) 糖尿病の症状には高血糖、尿に糖が出る、多尿、のどの渇きなどがある。

(3) インスリンが不足すると血糖値は正常にコントロールされずに低下する。

(4) 糖尿病の治療では、水溶性ビタミンの補給を控える。

(1) 日本の糖尿病患者の多くは2型。
(3) インスリンが不足すると血糖値は下がりにくい。
(4) ビタミン、特にビタミンB群を十分に摂る。

答 (2)

123　（　　）に入る数字として、正しいものを1つ選びなさい。

「糖尿病食事療法のための食品交換表」（日本糖尿病学会編）では、1単位を（　　）kcalとし、1単位で食べられる食品の量が示されている。

(1) 40
(2) 60
(3) 80
(4) 100

北海道、愛媛

糖尿病の食事療法は偏食をせずに腹八分目が重要であり、実行しやすくするための食品交換表は食品の量を80kcalで1単位として示している。

答　(3)

124　病態と食事療法に関する組み合わせのうち、誤っているものを1つ選びなさい。

　　　病態　　　　　　食事療法
(1) 糖尿病 ── 腹八分目、偏食をしない。
(2) 脂質異常症 ── 不飽和脂肪酸を少なめにとる。
(3) 高血圧症（本態性高血圧症） ── 病態に合わせ、食塩は6g/日未満に制限する。
(4) 痛風 ── プリン体を多く含む内臓や獣鳥肉類を避け、アルコールの飲みすぎに注意する。

少なめ→多め

答　(2)

125　病気と栄養に関する記述のうち、正しいものを1つ選びなさい。

(1) 2型糖尿病の治療には、食事療法や運動療法が有効である。
(2) 脂質異常症では、魚油を少なめに摂取する。
(3) 高血圧症では、エネルギーを多くとる。
(4) 鉄欠乏性貧血は、鉄やたんぱく質の過剰から起こる。

(2) 脂質異常症など減量が必要な場合は、動物性脂肪は控え、動脈硬化を防ぐEPAやDHAの多い魚油を適度に摂取する。
(3) 食塩を病態にあわせて6g/日未満に制限し、エネルギーのとりすぎも避ける。
(4) 過剰→不足
　　鉄の摂取とともに良質のたんぱく質とビタミンCの摂取を心がけるとよい。

答　(1)

糖尿病

膵臓のランゲルハンス島β細胞から分泌されるインスリンの不足（1型）、またはその働きが悪い（2型）ことによる病気。腹八分目で偏らない食事が大切である。
- 1日の総エネルギー摂取量は、日常生活に支障のない量に設定する。標準体重（＝身長m² × 22）1kg当たり25〜30kcalとする。
- エネルギーの枠内でたんぱく質15〜20%、炭水化物50〜60%、脂質20〜25%のバランスをとる（p.105の囲み記事、エネルギー産生栄養素バランスも参照）。炭水化物は穀類を中心にし、砂糖や菓子は控える。
- ビタミン、無機質（ミネラル）、食物繊維を十分にとる。

126 脂質異常症に関する記述の（　　）に入る語句の組み合わせのうち、正しいものを1つ選びなさい。

血液中の（ A ）コレステロールや中性脂肪が異常に増加した状態や（ B ）コレステロールが低下した状態をいい、（ C ）との関連が深い。

	A	B	C
(1)	HDL	LDL	動脈硬化
(2)	LDL	HDL	痛風
(3)	HDL	LDL	痛風
(4)	LDL	HDL	動脈硬化

脂質異常症とは、血液中のLDLコレステロールやトリグリセリド（中性脂肪）が異常に増加した状態、HDLコレステロールが低下した状態をいい、動脈硬化との関連が深い。
下記囲み記事参照

答 (4)

福島

127 脂質異常症の者の食事に関する記述のうち、誤っているものを1つ選びなさい。

(1) エネルギーの過剰摂取を避け、適正な体重を保つ。

(2) 飽和脂肪酸を多く含む動物性脂質は少なめにし、魚油に多く含まれる不飽和脂肪酸は多めにとる。

(3) コレステロールを多く含む卵黄、レバー、魚卵などは控える。

(4) 食物繊維を多く含む野菜、海藻、きのこなどは控える。

食物繊維は十分にとる。
下記囲み記事参照

答 (4)

128 高血圧症（本態性高血圧症）に関する記述のうち、誤っているものを1つ選びなさい。

(1) 適量の動物性食品（脂肪の多い肉は避ける）に、野菜、いも、豆、海藻などを豊富に用い、無機質、ビタミン、食物繊維などが不足しないようにする。

(2) カリウムの摂取は、病態に合わせて1日3g未満に制限する。

(3) 標準体重を維持するために、エネルギーをとりすぎないようにする。

(4) 脂質の摂取は、コレステロールや飽和脂肪酸の摂取を控え、肉より魚を積極的に摂取する。

カリウムは、血圧を上げる作用のある食塩（ナトリウム）を尿中に排泄する働きがあるので、野菜などによって十分とるようにする。

答 (2)

脂質異常症

血液中のLDLコレステロールや中性脂肪（トリグリセライドまたはトリグリセリド）が増加した状態か、HDLコレステロールが低下した状態をいう。動脈硬化と関連が深い。
　①エネルギーの過剰摂取を避ける。
　②体重が多い場合には標準体重に近づける。
　③動物性脂肪、卵黄、レバーなどは控える。食物繊維、ビタミン、無機質は十分とる。

129 貧血症（鉄欠乏性）に関する記述のうち、誤っているものを1つ選びなさい。

(1) 貧血の中で最も多いのは、鉄欠乏性の貧血である。
(2) 緑黄色野菜の摂取は、貧血の予防と治療には全く効果がない。
(3) ビタミンCは鉄の吸収を高めるので、意識して一緒に摂取する。
(4) レバーに含まれる鉄は吸収がよく、貧血の予防と治療に効果的である。

ほうれん草、小松菜などの緑黄色野菜は鉄が多く、ビタミンCも多く含むので、貧血の予防と治療に効果がある。

答 (2)

130 骨粗鬆症に関する記述のうち、誤っているものを1つ選びなさい。

(1) 男性よりも女性に多い。
(2) 骨密度が低下して、骨折しやすくなる。
(3) 予防のためには、子どもの頃からカルシウムを十分に摂取する。
(4) 高齢になってからカルシウムを十分摂取しても、進行を抑制できない。

高齢になってからカルシウムを十分とることは、骨粗鬆症の予防や進行を抑制する効果がある。

答 (4)

131 病態と栄養に関する記述のうち、（　　）の中に入る語句として、正しいものを1つ選びなさい。

高齢化が進み、（ A ）が増加しており、予防としては、バランスのよい食事、特に（ B ）を十分にとることである。適度に日光にあたることで、（ B ）の吸収が増加する。

	A	B
(1)	高脂血症	不飽和脂肪酸
(2)	動脈硬化症	飽和脂肪酸
(3)	骨粗鬆症	カルシウム
(4)	高血圧症	食物繊維

適度に日光にあたることで吸収が増加するのはカルシムのみである。

答 (3)

132 腎臓病の食事療法に関する記述のうち、誤っているものを1つ選びなさい。

(1) エネルギー量は原則として各腎疾患に合った適切量を与える。
(2) 食塩の基本は6g/日未満とし、高血圧や浮腫が強いほど制限を厳しくする。
(3) 水分は病態によって制限する。
(4) 腎炎は高たんぱく質食とし、良質のたんぱく質を含む食材を用いる。

高たんぱく質食→低たんぱく質食。腎臓病に共通する基本指針は食塩とたんぱく質の摂取制限であり、たんぱく質は良質な食材を用いる。

答 (4)

133 病態と食事療法に関する記述のうち、誤っているものを1つ選びなさい。

(1) クローン病の患者には、高残渣食を与える。
(2) 鉄欠乏性貧血の治療では、動物性たんぱく質を十分に与える。
(3) 痛風の患者は、アルコールを控えた方がよい。
(4) 肥満症の治療では、欠食をさける。

クローン病では、大腸や小腸の粘膜に炎症や潰瘍が起こり、低残渣・低脂肪食が求められる。

答 (1)

134 食物アレルギーに関する記述のうち、誤っているものを1つ選びなさい。

(1) アレルギーの原因物質をアレルゲン（抗原）という。

(2) ある食べ物に対して過剰な免疫反応が起こり、じんましんやアナフィラキシーショック、嘔吐、下痢、湿疹などの症状が起こる。

(3) 乳幼児の3大原因食品として、鶏卵、牛乳、魚がある。

(4) アレルギー対応食には、正しい判断に基づいた必要最小限の原因食物の除去を基本とする。

乳幼児の3大原因食品は鶏卵、牛乳、小麦である。近年では、くるみ、カシューナッツなどの木の実が原因になる例が増えている。

答 (3)

135 食物アレルギーに関する記述のうち、誤っているものを1つ選びなさい。

(1) 身体にとって栄養になるはずの食物に対して過剰な免疫反応が起こることである。

(2) ほとんどは食事摂取後1～2時間以内、特に15分以内で多くの症状が現れる即時型反応である。

(3) 原因物質を食べた後に激しい運動をすると、アレルギーが誘発されることがある。

(4) じんましん、アナフィラキシーショック、嘔吐、下痢などの症状を起こすが、命にかかわる重篤な状態に陥ることはない。

命にかかわる重篤な状態に陥ることがある。

答 (4)

136 食物アレルギーに関する記述のうち、誤っているものを1つ選びなさい。

(1) 食物アレルギーは、アレルゲン（抗原）により起こるため、個人の体質による影響はない。

(2) 令和3年に実施された「即時型食物アレルギーによる健康被害に関する全国実態調査」によると、即時型食物アレルギーの発生原因となったアレルゲンとして、鶏卵、牛乳、木の実類が上位3位を占めている。

(3) 食物アレルギーは、即時型と遅延型に分類される。

(4) 「アナフィラキシーショック」は、血圧低下や意識障害を伴い、生命に危険をもたらす。

アレルゲンに対する過剰な免疫反応は、個人の体質に影響を受ける。

答 (1)

4

食品衛生学

1 食品の安全と衛生

📖 p.160〜165

北海道

1 食品安全行政の主な動向に関する記述のうち、誤っているものを1つ選びなさい。

(1) 平成23年10月に生食用食肉の成分規格、加工基準、保存基準が設定された。

(2) 平成24年7月に牛の肝臓を生食用として販売・提供することが禁止された。

(3) 平成27年6月に食品衛生法に基づき、豚肉および鶏肉についても生食用としての販売・提供が禁止された。

(4) 平成30年6月に食品衛生法の一部が改正され、食品事業者のHACCPに沿った衛生管理の制度化等が規定された。

鶏肉の生食は、食中毒を起こす危険があるが、平成27年の時点では禁止されていない。牛肉については禁止成分規格がある。

答 (3)

2 食品安全行政の主な動向に関する記述のうち、誤っているものを1つ選びなさい。

(1) 豚肉を生食用として販売するための成分規格、加工基準が設定された。

(2) アレルギー物質を含む食品の表示が義務とされた。

(3) 牛肉トレーサビリティ法が施行され、国産牛肉の個体情報などが提供されている。

(4) 遺伝子組換え食品の安全性審査と表示が義務付けられた。

豚肉および豚の内臓の、生食用としての販売・提供は禁止されている（平成27年6月）。

答 (1)

3 食品衛生行政に関する記述のうち、誤っているものを1つ選びなさい。

(1) 農林水産省は、食品衛生法を所管している。

(2) 保健所は、食品衛生監視員が配置されている食品衛生行政の第一線機関である。

(3) 食品衛生監視員は、食品衛生関係営業施設などの監視・指導を行っている。

(4) 輸入食品監視指導では、検疫所で食品衛生監視員により書類審査・検査などが実施されている。

食品衛生法を所管しているのは、厚生労働省と消費者庁である。

答 (1)

北海道、福井

4 食品安全行政機関とその担当業務に関する組み合わせのうち、誤っているものを1つ選びなさい。

食品安全行政機関　　　　　担当業務

(1) 内閣府 —— 食品安全委員会の設置および食品健康影響の評価

(2) 厚生労働省 —— 食料の安定供給の確保

(3) 農林水産省 —— 飼料・肥料の安全性や家畜衛生

(4) 消費者庁 —— 食品表示法に基づく食品表示

厚生労働省の食品安全行政面でみた業務としては食品衛生に関するリスク管理を行っている。
厚生労働省は食品の安全、衛生確保を担当している。食料の安定供給の確保は農林水産省の担当。

答 (2)

5 食品の安全・衛生関係法に関する記述のうち、誤っているものを1つ選びなさい。

(1) 食品安全基本法は、内閣府が所管し、食品の安全性の確保に関する基本理念を定めている。

(2) 消費者基本法において食品表示基準が定められ、消費期限・賞味期限、保存方法、アレルゲンなどの表示に関して規定されている。

(3) 製造物責任法（PL法）は、製造物の欠陥が原因で他人の生命、身体または財産に被害が生じた場合の製造業者等の損害賠償責任について定めている。

(4) 不当景品類及び不当表示防止法（景品表示法）は、優良誤認、有利誤認および誤認されるおそれのある表示について禁止している。

消費者基本法→食品表示法
📖 p.220～224も参照

答 (2)

6 食品衛生行政に関する記述のうち、正しいものを1つ選びなさい。

(1) 食品関係の営業施設の基準は、都道府県知事が条例で定めている。

(2) 飲食店を営む場合、厚生労働大臣の許可が必要である。

(3) 保健所は、厚生労働省の附属機関である。

(4) 食品安全委員会は、農林水産省の附属機関である。

(2) 飲食店を営む場合には、都道府県知事の許可が必要。
(3) 保健所は、地域保健法に基づき、都道府県、政令指定都市、特別区が管轄する。
(4) 食品安全委員会は、内閣府が設置する。

答 (1)

7 食品安全行政に関する記述のうち、誤っているものを1つ選びなさい。

(1) 食品安全委員会は、食品健康影響評価、いわゆるリスク評価を行う機関である。

(2) 食品衛生法では、特別な注意を要する成分等を含む食品による健康被害情報の届出制度が創設されている。

(3) 農林水産省は、農林、畜産、水産物に関するリスク管理を担当している。

(4) 厚生労働省は、食品表示法を所管している機関である。

食品表示法を所管しているのは、消費者庁である。

答 (4)

8 食品安全委員会に関する記述の（　）に入る語句の組み合わせとして、正しいものを1つ選びなさい。

食品安全委員会を（ A ）に設置することは、（ B ）で規定されている。食品安全委員会の役割には、（ C ）がある。

	A	B	C
(1)	内閣府	食品安全基本法	食品健康影響評価の実施
(2)	内閣府	食品衛生法	特別用途表示の許可
(3)	農林水産省	食品衛生法	食品健康影響評価の実施
(4)	農林水産省	食品安全基本法	特別用途食品の許可

食品安全基本法により、内閣府に食品安全委員会を置くことが規定されている。食品安全委員会では食品健康影響評価を行い、その結果に基づき、食品の安全性の確保のため講ずべき施策について内閣総理大臣を通じて関係各大臣に勧告する。

答 (1)

2 食品の腐敗

📖 p.166〜169

---

9 食品の劣化に関する記述のうち、誤っているものを1つ選びなさい。

(1) 腐敗とは、微生物により食品中のたんぱく質が分解し、有害物質等を生成することをいう。

(2) 変質とは、微生物以外の原因によって起こる食品の劣化のことをいう。

(3) 食品中には自由水と結合水があり、微生物は自由水だけを利用する。

(4) 食品中の自由水が増えると、水分活性（Aw）は0に近づき、微生物が増殖しやすくなる。

水分活性は0〜1.0の範囲で示され、0に近づくほど微生物は増殖しにくい。自由水が増えると水分活性は1.0に近づき、0.8を超えると増殖しやすくなる。

答 (4)

---

10 食品の腐敗に関する記述のうち、誤っているものを1つ選びなさい。

(1) 腐敗とは、主に食品の無機質が分解して、徐々に単純な化合物になっていくことである。

(2) 揮発性塩基窒素は、食肉や魚肉の鮮度を示す指標として用いられる。

(3) K値は、魚の活きの良さを示す指標として用いられる。

(4) 赤身の魚肉に多く含まれているヒスチジンから生成されるヒスタミンによって、アレルギー様症状を呈する食中毒がある。

腐敗とは、主に食品のたんぱく質が分解されるものである。

答 (1)

---

11 食品の劣化に関する記述のうち、誤っているものを1つ選びなさい。

(1) 酸敗とは、油脂が酸化により劣化した状態のことをいう。

(2) 変敗とは、食品中の糖質や脂質が分解して、風味が悪化した状態のことをいう。

(3) 嫌気性細菌は、腐敗・変敗の原因とはならない。

(4) 腐敗初期に生成された有毒アミンによって、アレルギー様症状を呈する食中毒として、ヒスタミン中毒がある。

腐敗の際にも食品の表面に好気性細菌、内部に嫌気性細菌が作用していることが多く、嫌気性細菌も原因となる。
酸敗油脂は、空気中の酸素によって酸化されたり、長時間の加熱により劣化した油脂のこと。

答 (3)

福島

12 食品の劣化について線で結んだ関係のうち、誤っているものを1つ選びなさい。

(1) 発酵 —— 油脂の酸化

(2) 腐敗 —— アンモニア臭の発生

(3) 変敗 —— 炭水化物（糖質）と脂質の分解

(4) 変質 —— 酵素による褐変

油脂の酸化は酸敗。

答 (1)

13 食品の保存に関する記述のうち、誤っているものを1つ選びなさい。

(1) 塩漬けは、塩の濃度が高くなることで、水分活性が低くなることにより、微生物の増殖が抑えられる。

(2) 低温保持殺菌法で殺菌した牛乳は、たんぱく質が変性せず、常温で長期保存（3か月程度）が可能である。

(3) びん詰・缶詰法は、食品をびんや缶に詰めた後、加熱などで脱気し、すぐに密閉して加熱殺菌し保存する方法である。

(4) 缶詰で殺菌が不十分な場合、缶のなかで嫌気性菌が増えてガスが発生するため、穴をあけたときガスが漏れるようなものは危険である。

たんぱく質が変性せず、乳本来の味が保たれるが、消費期限は短くなる。
常温保存（LL）牛乳は、135〜150℃で3〜5秒加熱殺菌する超高温殺菌法を行うことで、常温長期保存を可能にしている。

答（2）

14 食品の保存に関する記述のうち、誤っているものを1つ選びなさい。

(1) 乾燥方法には、天日乾燥、熱風乾燥などがあり、乾燥の程度は食品によって異なるが、大体水分を15%以下にする。

(2) LL牛乳（ロングライフミルク）は、常温で長期保存（3か月程度）が可能である。

(3) 酢漬け法は、食品のpHが高くなることから微生物の発育が阻止される。

(4) 乾燥では、食品の水分活性は低下する。

高くなる→低くなる（酸性に傾く）

答（3）

15 食品の保存法に関する記述のうち、正しいものを1つ選びなさい。

(1) 乾燥法とは、食品を乾燥させて微生物が発育しにくい状態にして保存する方法で、脂質を多く含む食品は、長期間乾燥保存しても変敗することはない。

(2) 砂糖漬け法とは、砂糖の濃度を高くすることで水分活性を高くし、微生物の増殖をおさえる保存方法である。

(3) 無酸素状態にして保存した場合、品質の劣化や好気性菌の増殖は抑えられるものの、嫌気性菌の増殖は抑えられない。

(4) 低温貯蔵法で食品を冷凍保存（−15℃以下）した場合、食品中のほとんどの細菌を死滅させることができる。

(1) 変敗することはない→変敗することが多い

(2) 水分活性を高くし→水分活性を低くし。水分活性の例：イカの燻製（水分65%）0.78、ジャム・マーマレード（水分35〜55%）0.75〜0.80

(4) 細菌の活動を弱めるが、死滅させることはできない

答（3）

16 食品の保存方法に関する記述について、誤っているものを1つ選びなさい。

(1) 低温殺菌法は、醸造、発酵工業、乳処理業などにおいて広く利用されている。

(2) 加圧加熱殺菌法とは、大気圧以上の圧力を加えて100℃以上の加熱処理をする方法である。

(3) 燻煙法とは、塩漬けにした肉類や魚類を、炭酸ガスを多くした気体の中で密閉し、食品の呼吸作用を抑える方法である。

(4) 放射線照射法とは、コバルト60から放出されるガンマ線を食品に照射し、発芽を防ぐ方法である。

燻煙法は、いちど塩漬けにした後、煙の中にかざして加温し水分をある程度蒸発させ、同時に煙の成分で防腐する。炭酸ガスを多くした気体の中で密閉し、食品の呼吸作用を抑えるのはCA貯蔵である。

答（3）

17 食品が微生物によって腐敗・変敗しにくい条件として、正しいものを1つ選びなさい。

(1) 0.6以下の水分活性
(2) 中性付近のpH
(3) 60%以上の水分
(4) 20～40℃の温度

18 食品の劣化に関する記述のうち、正しいものを1つ選びなさい。

(1) 水素イオン濃度（pH）7.0～7.6の微アルカリ性では、多くの細菌が増殖しにくい。
(2) 食品中の自由水が増えると、水分活性（Aw）は1.0に近づき、微生物が増殖しやすくなる。
(3) 真空凍結乾燥法（フリーズドライ）は、食品組織や風味の損失が多い。
(4) 腐敗・変敗の原因となる主な微生物には真菌類は含まれない。

19 牛乳の殺菌法に関する記述のうち、（　）内に入る語句の組み合わせとして、適切なものを1つ選びなさい。

牛乳の殺菌法は3種類あり、（ A ）は、65℃前後で30分間以上殺菌する方法である。日本では、牛乳の殺菌のほとんどが（ B ）で行われている。

	A	B
(1)	低温保持殺菌法	超高温瞬間殺菌法
(2)	高温短時間法	低温保持殺菌法
(3)	高温短時間法	超高温瞬間殺菌法
(4)	超高温瞬間殺菌法	高温短時間法

食品の乾燥法

乾燥法		解　説	食品例
自然乾燥		天日干し、陰干しなど自然のエネルギーで乾燥	干し魚、干ししいたけ、かんぴょうなど
人工乾燥	熱風乾燥	熱風を吹き付けて乾燥	野菜・果物など
	流動層乾燥	気流中に浮かせて顆粒状に乾燥	スープ、穀類など
	噴霧乾燥	液状食品を微粒子化し高温気流中で粉末状に乾燥	粉乳、コーヒーなど
	ドラム乾燥	液状食品を加熱回転式円筒に薄く塗布して連続的に乾燥	マッシュポテトなど
	低温乾燥	低温（20～30℃）の空気で乾燥	水産物、めん、野菜・果物など
	凍結乾燥	凍結食品の水分を真空によって昇華させ乾燥	インスタント食品など
	加圧乾燥	密封容器中で加熱・加圧後、急激に常圧に戻すことで瞬間的に水分を蒸発させて乾燥	スナック菓子など

3 食中毒

20 食中毒に関する記述のうち、誤っているものを1つ選びなさい。

(1) 医師は、食中毒患者を診断した際には、直ちに保健所長に届け出なければならない。

(2) 食中毒では、一定の潜伏期間を経て、腹痛、嘔吐、下痢、発熱などの症状が生じ、なかには、死に至る場合もある。

(3) 重金属や消毒薬などの人体に有害な化学物質を含む食品を喫食したことによる中毒は、食中毒に含まれない。

(4) 細菌性食中毒の原因となった食品では、色、香り、味に変化がないことが多く、安全な食品との区別が難しい。

含まれない→含まれる

答 (3)

21 食中毒の発生状況に関する記述のうち、誤っているものを1つ選びなさい。

(1) 細菌性食中毒が7〜9月に多いのは、高温多湿の気候によるものである。

(2) 自然毒食中毒は、季節とは関係なく発生する。

(3) 化学性食中毒は、有害な化学物質の摂取によって起こる。

(4) ウイルス性食中毒は、ノロウイルスによる発生が多い。

自然毒食中毒では、例えば毒きのこの場合には秋に多く、スイセンをニラと間違えるなどの場合には春先が多いので、季節と関係がある。

答 (2)

関西、静岡

22 食中毒に関する記述について、誤っているものを1つ選びなさい。

(1) 細菌性食中毒予防の三原則とは、原因となる細菌を「つけない、増やさない、やっつける（殺す）」である。

(2) 食中毒発生の原因施設として、事件数が最も多いのは飲食店である。

(3) 食中毒は7月に発生のピークがみられる。

(4) 細菌性食中毒は、感染型と毒素型に分類される。

令和4年の食中毒の発生件数は6月が最も多く128件で、10月の120件、7月の95件が続いた。

(2) 令和4年は事件数、患者数ともに飲食店が最多であった。

答 (3)

23 全国における食中毒の発生状況に関する記述のうち、誤っているものを1つ選びなさい。

(1) 令和4年の食中毒の発生が最も多かった月は6月で、128件発生している。

(2) 令和4年の病因物質が判明した食中毒事件のうち、寄生虫食中毒の事件数が最も多い。

(3) 令和4年に発生した細菌性食中毒のうち、発生件数が最も多いのはサルモネラ属菌による食中毒である。

(4) 令和4年のノロウイルスによる食中毒件数は、1〜3月に多く発生した。

細菌性食中毒のうち、カンピロバクター・ジェジュニ/コリが185件で最も多かった。サルモネラ属菌は22件であった。

(2) 令和4年は、寄生虫のアニサキスによる事件数が最多であった。

答 (3)

季節による食中毒発生例

バイケイソウ、ハシリドコロ…4月下旬　　きのこ類…9月下旬

イヌサフラン（ユリ科）…4月、10月頃　　フグ…12月

※以降、「カンピロバクター」は、「カンピロバクター・ジェジュニ/コリ」を指す。

24　食中毒に関する記述のうち、最も適切なものを1つ選びなさい。

(1) 厚生労働省による令和4年の全国における食中毒の発生状況（事件数）では、9月から11月の秋期には細菌によるものが多く、12月から3月の冬期にはウイルスによるものが多い。

(2) 嘔吐を主な症状とする黄色ブドウ球菌による食中毒は、熱で分解されやすいエンテロトキシンという毒素が原因である。

(3) カンピロバクターに汚染された食品から他の食品へ、カンピロバクターを汚染させることはない。

(4) ノロウイルスは二枚貝中で増殖するため、その食中毒予防には食材の低温保管と十分な加熱調理が有効である。

(2) 黄色ブドウ球菌自体は煮沸で死滅するが、産生されるエンテロトキシンは熱に強い。
(3) 汚染させることはない
→汚染させることがある
(4) ノロウイルスは二枚貝の内臓で濃縮・蓄積されるが、増殖はせず、人の腸管でのみ増殖する。低温保管で消毒することはできない。

答 (1)

25　食中毒の分類について、（　　）に入る組み合わせとして、最も適切なものを1つ選びなさい。

細菌性食中毒───┬───感染型───┬───感染侵入型───（ A ）
　　　　　　　　　　　　　　　　└───感染毒素型───（ B ）
　　　　　　　　　└───毒素型──────────────（ C ）

	A	B	C
(1)	サルモネラ属菌	ウェルシュ菌	黄色ブドウ球菌
(2)	腸炎ビブリオ	ボツリヌス菌	カンピロバクター
(3)	ボツリヌス菌	サルモネラ属菌	黄色ブドウ球菌
(4)	腸炎ビブリオ	ウェルシュ菌	カンピロバクター

北海道、山口

カンピロバクター、サルモネラ属菌は感染侵入型。ウェルシュ菌、腸炎ビブリオは感染毒素型。黄色ブドウ球菌、ボツリヌス菌は毒素型（食品内毒素型）。

答 (1)

26　食中毒の分類に関する組み合わせのうち、正しいものを1つ選びなさい。

(1) 細菌性食中毒　　　── カンピロバクター
(2) ウイルス性食中毒　── 腸炎ビブリオ
(3) 化学性食中毒　　　── シガテラ毒
(4) 自然毒による食中毒 ── ヒスタミン

ウイルス性食中毒にはノロウイルスなど、化学性食中毒にはヒスタミンなど、自然毒にはフグ・きのこなどがある。腸炎ビブリオは細菌性、シガテラ毒は自然毒である。

答 (1)

27　食中毒に関する組み合わせのうち、正しいものを1つ選びなさい。

	分類	原因菌	主な原因食品
(1)	毒素型 ──	ボツリヌス菌 ──	はちみつ
(2)	毒素型 ──	カンピロバクター ──	おにぎり
(3)	感染型 ──	黄色ブドウ球菌 ──	焼きそば
(4)	感染型 ──	セレウス菌（嘔吐型）──	加熱不十分な鶏肉

(2) カンピロバクターは感染型で、加熱不十分な鶏肉等が原因となる。
(3) 黄色ブドウ球菌は毒素型で、おにぎり等が原因となる。
(4) セレウス菌（嘔吐型）は毒素型で、焼きそば等が原因となる。

答 (1)

北海道

28 細菌性食中毒に関する記述のうち、正しいものを1つ選びなさい。

(1) 感染毒素型の食中毒を引き起こす原因菌としては、サルモネラ属菌、カンピロバクターなどがある。

(2) 食中毒の原因となる食品は、必ず食品の色、香り、味などに異常がある。

(3) 食中毒を起こす細菌は、全て食品中で毒素を産生する。

(4) 気温が高くなり、湿度が上がると起こりやすくなる。

(1) サルモネラ属菌、カンピロバクターは感染侵入型。

(2) 細菌性食中毒では、色、香り、味などに変化がないことが多い。

(3) 感染侵入型では、毒素を産生せず、細菌自体が組織や細胞に侵入して発病する。

答 (4)

29 細菌性食中毒に関する記述のうち、正しいものを1つ選びなさい。

(1) 黄色ブドウ球菌食中毒では発熱が必発で、嘔吐、下痢の症状があり、平均12時間の潜伏期間である。

(2) カンピロバクター食中毒は、少量の菌（500個程度）で感染が可能で、原因食品として特に鶏肉が多い。

(3) 腸管出血性大腸菌は芽胞（がほう）を形成するため熱に強く、75℃で1分間以上の加熱でも生存できる。

(4) ウェルシュ菌による食中毒では、溶血性尿毒症症候群（HUS）を併発することがある。

(1) 黄色ブドウ球菌食中毒では吐き気、嘔吐、下痢があるが、発熱はほとんどない。潜伏期間は1～5時間。

(3) 腸管出血性大腸菌は芽胞を形成しないがベロ毒素を産生し、食品の中心温度75℃で1分間以上の加熱で死滅する。

(4) ウェルシュ菌食中毒では下痢、腹痛を起こし、嘔吐・発熱は少ない。HUSを起こすのは(3)。

答 (2)

沖縄

30 細菌性およびウイルス性食中毒に関する記述について、誤っているものを1つ選びなさい。

(1) 酸素を必要としない細菌が存在する。

(2) サルモネラ属菌による食中毒の潜伏期間は、5～10日程度である。

(3) カンピロバクターによる食中毒は、十分な加熱で予防できる。

(4) ノロウイルスによる食中毒の主な症状は、吐き気、おう吐、下痢である。

5～10日→10～24時間

答 (2)

関西、長野

31 芽胞（がほう）をつくる細菌として、正しいものを1つ選びなさい。

(1) 腸炎ビブリオ

(2) セレウス菌

(3) カンピロバクター

(4) 腸管出血性大腸菌

セレウス菌（下痢型、嘔吐型）のほか、ウェルシュ菌、ボツリヌス菌は芽胞をつくる。

答 (2)

32 カンピロバクター食中毒に関する記述のうち、正しいものを1つ選びなさい。

(1) カンピロバクターは、4℃以下の低温では直ちに死滅する。

(2) 鶏の刺身、焼き鳥、バーベキュー、牛内臓などの加熱不足による感染が多い。

(3) 近年は、ほとんど発生がみられない。

(4) サラダや生水が原因となることはない。

(1) 4℃以下の低温でもかなり長期間生存する。
(3) 近年は、事件数で上位を占めている。
(4) サラダや生水も原因食品となる。

答 (2)

33 カンピロバクターに関する記述のうち、誤っているものを1つ選びなさい。

(1) 酸素がない環境でのみ発育する性質をもち、芽胞を形成する。

(2) 家畜、ペットの腸管内に存在し、鶏が高い確率で保菌している。

(3) 食中毒の主な症状は、下痢、腹痛、発熱であり、まれに関節炎、髄膜炎に至る。

(4) 食中毒の潜伏期間は2～5日とやや長い。

酸素がある環境（ただし、酸素濃度が低い環境）で発育する微好気性菌で、芽胞は形成しない。

答 (1)

34 ウェルシュ菌食中毒に関する記述のうち、誤っているものを1つ選びなさい。

(1) 芽胞（がほう）を形成し、耐熱性の芽胞では通常の加熱で死滅しない。

(2) 嫌気性で、酸素がない環境を好む。

(3) 食品をよくかき混ぜること、急速冷却することで予防できる。

(4) 焼き鳥、バーベキュー、牛の内臓などの加熱不足による感染が多い。

煮物、カレー、シチューなど、前日調理したものが多い。

答 (4)

35 ウェルシュ菌食中毒に関する記述のうち、誤っているものを1つ選びなさい。

(1) 主症状は、下痢・腹痛で、発熱はあまりみられない。

(2) 菌は、10℃以下で増殖しないため、調理済み食品を急速に冷却することが食中毒の予防方法である。

(3) 菌は、芽胞を形成しない。

(4) 一度に大量調理をする給食施設で発生するケースが多い。

芽胞を形成する。

答 (3)

36 ウェルシュ菌およびその食中毒に関する記述のうち、正しいものを1つ選びなさい。

(1) 人の腸管に常在する好気性細菌で、発育に酸素が必要である。

(2) 形成した芽胞（がほう）は、大部分が易熱性であるが、耐熱性のものもある。

(3) 潜伏期間は、1～3時間と短く、2時間前後が多い。

(4) 主な症状は、発熱を伴う激しい吐き気や嘔吐である。

(1) 好気性細菌→偏性嫌気性菌。酸素は不要である。
(3) 潜伏期間は8～20時間
(4) 下痢、腹痛を引き起こし、吐き気、嘔吐は少ない。

答 (2)

37 サルモネラ属菌食中毒に関する記述のうち、誤っているものを1つ
選びなさい。

(1) 保菌動物の肉、卵、鶏卵加工品を、加熱不十分のまま摂取することで起こる
ことが多く、ゴキブリ、ハエ、家畜からの汚染もある。

(2) この菌は熱に強いため、90℃以上で2分間以上加熱しなければ死滅しない。

(3) 他の食中毒に比べ、激しい腹痛と下痢、また発熱も多く、症状が重く経過も
長い。

(4) 野菜サラダやあん類などからの発生例もある。

熱に弱いため、十分に加熱
すれば安全である。
予防方法は中心温度75℃1
分間以上の加熱。

答 (2)

38 食中毒細菌と主な原因食品の組み合わせのうち、誤っているものを
1つ選びなさい。

(1) リステリア   ── 生牡蠣（かき）

(2) サルモネラ   ── 肉類、鶏卵

(3) カンピロバクター ── 鶏肉

(4) 腸炎ビブリオ   ── 魚介類

リステリアは、乳製品、食
肉加工品などの低温保存食
品が原因。わが国では
2001年にナチュラルチー
ズを原因として発生。

答 (1)

39 食中毒菌と主な原因食品の組み合わせのうち、正しいものを1つ選
びなさい。

(1) 腸炎ビブリオ   ── 鳥の刺身、焼き鳥

(2) サルモネラ属菌 ── 近海産の魚介類

(3) セレウス菌   ── 豚、シカ、イノシシ肉やレバー

(4) ボツリヌス菌   ── 肉類や魚の缶詰、ソーセージ

(1) 鳥の刺身、焼き鳥は、
カンピロバクター

(2) 近海産の魚介類は、腸
炎ビブリオ

(3) 豚、シカ、イノシシ肉
やレバーは、E型肝炎
（ウイルス性食中毒）

答 (4)

40 大腸菌に関する記述のうち、正しいものを1つ選びなさい。

(1) すべての大腸菌が、人に対して病原性を示す。

(2) 病原性大腸菌は、低温に強く、家庭の冷蔵庫で生き残る菌もある。

(3) 病原性大腸菌の中では、毒素を産生するものはない。

(4) 腸管出血性大腸菌O157は、家畜、ペットの腸管内に存在し、保菌率は鶏が高い。

(1) 一部の大腸菌が病原性
を示し、病原性大腸菌
と呼ばれる。

(3) 腸管出血性大腸菌のベ
ロ毒素（VT）など、毒素
を産生するものがある。

(4) 動物の糞便中に存在す
る。

答 (2)

41 腸管出血性大腸菌食中毒に関する記述のうち、誤っているものを1
つ選びなさい。

(1) 腸管出血性大腸菌による感染症は、感染症の予防および感染症の患者に対す
る医療に関する法律で、「1類感染症」に分類されている。

(2) 腸管内で増殖した菌が産生するベロ毒素（VT）により、激しい腹痛と出血性
大腸炎を起こす。

(3) 小児や高齢者が感染すると、腎臓障害（溶血性尿毒症症候群、HUS）を起こし、
死亡することがある。

(4) 約100個の菌量でも発症する。

1類感染症→3類感染症
1～3類感染症は就業制限
の対象である。

答 (1)

42 腸管出血性大腸菌 O157 による食中毒に関する記述のうち、誤っているものを1つ選びなさい。

(1) 100個程度の菌量でも食中毒を引き起こすことがある。
(2) 産生する毒素により、食中毒を引き起こすことがある。
(3) 食中毒の潜伏期間は、数分間〜1時間とされている。
(4) 過去の食中毒の原因食品に、生の牛肉がある。

潜伏期間は3〜5日

答 (3)

43 腸管出血性大腸菌に関する記述について、誤っているものを1つ選びなさい。

(1) 腸管内で菌が増殖した際に、ベロ毒素を産生する。
(2) 主な症状は腹痛、下痢であり、血便を生じることもある。
(3) 人から人へ感染が広がることはない。
(4) 野菜が汚染されていることもある。

人から人への感染が広がることもある。
(4) かいわれだいこん、アルファルファ、レタス、メロン等の野菜や果物が原因となる例もある。

答 (3)

44 腸炎ビブリオに関する記述のうち、正しいものを1つ選びなさい。

(1) 腸炎ビブリオは、寄生虫である。
(2) 腸炎ビブリオは、食塩濃度3%程度の環境で完全に死滅する。
(3) 腸炎ビブリオによる食中毒の原因食品に、いかの塩辛がある。
(4) 腸炎ビブリオによる食中毒での死亡例はない。

(1) 寄生虫→細菌
(2) 死滅する→死滅しない。好塩菌のため3%食塩濃度でよく増殖する。
(4) まれに死亡に至る。

答 (3)

45 腸炎ビブリオ食中毒を予防するための魚介類の調理方法に関する記述のうち、誤っているものを1つ選びなさい。

(1) 1〜5℃で冷蔵する。
(2) 飲用適の水（製造用水）でよく洗う。
(3) 海水と同じ約3%の食塩濃度の水に浸けておく。
(4) 加熱調理する。

好塩菌のため、食塩濃度3%前後で最も増殖する。

答 (3)

46 セレウス菌に関する記述のうち、誤っているものを1つ選びなさい。

(1) セレウス菌による食中毒には、下痢型と嘔吐型があり、下痢型の毒素は嘔吐型の毒素と比べて熱に弱い。
(2) セレウス菌による食中毒の原因食品は、魚介類が多い。
(3) セレウス菌による食中毒予防のために、米飯は常温で2時間以上放置しない。
(4) セレウス菌は、土壌、河川、植物などに生存している。

魚介類→穀類

答 (2)

47 黄色ブドウ球菌に関する記述のうち、誤っているものを1つ選びなさい。

(1) 人の鼻腔内や化膿巣に存在している。

(2) 食品に付着して、増殖しながらアフラトキシンという毒素を産生する。

(3) この菌が産生する毒素は、熱に対して強く、加熱調理しても無毒にならない。

(4) この菌による食中毒では、吐き気、激しい嘔吐、腹痛、下痢などの症状があり、発熱はほとんどない。

アフラトキシン→エンテロトキシン

答 (2)

48 おにぎりを食べて約3時間後に多数の者が吐き気や嘔吐を起こしたが、発熱の症状はなかった場合、最も疑われる食中毒として正しいものを1つ選びなさい。

(1) ボツリヌス菌食中毒

(2) サルモネラ菌食中毒

(3) ウェルシュ菌食中毒

(4) 黄色ブドウ球菌食中毒

手作りおにぎりなどが原因の食中毒としては、黄色ブドウ球菌が代表的である。潜伏期間が短く、吐き気・嘔吐が強く、発熱がほとんどない特徴と一致している。

答 (4)

49 食中毒菌に関する記述のうち、誤っているものを1つ選びなさい。

(1) ウェルシュ菌がつくる熱に強い芽胞（がほう）は、数分間の加熱調理では死滅しない。

(2) セレウス菌には下痢型と嘔吐型がある。

(3) エルシニア・エンテロコリチカは、感染型食中毒菌である。

(4) ボツリヌス菌は、酸素のあるところでのみ生育する。

ボツリヌス菌は、酸素のない環境でのみ増殖できる。

答 (4)

50 ボツリヌス菌による食中毒に関する記述のうち、正しいものを1つ選びなさい。

(1) ボツリヌス菌は、好気性菌である。

(2) ボツリヌス菌は、芽胞（がほう）を形成しない。

(3) ボツリヌス菌による食中毒の過去の原因食品に、真空包装されたからしれんこんがある。

(4) ボツリヌス菌は、毒素を産生しない。

(1) ボツリヌス菌は、酸素がない環境でのみ増殖できる（偏性嫌気性菌）。

(2) 芽胞を形成する。

(3) 日本では、いずし、からしれんこんから発生している。

(4) 強い毒素を産生する。

答 (3)

51 ボツリヌス食中毒に関する記述のうち、誤っているものを1つ選びなさい。

(1) ボツリヌス菌は、酸素のない環境でのみ増殖でき、芽胞を形成する菌である。

(2) ボツリヌス菌の毒素は熱に強く、80℃で20～30分加熱しても無毒化されないため、食前の十分な加熱調理で予防することはできない。

(3) 胃腸症状は比較的軽く、発熱もないが、致命率が高く、わが国の平均は30％である。

(4) 乳児ボツリヌス症の原因食品は、はちみつが多く、授乳・離乳の支援ガイドには、予防のため、はちみつは満1歳まで使用しないことが示されている。

北海道、静岡、関西、愛媛

菌自体は熱に強いが、毒素は熱に弱く、80℃で20～30分ほど加熱すれば無毒になるため、食前の十分な加熱調理で予防できる。
(1) 酸素のない環境でのみ増殖できる、偏性嫌気性の菌である。

答 (2)

52 ノロウイルスに関する記述について、正しいものを1つ選びなさい。

(1) 消毒にはアルコールが効果的である。

(2) ノロウイルスによる胃腸炎の症状が回復した後は、患者からノロウイルスは排出されない。

(3) ノロウイルス感染症予防にはワクチン接種が有効である。

(4) 潜伏期間は通常24～48時間である。

群馬、関西

(1) ノロウイルスには消毒用アルコール、逆性石けんの効果は期待できない。
(2) 回復して1週間が経過した患者の糞便からウイルスが検出されることもある。
(3) 承認されているワクチンはない。

答 (4)

53 ノロウイルスに関する記述のうち、誤っているものを1つ選びなさい。

(1) このウイルスを取り込んだ二枚貝による感染を防止するためには、調理の前に二枚貝を真水で十分に洗浄すると効果的である。

(2) このウイルスに感染した人が、用便後の手洗いが不十分なまま調理すると、その食品を汚染するおそれがある。

(3) 中心温度85～90℃で90秒間以上の加熱で、食品中のノロウイルスを不活性化できる。

(4) このウイルスによる食中毒は、1年を通じて発生するが、冬場に多く発生する傾向がある。

北海道、群馬、神奈川

二枚貝の内臓にもノロウイルスが含まれるため、表面の洗浄のみでは効果がない。

答 (1)

54 ノロウイルスに関する記述のうち、誤っているものを1つ選びなさい。

(1) ノロウイルスは、食品のなかでは増殖せず、人の腸管で増殖する。

(2) 塩素系消毒薬は、ノロウイルスの不活化に効果がない。

(3) ノロウイルスに感染した人の嘔吐物や下痢便には多くのウイルスが含まれる。

(4) ノロウイルスは感染力が強く、10～100個程度でも発病する。

次亜塩素酸ナトリウム200ppm（200mg/L）濃度で不活化する。

答 (2)

55 次亜塩素酸ナトリウムに関する記述の（　　）の中に入る語句の組み合わせのうち、正しいものを1つ選びなさい。

希釈した次亜塩素酸ナトリウムは、時間の経過や光が当たることにより効果が低下するため、（ A ）に希釈して使いきることが望ましい。また、汚れが残っている食器では効果は（ B ）。

	A	B
(1)	使用する前日	変わらない
(2)	使用する前日	低下する
(3)	使用する直前	変わらない
(4)	使用する直前	低下する

56 器具・容器による中毒に関する記述のうち、（　　）に入る最も適切なものを1つ選びなさい。

（　　）は、酸の強い食品によって溶け出すことがあり、長期間の摂取によって、慢性中毒になるおそれがある。

(1) スズ　　(2) 銅　　(3) 鉛　　(4) ホルムアルデヒド（ホルマリン）

57 化学性食中毒に関する記述のうち、誤っているものを1つ選びなさい。

(1) 農産物に使用する農薬は、一定量以上を摂取すると健康被害につながるため、食品中の残留農薬基準が設定されている。
(2) 食品の製造や加工・保存のために用いられる添加物は、食品衛生法で定められた使用限度量を超えたり、使用が認められないものを用いてはならない。
(3) 日本では、過去にPCB混入によるカネミ油症事件が起こった。
(4) ヒスタミンは、調理加熱で分解されるので、中心温度85℃以上で1分間以上加熱する。

58 ヒスタミンに関する記述のうち、誤っているものを1つ選びなさい。

(1) 赤身の魚肉に多く含まれているヒスチジンから、ヒスタミン産生菌によりヒスタミンが生成され、アレルギー様の食中毒が発生する。
(2) ヒスタミン食中毒の主な症状は、顔面などの紅潮、頭痛、じんましん様の発疹などで、食後30分〜1時間程度で生じる。
(3) ヒスタミン産生菌は、大量に増殖しても腐敗臭を発生しない。
(4) ヒスタミンによる食中毒は、食品を十分に加熱することで予防できる。

59 自然毒に関する記述のうち、正しいものを1つ選びなさい。

(1) フグの毒成分をテトロドトキシンといい、含有量は卵巣部分が最も多い。

(2) イヌサフランは、リナマリンという毒成分を含んでおり、ギョウジャニンニクと誤用される。

(3) じゃがいものソラニンによる食中毒は、十分な加熱により防ぐことができる。

(4) 下痢性貝毒による食中毒では、重症時は12時間程度で死亡する。

(2) リナマリン→コルヒチン

(3) 加熱では防ぐことができない。芽の部分を十分に取り、皮を厚くむき、十分に水洗いする。わが国では唯一、じゃがいもの発芽止めに放射線照射（コバルト60のγ線）が認められている。

(4) 下痢性貝毒→麻痺性貝毒

答 (1)

60 自然毒による食中毒に関する記述のうち、誤っているものを1つ選びなさい。

(1) じゃがいもの芽に含まれる毒は、アフラトキシンと呼ばれ、発がん性が強い。

(2) フグの毒は、フグの種類や季節によって毒の強さが違うが、致命率は他の食中毒に比べてはるかに高い。

(3) バラムツは、多量のワックスを含んでおり、多量に喫食すると腹痛や下痢などの症状が現れる。

(4) シガテラ中毒とは、主に熱帯や亜熱帯のサンゴ礁の周辺に生息している魚類の喫食によって起こる食中毒のことである。

じゃがいもの芽に含まれる毒はソラニン、チャコニン。

(4) バラハタなどが原因となり、ドライアイスセンセーション（知覚異常）を生じる。

答 (1)

61 自然毒食中毒に関する記述のうち、正しいものを1つ選びなさい。

(1) アブラソコムツは、含有する大量のワックスにより腹痛、下痢症が起こるが、現在も食用として購入することができる。

(2) イシナギの肝臓にはシガテラ毒が含まれている。

(3) バラムツにはビタミンAが過剰に含まれている。

(4) 麻痺性貝毒食中毒は、イガイやカキに含まれることがあるサキシトキシンなどにより起こる。

(1) 食用禁止（1981年）のため、購入できない。

(2) イシナギの肝臓にはビタミンAが大量に含まれる。シガテラ毒をもつのは、バラハタ、バラフエダイ、オニカマスなど。

(3) バラムツは、大量のワックスを含む。

答 (4)

62 有毒植物と間違えやすい野菜や山菜の組み合わせのうち、誤っているものを1つ選びなさい。

(1) スイセン　　　　　── ニラ

(2) トリカブト　　　　── キュウリ

(3) イヌサフラン　　　── ギョウジャニンニク

(4) チョウセンアサガオ ── ゴボウ

キュウリ→ニリンソウ

(3) イヌサフランによる死者が発生している。

答 (2)

63 かびによる中毒に関する記述について、誤っているものを1つ選び
なさい。

(1) 食品にかびが付着して産生する毒による中毒である。
(2) かびが産生する毒（かび毒）は、マイコトキシンと呼ばれる。
(3) 麹かびの一部が産生するアフラトキシンは、中毒の原因となる。
(4) かび毒には、発がん性は認められていない。

アフラトキシンは強い発が
ん性がある。

$\boxed{答}$ （4）

64 動植物と有毒成分の組み合わせのうち、誤っているものを1つ選び
なさい。

(1) ムラサキイガイ ── テトラミン
(2) テングタケ　　 ── ムスカリン
(3) トリカブト　　 ── アコニチン
(4) バラハタ　　　 ── シガトキシン類

ムラサキイガイ（ムール貝）
でみられる有毒物質は、オ
カダ酸、ジノフィシストキ
シン。テトラミンは、ツブ
貝でみられる。

$\boxed{答}$ （1）

65 植物と有毒成分に関する組み合わせのうち、誤っているものを1つ
選びなさい。

(1) ジャガイモ　　　 ── チャコニン
(2) スイセン　　　　 ── アミグダリン
(3) イヌサフラン　　 ── コルヒチン
(4) チョウセンアサガオ ── スコポラミン

スイセン──アルカロイド

$\boxed{答}$ （2）

66 動植物とそれに含まれる主な自然毒の組み合わせのうち、正しいも
のを1つ選びなさい。

(1) アブラソコムツ ── テトラミン
(2) じゃがいも　　 ── ムスカリン
(3) 青梅　　　　　 ── アミグダリン
(4) スイセン　　　 ── テトロドトキシン

(1) アブラソコムツ─ワック
　　ス
(2) じゃがいも─ソラニン、
　　チャコニン
(4) スイセン─アルカロイ
　　ド

$\boxed{答}$ （3）

67 動物性自然毒による食中毒の原因食品とその原因物質の組み合わせ
のうち、適切でないものを1つ選びなさい。

(1) フグ　　　 ── テトロドトキシン
(2) イシナギ　 ── トリグリセリド
(3) アサリ　　 ── ベネルピン
(4) オニカマス ── シガトキシン

イシナギはビタミンA（過
剰症）。

$\boxed{答}$ （2）

68 自然毒の毒成分と原因の組み合わせのうち、正しいものを1つ選びなさい。

(1) ドクゼリ ―――― アミグダリン
(2) トリカブト ―――― リナマリン
(3) 五色豆（ビルマ豆） ―― マイコトキシン
(4) ギンナン ―――― メトキシピリドキシン

センター、栃木、福井

(1) ドクゼリ―チクトキシン
(2) トリカブト―アコニチン
(3) 五色豆―リナマリン

答 (4)

69 フグに関する記述について、誤っているものを1つ選びなさい。

(1) ふぐ調理師制度を条例で定めている都道府県がある。
(2) フグの毒は、卵巣、肝臓に多く含まれている。
(3) フグの毒は、同一種類でも季節によって強さが異なり、熱に強く、煮沸しても無毒にならない。
(4) フグ毒は神経毒で、30分〜3時間で発症するが、有効な治療法や解毒剤があるため、死にいたることはない。

愛媛

致命率が高く、死にいたることがある。

答 (4)

70 貝毒に関する記述について、（　　）内に入る語句の組み合わせとして、正しいものを1つ選びなさい。

下痢性貝毒を引き起こす毒素は、（A）であり、熱に（B）。

	A	B
(1)	オカダ酸	強い
(2)	サキシトキシン	弱い
(3)	ベネルピン	弱い
(4)	ジノフィシストキシン	弱い

群馬

下痢性貝毒は、ほたてがい、むらさきがい（ムール貝）、あさりなどの二枚貝、麻痺性貝毒は、いがい、あさり、まがきなどの二枚貝。

答 (1)

71 食中毒と主な原因の組み合わせのうち、誤っているものを1つ選びなさい。

(1) E型肝炎食中毒 ―― シカ肉の生食
(2) ヒスタミン食中毒 ―― 温度管理不良のイワシ
(3) セレウス菌食中毒 ―― 長時間常温保管した米飯
(4) ソラニン食中毒 ―― 採取したばかりの青梅

関西

ソラニン食中毒は、ジャガイモの芽や緑色に変色した部分。採取したばかりの青梅に含まれる有毒物質はアミグダリンである。

答 (4)

72 食中毒発生時における営業者の保健所に対する対応として、誤っているものを1つ選びなさい。

(1) 保健所に速やかに報告する。
(2) 食品衛生監視員の調査には、積極的に協力する。
(3) 原因と思われる食品・食材は、直ちに廃棄する。
(4) 保健所の調査において、施設の不備が見つかった場合は、その指示に従う。

廃棄せずに保存し、速やかに調査者に提供する。

答 (3)

4 食品による感染症・食品と寄生虫

📖 p.188〜189

福島

73 寄生虫による食中毒の予防に関する記述として、誤っているものを
1つ選びなさい。

(1) 河川の水や湧水をそのまま飲まない。

(2) タラ、サバ、ホタルイカや川魚は、生食しない。

(3) 野生のイノシシ、クマ、シカの生肉は、食べてよい。

(4) 魚介類中のアニサキスは、マイナス20℃で24時間以上冷凍すると死滅する。

生肉は食べない。十分に加
熱する。

答 (3)

北海道、山口、沖縄

74 寄生虫に関する記述のうち、誤っているものを1つ選びなさい。

(1) 日本海裂頭条虫はサケ・マスの生食で中毒を発生するが、−20℃で20時間の
冷凍では死滅しない。

(2) サルコシスティス・フェアリーは馬刺しで中毒を発生するが、−20℃で48時
間以上の冷凍で死滅する。

(3) アニサキスは、海産魚介類（サケ、サバなど）の生食には注意が必要であるが、
−20℃で24時間以上の冷凍で死滅する。

(4) クドア・セプテンプンクタータは、主に養殖ヒラメを生食して中毒を発生す
るが、−20℃で4時間の冷凍で死滅する。

−18℃で10〜20時間の冷
凍で死滅する。

答 (1)

関西、群馬、栃木

75 アニサキスに関する記述のうち、誤っているものを1つ選びなさい。

(1) 令和4年に全国で発生した食中毒事件のうち、アニサキスを原因とした事件数
が最も多い。

(2) 熱に弱く、60℃で1分間加熱すると死滅する。

(3) わさびや酢には、アニサキスを死滅させる効果がある。

(4) 人の体内に入った幼虫が胃壁に頭部を入れる際、上腹部痛や悪心、嘔吐の症
状をおこすこともある。

酸に対する抵抗性があるた
め、わさびや酢では死滅し
ない。

答 (3)

寄生虫

主な宿主（人が感染する可能性があるもの）と症状は次のとおりである。

●**アニサキス**：アジ、イカ、サバ、ニシンなどの海産魚介類。胃腸症状。

●**回虫**：野菜類。腹痛、悪心、神経症状。

●**肝吸虫**：フナ、コイ、ウグイなどの淡水魚。下痢、肝臓腫脹、黄疸。

●**ぎょう虫**：野菜類。不眠、頭痛。

●**日本海裂頭条虫**＊：サケ、サクラマス、シロサケ。腹痛、体重減少、下痢。

●**肺吸虫**：サワガニ、モクズガニ。呼吸器症状。

●**有鉤条虫**：豚肉。腹痛、下痢、筋肉痛。

●**無鉤条虫**：牛肉。腹痛、下痢、食欲減退。

●**クドア・セプテンプンクタータ**：ヒラメ（養殖）。嘔吐、下痢。

●**サルコシスティス・フェアリー**：生の馬肉。嘔吐、下痢。

＊日本海裂頭条虫は、北欧やアラスカ・カナダの広節裂頭条虫とは形態学的・生態学的に異なる別種とされている。

76 釣ったサバをしめさばに調理し喫食したところ、激しい胃痛の症状が現れた。原因として最も疑われる寄生虫として、正しいものを1つ選びなさい。

(1) トキソプラズマ
(2) アニサキス
(3) 回虫
(4) クリプトスポリジウム

(1) トキソプラズマは豚肉、ネコの糞便
(3) 回虫は野菜類
(4) クリプトスポリジウムは汚染水

答 (2)

77 線で結んだ関係のうち、誤っているものを1つ選びなさい。

(1) 有鉤条虫 —— 豚肉
(2) クドア —— ヒラメ
(3) 旋毛虫 —— 熊肉
(4) 日本海裂頭条虫 —— 馬肉、鶏肉

日本海裂頭条虫—サケ、マス

答 (4)

78 食物から感染する寄生虫と宿主の組み合わせとして、正しいものを1つ選びなさい。

　　　　　寄生虫　　　　　宿主
(1) トキソプラズマ —— ブタ
(2) 無鉤条虫 —— クマ
(3) 肝吸虫 —— ニワトリ
(4) エキノコックス —— ウシ

(2) 無鉤条虫—ウシ
(3) 肝吸虫—フナ、コイ
(4) エキノコックス—キタキツネ

答 (1)

79 食中毒の原因物質のうち、加熱調理で防ぐことができるものを1つ選びなさい。

(1) フグのもつテトロドトキシン
(2) ヒラメに寄生するクドア・セプテンプンクタータ
(3) 赤身の魚などで生成されるヒスタミン
(4) 黄色ブドウ球菌が産生するエンテロトキシン

クドア・セプテンプンクタータは、－20℃で4時間の冷凍または75℃5分間以上の加熱で死滅する。

答 (2)

80 寄生虫とその感染源となる食品例に関する組み合わせのうち、適切でないものを1つ選びなさい。

(1) クリプトスポリジウム —— 家畜などの糞便で汚染された飲料水
(2) ドロレス顎口虫 —— ヤマメ
(3) 旋尾線虫 —— ホタルイカ
(4) アニサキス —— 牛の肝臓

アニサキスは、アジ、イカ、サバ、タラ、ニシンなどの海産魚介類が原因食品である。

答 (4)

5 食品中の汚染物質

---

81 過去に健康被害を起こした物質とその食品の組み合わせのうち、最も適切なものを1つ選びなさい。

(1) カドミウム ── 豆類
(2) PCB ── 玄米
(3) メチル水銀 ── 食用油
(4) ヒ素 ── 乳児用調製粉乳

(1) カドミウム―玄米
(2) PCB―食用油
(3) メチル水銀―魚介類

答 (4)

---

82 有毒元素に関する記述のうち、誤っているものを1つ選びなさい。

(1) ヒ素は類金属（半金属）に分類され、微量であるが多くの食品に含有されており、食品衛生法に基づいて基準値が定められている。
(2) 胎児は成人に比べてメチル水銀の影響を受けやすいことから、厚生労働省は、妊婦または妊娠している可能性のある女性を対象とした魚介類の喫食の目安を公表している。
(3) メチル水銀中毒の代表的な症状として、腎臓障害と骨軟化症がある。
(4) 食品衛生法では、おもちゃ（乳幼児が口にする物など）、洗剤（食品洗浄剤等）の規格または基準の中で、ヒ素や重金属の項目が定められている。

静岡

メチル水銀中毒（水俣病）の主な症状は、中枢神経系の障害。腎臓障害と骨軟化症は、カドミウム中毒の症状である。

答 (3)

---

83 食品中の汚染物質と関連する事象の組み合わせのうち、正しいものを1つ選びなさい。

(1) アフラトキシン ── カネミ油症
(2) 放射性セシウム ── 原子力発電所事故
(3) ダイオキシン ── アレルギー様食中毒
(4) シアン化合物 ── 乳児用調製粉乳による中毒事件

沖縄

(1) アフラトキシンは、かび毒の一種である。
(3) ダイオキシンは環境ホルモンの一種である。
(4) シアン化合物は豆類や生あんに含まれる。

答 (2)

---

84 食品中の汚染物質に関する記述のうち、誤っているものを1つ選びなさい。

(1) 昭和30年に発生した調製粉乳中毒事件の原因となったヒ素は、食品添加物の規格基準が設けられている。
(2) 食品に残留する農薬、飼料添加物および動物用医薬品について、平成18年5月からポジティブリスト制度が実施されている。
(3) 魚介類（マグロ類、内水面水域河川魚および深海性魚介類を除く）には、メチル水銀の暫定的規制値が定められている。
(4) 食品中の放射性物質に関する基準値は、乳児用食品についてのみ設けられている。

一般食品、牛乳、飲料水、乳児用食品について基準値が設定されている。

答 (4)

85 食品異物に関する記述のうち、正しいものを1つ選びなさい。

(1) 食品中の異物は、動物性異物と鉱物性異物の2つに分けられる。

(2) 鉱物性異物には、ガラス、金属片、木片、陶磁器片などがある。

(3) 食品衛生法では、食品の異物混入に関する規定はなく、食品表示法にて規定されている。

(4) 異物混入のおそれのある材料は、防止対策として、ふるい分け、ろ過、水洗いを行い、包装材料の付着にも注意する必要がある。

86 異物とその分類の組み合わせのうち、誤っているものを1つ選びなさい。

(1) 紙片 ── 植物性異物

(2) 砂 ── 植物性異物

(3) 人間の毛髪 ── 動物性異物

(4) 陶磁器の破片 ── 鉱物性異物

87 食品への異物混入対策に関する記述のうち、誤っているものを1つ選びなさい。

(1) 施設の出入り口、窓には網戸を設置し、下水溝には蓋をするなどネズミやハエが入らないような措置をとる。

(2) 仕事着や帽子を着用したまま調理室から屋外へ出たり、便所に行ってもよい。

(3) 食品製造工場では、鉱物性異物混入防止のため製品の最終点検項目に金属探知機を通す工程を入れるとよい。

(4) 材料の荷ほどきの際には、包装材料が食品に付着して残ることがないよう目視確認する。

88 衛生微生物に関する記述のうち、誤っているものを1つ選びなさい。

(1) 真菌類（かび、酵母）は、食品について繁殖し、外見や味、香りなどをそこねるばかりではなく、ある種のかびは有毒物質を産生するので、食品衛生上注意しなければならない。

(2) 細菌は分裂を繰り返しながら短時間で大量に増殖し、各種の病原体になっていく。また、食中毒を発生させる原因物質の主要を占めている。

(3) 自己の菌体内に耐久性の構造物（芽胞）をつくる細菌は、増殖型の菌に比べ、熱、乾燥、光線、化学薬品に対する抵抗性が弱い。

(4) 病原性のある微生物が体内に侵入すると、体はこの病原体に抵抗するために、血液のなかに抗体をつくる。

89　微生物に関する記述のうち、誤っているものを1つ選びなさい。

(1) 病原微生物とは、人や動物に対して病原性を発現する微生物の総称である。
(2) 微生物には、真菌（かび）や酵母、細菌、ウイルスなどの種類がある。
(3) コウジカビなどの真菌は、全てが有用で、人への病原性はない。
(4) ウイルスは細菌に比べ小さく、はしかやA型肝炎などの疾病の原因となる。

奈良

酒、みそ等食品の製造に使用されるが、健康障害（真菌中毒症）を起こす真菌もある。

答 (3)

90　真菌に関する記述のうち、誤っているものを1つ選びなさい。

(1) いわゆる「かび」である。
(2) 一部の真菌は、食中毒の原因となる毒素を産生する。
(3) 我が国のアフラトキシンの摂取経路は、主に貝類である。
(4) 有用な真菌として、酵母がある。

貝類→ナッツ類

答 (3)

91　残留農薬に関する用語の説明の組み合わせのうち、正しいものを1つ選びなさい。

(1) ポストハーベスト農薬　　——　収穫前に使用する農薬
(2) ポジティブリスト制度　　——　基準値を定めていない農薬などの残留を一律基準とする制度
(3) 許容1日摂取量（ADI）　——　（毒性試験の無毒性量×100）で求める
(4) マーケットバスケット調査 ——　全世界で使用される農薬量の調査

北海道

(1) 収穫前→収穫後
(3) 毒性試験の無毒性量×100→無毒性量×安全率（1/100）
ADIは「1日摂取許容量」ともいう。
(4) マーケットバスケット調査では、流通している食品を通常行われる方法で調理した後、分析し量を測定する。

答 (2)

92　残留農薬に関する文章の（　　）に当てはまる語句の組み合わせのうち、正しいものを1つ選びなさい。

残留農薬とは、（ A ）に使用された農薬が、農産物や魚介類に残留したものをいい、人が摂取しても健康被害を起こさないよう、食品衛生法では（ B ）を定めている。

	A	B
(1)	食品の製造	残留許容量基準値
(2)	食物の生産	農薬の使用時期と使用方法
(3)	食品の製造	農薬の使用時期と使用方法
(4)	食物の生産	残留許容量基準値

農薬の使用時期と使用方法は、農薬取締法で定められている。

答 (4)

93 農薬と残留農薬に関する記述のうち、誤っているものを1つ選びなさい。

(1) 残留農薬とは、農作物の病害虫防除などのために使用された農薬が、農・畜産物に残留したものをいう。

(2) ポジティブリスト制度とは、基準が定められていない農薬などが一律基準（0.01ppm）を超えて含まれる食品の流通を原則禁止する制度である。

(3) 国民の農薬摂取量調査では、実際の農薬摂取量は許容1日摂取量に比べて大幅に低い。

(4) 天敵農薬と特定農薬は、ポジティブリスト制度の対象となっている。

天敵農薬と特定農薬は、ポジティブリスト制度の対象である残留農薬に含まれない。
天敵農薬（生物農薬）は、天敵生物により農作物に害を与える生物を駆除する。

答 (4)

94 残留農薬に関する記述のうち、誤っているものを1つ選びなさい。

(1) 農薬は、害虫、有害微生物、雑草などを防除し、農業の生産性を高めるために必要なものである。

(2) ジクロロジフェニルトリクロロエタン（DDT）は、有機塩素系の殺虫剤である。

(3) メタミドホスは、カルバメート系の除草剤である。

(4) フェニトロチオンは、有機リン系の殺虫剤である。

メタミドホスは、有機リン系の農薬で毒性が強く、わが国では使用が禁止されている。

答 (3)

95 食品衛生法に基づく食品群と放射性セシウムの基準値の組み合わせのうち、誤っているものを1つ選びなさい。

(1) 一般食品 —— 100ベクレル/kg

(2) 乳児用食品 —— 50ベクレル/kg

(3) 牛乳 —— 50ベクレル/kg

(4) 飲料水 —— 50ベクレル/kg

飲料水は、10ベクレル（Bq）/kgに設定されている。
基準値は、年間の被ばく線量が1ミリシーベルトを超えないように設定されている。

答 (4)

食品残留農薬

食品中の残留農薬としては殺虫剤、殺菌剤、除草剤などがある。

●**ポストハーベスト農薬**：輸入農作物において、収穫後使用される農薬の残留には厳重な注意が払われている。

●**ポジティブリスト制度**：残留基準が定められていない農薬について、一律0.01ppmが定められている。これは、人の健康を損なうおそれのない量として厚生労働大臣が定めた量である。

●**メタミドホス**：有機リン系の農薬で毒性が強く、わが国では使用が禁止されているが、輸入食品から検出され問題となった。

山口

96 **食品添加物に関する記述のうち、誤っているものを1つ選びなさい。**

(1) 食品を製造、加工したり保存するときに用いられる調味料、保存料、着色料などを食品添加物という。

(2) 食品添加物は、保健所長の指定を受けた指定添加物、天然由来の既存添加物、一般に食品として使われる添加物、天然香料の4種類からなる。

(3) 保存料は、かびや微生物などの発育を抑制し、食品の保存性を向上させるために用いられる。

(4) 指定添加物は、使用してよい食品の種類、使用量、使用目的、食品中の残存量等が決められている。

指定添加物とは厚生労働大臣により指定された添加物である。

答 (2)

97 **食品添加物に関する記述のうち、正しいものを1つ選びなさい。**

(1) 指定添加物は、安全性と有効性が確認されたものだけが使用できるよう、厚生労働大臣がその諮問機関である薬事・食品衛生審議会の意見を聴いて指定することが、食品衛生法により定められている。

(2) 食品添加物の摂取量は、1日摂取許容量（ADI）の10倍まで使用できるよう使用基準が定められている。

(3) 食品の栄養価の強化を図るものは、食品添加物として認められていない。

(4) 店頭で包装されずにバラ売りされる食品は、食品添加物の表示は全て免除される。

(2) 100倍まで安全な値を設定している。ADIは、許容1日摂取量ともいう。

(3) 認められていない→認められている

(4) 食品表示法では、店頭でバラ売りされる食品への表示は義務とされていないが、防かび剤などの一部で表示が求められている。

答 (1)

静岡

98 **食品添加物に関する記述のうち、誤っているものを1つ選びなさい。**

(1) ヒトがその食品添加物を一生食べ続けても、健康を害さない1日当たりの量のことを、1日摂取許容量（ADI）という。

(2) 食品添加物の使用に当たっては、食品衛生法でその使用基準が定められている。

(3) 亜硝酸ナトリウムは、食肉製品の発色剤として使われるが、同時にボツリヌス菌による食中毒の予防にも役立っている。

(4) サッカリンは砂糖の5〜10倍の甘さがあり、豊富なエネルギー源にもなる。

サッカリンは、砂糖の200〜700倍の甘さがあるが、甘味を与えるだけでエネルギー源とはならない。

答 (4)

食品添加物の使用目的による種類

次のように多くのものがある。（色文字の使用目的（用途）は、食品添加物名を表示する際に記載が必要なもの）

甘味料（アスパルテーム、キシリトール、サッカリンナトリウム、アセスルファムカリウムなど）、着色料（タール色素製剤、銅クロロフィリンナトリウムなど）、保存料（安息香酸、ソルビン酸カリウムなど）、増粘剤・安定剤・ゲル化剤・糊料（アルギン酸ナトリウム、カゼインなど）、酸化防止剤（L-アスコルビン酸など）、発色剤（亜硝酸ナトリウムなど）、漂白剤（亜塩素酸ナトリウムなど）、防かび（防ばい）剤（オルトフェニルフェノール、イマザリルなど）、酸味料（クエン酸など）、調味料（L-グルタミン酸ナトリウムなど）、乳化剤（レシチンなど）、着香料（バニリンなど）、殺菌料（過酸化水素、次亜塩素酸ナトリウムなど）、品質保持剤（プロピレングリコールなど）

99 食品添加物に関する記述のうち、誤っているものを1つ選びなさい。

(1) 指定添加物は、化学的合成品だけが指定されている。
(2) 既存添加物とは、これまでに製造、使用などが認められてきた化学合成品以外の添加物をいう。
(3) 食品添加物の成分の規格および製造、使用方法などの基準は、厚生労働大臣が定める。
(4) 着色料として使用されるタール色素は、品質不良品が販売されないよう、事前に登録検査機関で確認が行われる。

天然・合成にかかわらず、安全性と有効性が確認されて厚生労働大臣に指定される。

答 (1)

100 食品添加物の種類と使用目的の組み合わせのうち、誤っているものを1つ選びなさい。

(1) 強化剤 —— 食品の粘度を上げる。
(2) 調味料 —— 食品に旨味を与える。
(3) 保存料 —— 食品が劣化する時間を延ばす。
(4) 着香料（香料）—— 食品に好ましい香りをつける。

奈良

強化剤（栄養強化剤）は、食品の栄養素を強化する。食品の粘度を上げるのは増粘剤。

答 (1)

101 調味料として使用されない食品添加物について、正しいものを1つ選びなさい。

(1) 亜硝酸ナトリウム
(2) コハク酸二ナトリウム
(3) L-グルタミン酸ナトリウム
(4) 5'-イノシン酸ナトリウム

センター、福島、沖縄

亜硝酸ナトリウムは発色剤として使用される。

答 (1)

102 食品添加物について線で結んだ関係のうち、誤っているものを1つ選びなさい。

(1) 保存料 —— 微生物の増殖を抑えて、食品が劣化する時間をのばす。
(2) 発色剤 —— 自身が酸素と結合して、食品成分の酸化を防ぐ。
(3) 乳化剤 —— 食品製造、加工に不可欠なもの
(4) 着色料 —— 食品の魅力を引き出すもの

長野、静岡

発色剤—外観を良くする。酸化を防ぐのは酸化防止剤。

答 (2)

103 食品添加物の種類と物質名の組み合わせのうち、正しいものを1つ選びなさい。

(1) スクラロースは、保存料として使用される。
(2) ジフェニルは、防かび剤として使用される。
(3) 亜塩素酸ナトリウムは、乳化剤として使用される。
(4) 三二酸化鉄は、酸化防止剤として使用される。

(1) スクラロースは甘味料
(3) 亜塩素酸ナトリウムは漂白剤
(4) 三二酸化鉄は着色料

答 (2)

104 食品添加物の種類と物質名の組み合わせのうち、正しいものを1つ選びなさい。

(1) 甘味料 —— キシリトール
(2) 保存料 —— カテキン
(3) 着色料 —— 亜硝酸ナトリウム
(4) 調味料 —— カラメル

(2) カテキンは、酸化防止剤
(3) 亜硝酸ナトリウムは、発色剤
(4) カラメルは、着色料

答 (1)

105 食品添加物の種類および特徴等に関する組み合わせのうち、正しいものを1つ選びなさい。

(1) 漂白剤　　　—— デヒドロ酢酸ナトリウム —— 食品を漂白する
(2) 保存料　　　—— 亜硝酸ナトリウム　　　　—— 殺菌作用が強い
(3) 酸化防止剤 —— プロピレングリコール　　—— 食品が劣化する時間をのばす
(4) 増粘剤　　　—— アルギン酸ナトリウム　　—— 品質を安定・向上させる

アルギン酸ナトリウムは、海藻類に含まれる水溶性食物繊維。増粘剤のほか、安定剤、ゲル化剤、糊料としても使用される。アルギン酸エステルには、食品中1.0%以下の使用基準がある。
(1) デヒドロ酢酸ナトリウムは保存料。
(2) 亜硝酸ナトリウムは発色剤。保存料の殺菌作用は非常に弱い。
(3) 酸化防止剤→品質保持剤

答 (4)

106 食品添加物の用途、物質名および対象食品の組み合わせのうち、誤っているものを1つ選びなさい。

(1) 発色剤　—— 次亜塩素酸ナトリウム　　—— 食肉製品
(2) 防カビ剤 —— オルトフェニルフェノール —— かんきつ類
(3) 保存料　—— 安息香酸　　　　　　　　—— 清涼飲料水
(4) 甘味料　—— サッカリン　　　　　　　—— チューインガム

発色剤の例としては亜硝酸ナトリウムがあり、ハム・ソーセージなどの食肉製品に使用される。
次亜塩素酸ナトリウムは殺菌料である。

答 (1)

107 食品添加物の種類と品名の組み合わせのうち、誤っているものを1つ選びなさい。

(1) 豆腐用凝固剤 —— 塩化マグネシウム（苦汁）
(2) 保存料　　　—— 安息香酸
(3) 発色剤　　　—— イマザリル
(4) 調味料　　　—— L-グルタミン酸ナトリウム

イマザリルは防かび（防ばい）剤。発色剤には亜硝酸ナトリウム、硝酸カリウム、硫酸第一鉄がある。

答 (3)

108 わが国で「甘味料」として使用が認められている添加物として、誤っているものを1つ選びなさい。

(1) アセスルファムカリウム　(2) サッカリンナトリウム
(3) ソルビトール　　　　　　(4) ソルビン酸カリウム

ソルビン酸カリウムは保存料。

答 (4)

109 タール色素に関する記述のうち、誤っているものを1つ選びなさい。

(1) 食品に用いられる着色料には、天然着色料と合成着色料があり、タール系色素は天然着色料である。
(2) タール色素は、食肉やスポンジケーキに使用してはならない。
(3) 食品衛生法に基づく製品検査があり、合格の表示がないものは販売できない。
(4) 食用赤色2号、3号などの12種類がある。

天然着色料→合成着色料
(2) そのほか、みそ、カステラ、マーマレード、野菜類などにも使用できない。

答 (1)

110 食品添加物の表示に関する記述のうち、誤っているものを1つ選びなさい。

(1) 食品に使用した添加物は、食品表示法により表示が必要である。
(2) イーストフードなどは、一括名で表示できる。
(3) 原材料に添加された食品添加物が食品に持ち越されて、ごく微量で効果を発揮しないものであっても表示が必要である。
(4) 栄養強化の目的で使用する添加物は、表示が免除されている。

食品に持ち越されてもごく微量で効果を発揮しないものはキャリーオーバーといい、表示は不要である。

答 (3)

111 食品添加物に関する語句のうち、正しいものを1つ選びなさい。

食品の加工の際に添加されるものであって、最終食品の完成前に除去されるもの。
(1) 安定剤
(2) 天然香料
(3) 保存料
(4) 加工助剤

ほかにも加工助剤として、
・食品中に含まれる成分と同じ成分に変えられ、かつ、その成分量を明らかに増加させるものではないもの
・最終食品に含まれる量が少なく、かつ、その成分による影響をその食品に及ぼさないもの
が該当する。

答 (4)

長野

112 食品に添加物を使用した場合、食品の包装に物質名の他に用途名を記載する必要があるものを1つ選びなさい。

(1) 調味料
(2) 膨張剤
(3) 強化剤
(4) 着色料

例えば、着色料（赤3）、着色料（カラメル色素）などと表示する。
記載が必要なのは、甘味料、着色料、保存料、増粘剤・安定剤・ゲル化剤・糊料、酸化防止剤、発色剤、漂白剤、防かび（防ばい）剤の8種類である。

答 (4)

113 細菌性食中毒の予防 3 原則に関する記述のうち、誤っているものを 1 つ選びなさい。

(1) 清潔：手洗いの徹底、調理器具などの洗浄・消毒、常に清潔に注意して調理する。
(2) 保温：温かいものは、温蔵庫などで50℃以上で保存し、室温での放置は避ける。
(3) 冷却：調理後、すぐに食べないときは、早急に冷却し、10℃以下で冷蔵または冷凍保存する。
(4) 加熱：食品の中心部が75℃、1分以上加熱したことを確認する。

北海道

温蔵庫などでの保温は、65℃以上で管理する。(4) の加熱において、ノロウイルスの汚染のおそれがある食品では中心温度85〜90℃で90秒間以上とする。

答 (2)

114 食品の鮮度に関する記述のうち、正しいものを 1 つ選びなさい。

(1) 魚肉の鮮度を示す揮発性塩基窒素量は、腐敗が進むと低下する。
(2) 鮮度の良好な卵は、割ったときに卵黄と卵白が広く広がる。
(3) 貝類は、必ず生きているものを使用する。
(4) 牛乳は、新鮮なものほど酸度が高い。

(1) 揮発性塩基窒素量は、魚肉の腐敗が進むと増加する。
(2) 鮮度良好な卵の卵黄と卵白は割ったときに盛り上がり、広がらない。
(4) 新鮮な牛乳は酸度が低い。発酵して酸度が高いと、加熱時に固まる。

答 (3)

115 食品の鮮度に関する記述のうち、誤っているものを 1 つ選びなさい。

(1) 新鮮な魚類の眼球は、陥没している。
(2) 膨らんだ缶詰は、中の食品が腐敗してガスが出たものであり、食用不可である。
(3) 卵は、殻の表面がザラザラして光沢がないものが鮮度良好である。
(4) バターの古いものは、溶かすと少し濁ってみえる。

静岡

陥没→突出

答 (1)

116 食品の鮮度に関する記述のうち、誤っているものを 1 つ選びなさい。

(1) 新鮮な貝類は、殻どうしを叩き合わせると澄んだ良い音がする。
(2) 新鮮な卵は、電灯の光に透かすと明るく透けて見える。
(3) 新鮮な魚類は、水に浮かぶ。
(4) 古いバターは、脂肪臭く、ロウのような香りや油焼けのにおいがある。

福井、愛媛

水に浮かぶ→水中に沈む

答 (3)

117 食品の簡易鑑別法に関する記述のうち、正しいものを 1 つ選びなさい。

(1) 食用油は、一般に透明でにごりがなく、淡黄色で粘り気が少ないものがよい。
(2) しょうゆは、黄褐色で強い辛味と苦味のあるものが上等品である。
(3) 良いみそは、不良品に比べ、煮たときに上のほうが早く澄んでくる。
(4) 肉類は、鮮度が低下すると、pHは初期にいったん上がり、その後低くなる。

(2) 上等品は黒褐色である。
(3) 良いみそは、長くにごっている。
(4) 初期にいったん下がり、その後高くなる。

答 (1)

118 （　　）に入る語句の組み合わせのうち、正しいものを1つ選びなさい。

（A）とは、すべての微生物を死滅させ、完全に無菌状態にすることである。また、（B）とは、病原性のある特定の微生物のみ死滅させ、感染を防ぐことである。

	A	B
(1)	殺菌	防腐
(2)	殺菌	消毒
(3)	滅菌	防腐
(4)	滅菌	消毒

なお防腐とは、微生物を死滅、あるいはその発育を阻止することにより腐敗を防ぐことをいう。

答 (4)

119 化学的消毒法に関する記述のうち、正しいものを1つ選びなさい。

(1) 逆性せっけんは、洗浄力は強いが殺菌力が弱い。
(2) 次亜塩素酸ナトリウムは、ノロウイルスの不活性化に有効である。
(3) エタノールは、約70％に薄めたものより100％のほうが消毒効果が高い。
(4) オゾン水は、他の消毒剤に比べて残留性が高いため、カット野菜には使用できない。

200ppm（200mg/L）濃度で不活性化する。
(1) 逆性せっけんは、洗浄力はほとんどないが、殺菌力が強い。
(3) 約70％に薄めたほうが消毒力が強い。
(4) 残留性が低い。

答 (2)

120 消毒に関する記述のうち、正しいものを1つ選びなさい。

(1) 熱湯消毒とは、85℃以上の熱湯中で5分間以上煮る方法で、まな板、包丁の消毒に勧められる。
(2) 次亜塩素酸ナトリウムは、食品には使用できない。
(3) 物理的消毒法のひとつであるオゾン水による殺菌では、すすぎ洗いが必要である。
(4) 逆性石けんは、人に対する毒性が極めて強い。

(2) 使用できる。低い濃度で浸した後、流水で洗い流す。
(3) 酸化すると酸素と水に戻るため、すすぎは不要。
(4) 強い→弱い。におい、刺激もない。

答 (1)

物理的消毒法

物理的消毒には乾熱消毒、日光消毒、紫外線消毒のほかに焼却消毒や煮沸消毒がある。病原体は、一般に寒さに強いが、熱には弱いので、熱を利用した消毒法は効果がある。

- **焼却消毒**：消毒するべきものをすべて焼き捨てる方法で、最も確実な消毒である。再使用しないもの、安価なものに用いる。
- **煮沸消毒**：釜の中に消毒するものを入れて十分な水量で煮る方法。衣類、ふきん、はし、調理器具の消毒に適している。油気のある食器は1％程度の炭酸ナトリウムを加えた水で煮沸するとよい。

121 消毒に関する組み合わせのうち、適切なものを1つ選びなさい。

(1) 物理的消毒法 ── 塩素剤 ── 木製器具
(2) 物理的消毒法 ── 紫外線消毒 ── 包丁、まな板
(3) 化学的消毒法 ── 煮沸消毒 ── ふきん、スポンジ
(4) 化学的消毒法 ── エタノール ── 生野菜

群馬

(1)、(2) 物理的消毒法には乾熱消毒、煮沸消毒、紫外線消毒などがある。
(3)、(4) 化学的消毒法には塩素剤、アルコールなどがあるが、生野菜を消毒する場合には100～200ppm（100～200mg/L）の次亜塩素酸ナトリウム溶液を用いるとよい。

答 (2)

122 消毒・殺菌法とその名称の組み合わせのうち、正しいものを1つ選びなさい。

(1) 65℃前後で30分間以上加熱する ── 熱湯消毒
(2) 85℃以上の湯で5分間以上加熱する ── 煮沸消毒
(3) 紫外線を照射する ── 放射線殺菌法
(4) 加圧状態かつ高温の蒸気（105～120℃）で殺菌する ── レトルト殺菌法

(1) は低温保持殺菌。
(2) は熱湯消毒（煮沸は100℃）。
(3) は紫外線消毒。

答 (4)

123 消毒方法とその条件に関する組み合わせのうち、正しいものを1つ選びなさい。

消毒方法	条件
(1) ふきんの煮沸消毒	── 100℃・5分
(2) 食器・器具の塩素消毒	── 10ppm・1分
(3) まな板の日光消毒	── 夏期・5分
(4) 手指や器具のアルコール消毒	── 0.5%・10秒

栃木、長野

(2) 1,000ppm（1g/L）で3～5分間浸し、乾燥。
(3) 直射日光で夏なら1～2時間。
(4) 約70%溶液の消毒力が強く、所要時間は10秒程度。

答 (1)

124 洗浄と消毒方法に関する記述のうち、正しいものを1つ選びなさい。

(1) 逆性せっけんは、普通のせっけんと混合することで、殺菌効果が高まる。
(2) アルコールは、対象物の表面が異物で汚染されていると殺菌効果が弱まる。
(3) 次亜塩素酸ナトリウムは、腐食作用がないので金属の消毒に適している。
(4) 紫外線は、光線の照射された表面だけでなくその内部にも殺菌効果がある。

(1) 殺菌効果がなくなる。
(3) 腐食するので避ける。
(4) 光線の当たらない陰の部分や内部には効果がない。

答 (2)

化学的消毒法

- 化学薬品による消毒法である。
- ●塩素剤：50～100mg/L溶液を、食器、器具、まな板、水、ふきん、床などに用いる。金属は腐食する。サラシ粉、次亜塩素酸ナトリウムなどがある。次亜塩素酸ナトリウムは食品添加物に指定されている。ウイルスに有効。
- ●アルコール、●逆性せっけん、●クレゾール石けん液については、📖 p.210～211参照。

125 洗浄と消毒に関する記述のうち、正しいものを1つ選びなさい。

(1) アルコールで手指を消毒する際は、流水ですすいだ後、手指を乾かす前に使用すると効果的である。

(2) オゾン水は、殺菌作用、洗浄作用、脱臭作用、酸化作用があるが、漂白作用はない。

(3) 中性洗剤は、せっけんより洗浄力が強く、水にもよく溶け、硬水でも効力がある。

(4) クレゾール石けん水は手指の消毒に適さない。

126 洗浄と消毒方法に関する記述のうち、誤っているものを1つ選びなさい。

(1) 消毒とは、病原微生物を殺菌することをいい、殺菌は広く微生物を死滅させることをいう。

(2) 日本では放射線による食品の殺菌は認められていないが、じゃがいもの発芽防止に限り利用が許可されている。

(3) 逆性石けんは、陽イオン界面活性剤とも呼ばれる。

(4) 低温保持殺菌法は、パスツリゼーションともいい、芽胞および耐熱性の一般病原菌を全て殺菌する。

福井

127 消毒方法に関する記述のうち、誤っているものを1つ選びなさい。

(1) 煮沸消毒は、100℃の湯の中で5分間以上煮る方法で、ふきん、タオルの消毒に適している。

(2) 逆性せっけんは、手指の消毒薬として使用されているが、ノロウイルスに効果がない。

(3) アルコールによる消毒は、アルコールの濃度が100%から低下すると濃度に比例して消毒力も低下する。

(4) クレゾール石けん液は、芽胞形成菌やウイルスに効果がない。

128 容器包装とその原材料に関する記述のうち、正しいものを1つ選びなさい。

(1) アルミニウムは、他の金属に比べて毒性が高く、さびやすい。
(2) レトルト食品の容器包装に用いられるポリエチレンテレフタレートの耐熱温度は、70〜100℃である。
(3) わが国では、現在、メラミンによる健康被害が多く発生している。
(4) ガラス製品では、絵づけに用いられる有害性金属の溶出が問題となる。

(1) 他の金属に比べて毒性が低く、さびにくい。
(2) 耐熱温度は、約200℃である。
(3) 2008年に中国産の牛乳・乳幼児用調製粉乳にメラミンが混入され、それらの食品や製品から検出されたが、わが国において食中毒事件は発生していない。

答 (4)

129 器具・容器に関する記述のうち、適切でないものを1つ選びなさい。

(1) 合成樹脂性の食品容器には、規格基準として溶出試験が規定されている。
(2) プラスチック製容器は、150℃以上のオーブンでの加熱には適さない。
(3) 陶磁器にカドミウムなどを含む顔料を多く使用して絵づけを行った場合、1,500℃の高温で焼かれたものは、1,000℃の低温で焼かれたものに比べ溶出のおそれが高くなる。
(4) 木製の器具・容器包装には、蛍光増白剤の使用規制がある。

静岡

溶出のおそれが高くなる→低くなる
高温で焼いたものは溶出しにくく、低温で焼いたものは溶出のおそれがある。

答 (3)

130 器具、容器包装に関する記述のうち、誤っているものを1つ選びなさい。

(1) 器具・容器包装の規格基準については、食品衛生法第18条で定められている。
(2) 果実缶詰は、開缶後、速やかに他の容器に移し替えるように表示されている。
(3) メラミン樹脂製の食器の耐熱温度は、約110℃である。
(4) シリコーンは、弾力性、耐久性に優れているが、耐熱温度が70〜100℃である。

静岡、沖縄

70〜100℃ → - 100〜250℃

答 (4)

131 器具・容器包装に関する記述のうち、誤っているものを1つ選びなさい。

(1) ラップ類は使い捨てであることから、食品衛生法上の容器包装には該当しない。
(2) ほうろう製品は、鉛、カドミウムの規格試験に合格しなければ使用できない。
(3) 銅は、空気中の炭酸ガス、水分と反応して、表面に緑青（塩基性炭酸銅）をつくる。
(4) 金属製品に用いられるアルミニウムは、ほかの金属に比べて毒性が低く、さびにくく軽い。

該当しない→該当する。容器包装には、食品用カップ類、びん、缶詰用缶、箔など多くの種類がある。

答 (1)

10 食品の安全・衛生に関する法律

①食品衛生法

📖 p.215〜219

センター、北海道、神奈川、奈良、山口、沖縄

132 食品衛生法第1条の条文の（　　）に入る語句の組み合わせのうち、正しいものを1つ選びなさい。

この法律は、食品の（ A ）の確保のために（ B ）の見地から必要な規制その他の措置を講ずることにより、飲食に起因する衛生上の危害の発生を防止し、もって国民の（ C ）の保護を図ることを目的とする。

	A	B	C
(1)	安全性	公衆衛生	健康
(2)	利便性	公衆衛生	財産
(3)	安全性	環境衛生	財産
(4)	利便性	環境衛生	健康

> 食品衛生法は、食品の安全性の確保のために公衆衛生の見地から必要な規制その他の措置を講ずることにより、飲食に起因する衛生上の危害の発生を防止し、もって国民の健康の保護を図ることを目的としている。
>
> **答**（1）

静岡、愛媛

133 平成30年の食品衛生法の一部改正に関する記述のうち、誤っているものを1つ選びなさい。

(1) 食品の安全を確保するため、広域的な食中毒事案に対処するための広域連携協議会を設置。
(2) 大規模食品事業者に対するGAP導入の義務づけ。
(3) 特別な注意を要する成分等を含む食品による健康被害情報の届出制度の創設。
(4) 安全性を評価した物質のみを食品用器具・容器包装に使用可能とする仕組み（ポジティブリスト制度）の導入。

> 平成30（2018）年の食品衛生法一部改正により、食品関連事業者はすべて、遅くとも2021年6月までにHACCPによる食品衛生管理制度の導入を行うことになった。
> なお、GAPは適正農業規範のことで、飼育農場における一般的衛生管理の適正規範である。
>
> **答**（2）

134 食品衛生法に基づき「食品、添加物等の規格基準」に製造の方法の基準が定められているものとして、誤っているものを1つ選びなさい。

(1) 器具　　(2) 添加物　　(3) 医薬品　　(4) 容器包装

> 食品（飲食物）に、医薬品は含まれていない。添加物や器具・容器包装、おもちゃは法律の対象である。
>
> **答**（3）

沖縄

135 食品衛生法に関する記述のうち、誤っているものを1つ選びなさい。

(1) 不潔、異物の混入または添加などにより、人の健康を損なうおそれがあるものの販売、製造、使用等を禁止している。
(2) 国や都道府県等の自治体のほか、食品等事業者の責務を規定している。
(3) 食品の定義として、食品のほか、添加物や医薬品もその対象としている。
(4) 食中毒患者等を診断した医師は、直ちに保健所長へ届け出なければならない。

> 問題134の解説参照
>
> **答**（3）

食品衛生法

食品衛生法は、調理師法に次いで重要な法律で、毎年出題される。特に理解しておきたいのは、HACCP、食品衛生管理者、食品衛生監視員、食品衛生責任者、食品衛生推進員、営業許可、食中毒の届出などである。

136 食品衛生法に関する記述のうち、誤っているものを1つ選びなさい。

(1) 食品衛生責任者は、営業者の指示に従い衛生管理にあたり、営業者は食品衛生責任者の意見を尊重する。
(2) 食品衛生責任者は、都道府県知事等が行う講習会等を定期的に受講し、食品衛生に関する新たな知見の習得に努めなければならない。
(3) 食品等事業者は、国際的な連携を確保するための必要な措置や都道府県等への技術的援助に努めなければならない。
(4) 食品等事業者は、国や都道府県等への記録の提供、事故原因食品の廃棄など、必要な措置を適確、迅速に行うよう努めなければならない。

福井

食品等事業者→国
答 (3)

137 食品衛生法第3条第2項に関する食品等事業者の責務について、（　　）に入る語句の組み合わせのうち、正しいものを1つ選びなさい。

食品等事業者は、販売食品等に起因する（ A ）の発生の防止に必要な限度において、当該食品等事業者に対して販売食品等又はその原材料の販売を行った者の（ B ）その他必要な情報に関する記録を作成し、これを保存するように努めなければならない。

	A	B
(1)	食品衛生上の危害	所在地
(2)	食品衛生上の危害	名称
(3)	健康増進上の危害	所在地
(4)	健康増進上の危害	名称

答 (2)

138 食品衛生法に規定される記述のうち、誤っているものを1つ選びなさい。

(1) 病原微生物に汚染され、またはその疑いがあり、人の健康を損なうおそれがある食品は販売が禁止されている。
(2) 食品衛生法に違反した場合や食中毒を起こした場合には、営業の禁止・停止等が命じられることがある。
(3) 乳製品、食肉製品、マーガリンなどの製造または加工を行う施設には、専任の食品衛生管理者を置かなくてはならない。
(4) 飲食店を営もうとするものは、調理師でなければならない。

群馬、奈良

食品衛生法に規定されていない。
答 (4)

139 食品衛生法に関する記述のうち、正しいものを1つ選びなさい。

(1) 食品衛生責任者は、主として保健所に配属され、食品衛生関係営業施設への立入検査、食品の収去の業務を行う。
(2) 食品等事業者は、自らの責任において安全性を確保するため、知識および技術の習得に努めなければならない。
(3) 飲食店営業者は、自ら経営する飲食店に、専任の食品衛生管理者を設置しなければならない。
(4) 飲食店営業を営もうとする者は、厚生労働大臣の許可を受けなければならない。

(1) 食品衛生責任者→食品衛生監視員
(3) 設置しなければならない→設置しなくてもよい。設置が必要なのは粉乳、食肉製品、魚肉ハム、マーガリン、添加物などの製造施設である。
(4) 厚生労働大臣→都道府県知事

答 (2)

140 食品衛生法に規定する内容として、正しいものを1つ選びなさい。

(1) 施策に関する情報の提供、意見を述べる機会の付与、関係者相互間の情報・意見交換の促進（リスクコミュニケーション）を行う。

(2) 保健所長は、食中毒患者等が発生していると認めるときは、速やかに都道府県知事に報告し、調査を行う。

(3) 食品表示基準を策定する。

(4) 消費者利益の擁護および増進に関する施策を総合的に推進する。

141 食品衛生法において、都道府県、保健所設置市等が、食品等事業者の食品衛生の向上に関する自主的な活動を促進するため、社会的信望があり、かつ食品衛生の向上に熱意と識見を有する者のうちから委嘱することができる者として、正しいものを1つ選びなさい。

(1) 食品衛生監視員

(2) 食品衛生責任者

(3) 食品衛生推進員

(4) 食品衛生管理者

142 食品衛生法施行令第35条に規定される許可業種について、該当しないものを1つ選びなさい。

(1) 弁当販売業　　(2) 食肉販売業

(3) 魚介類販売業　(4) 乳処理業

解説欄（右側）

(1) 食品安全基本法に規定。
(3) 食品表示法に規定。
(4) 消費者基本法に規定。

答 (2)

(1) 主として保健所に配置され、食品衛生関係営業施設などの監視・指導を行う。
(2) 飲食店営業などの営業者に定められて衛生管理を行う。
(4) 乳製品、食肉製品等の製造施設の営業者によりその施設の専任として定められ、製造・加工の衛生的管理を行う。

答 (3)

下記囲み記事参照

答 (1)

営業許可が必要な32業種（食品衛生法施行令第35条）

●調理業

1 飲食店営業

2 調理機能を有する自動販売機により食品を調理し、調理された食品を販売する営業

●販売業

3 食肉販売業

4 魚介類販売業

5 魚介類競り売り営業

●処理業

6 集乳業

7 乳処理業

8 特別牛乳搾取処理業

9 食肉処理業

10 食品の放射線照射業

11 食品の小分け業

●製造・加工業

12 菓子製造業

13 アイスクリーム類製造業

14 乳製品製造業

15 清涼飲料水製造業

16 食肉製品製造業

17 水産製品製造業

18 氷雪製造業

19 液卵製造業

20 食用油脂製造業

21 みそまたはしょうゆ製造業

22 酒類製造業

23 豆腐製造業

24 納豆製造業

25 麺類製造業

26 そうざい製造業（そうざい半製品を含む）

27 複合型そうざい製造業

28 冷凍食品製造業

29 複合型冷凍食品製造業

30 漬物製造業

31 密封包装食品製造業

32 添加物製造業

143 食品衛生法と食品衛生法施行令に関する記述のうち、誤っているものを１つ選びなさい。

(1) 食品衛生法では、国や都道府県などだけでなく、食品等事業者の責務も定めている。

(2) 食品衛生法は、飲食に起因する衛生上の危害の発生を防止し、食品等事業者の利益の確保を図ることを目的としている。

(3) 販売の用に供する食品等を輸入しようとする者は、その都度、厚生労働大臣に届け出なければならない。

(4) 食品衛生法施行令で定められた飲食店営業などの32業種の営業を営もうとする者は、都道府県知事などの許可を受けなければならない。

食品衛生法の目的は、国民の健康の保護である。

答 (2)

144 食品衛生法に関する記述のうち、誤っているものを１つ選びなさい。

(1) この法律は、食品の安全性の確保のために食品衛生の見地から必要な規制その他の措置を講ずることにより、食品に起因する衛生上の危害の発生を防止し、もつて国民の健康の保護を図ることを目的とする。

(2) 食品、添加物、器具又は容器包装に関しては、公衆衛生に危害を及ぼすおそれがある虚偽の又は誇大な表示又は広告をしてはならない。

(3) 都道府県は、営業の施設の内外の清潔保持、ねずみ、昆虫等の駆除その他公衆衛生上講ずべき措置に関し、条例で、必要な基準を定めることができる。

(4) 販売の用に供する食品又は添加物の採取、製造、加工、使用、調理、貯蔵、運搬、陳列および授受は、清潔で衛生的に行われなければならない。

食品衛生法は食品の安全性を確保するために公衆衛生の向上の見地から必要な規制等を行うことにより、飲食によって起こる衛生上の危害の発生を防止する。

答 (1)

②食品安全基本法

📖 p.220〜222

沖縄

145 食品安全基本法の基本理念に関する記述のうち、誤っているものを１つ選びなさい。

(1) 国民の健康保護が最も重要であるという基本的認識の下に、食品の安全性の確保のために必要な措置が講じられていること。

(2) 食品供給行程の各段階において、食品の安全性の確保のために必要な措置が適切に講じられること。

(3) 国際的動向および国民の意見に配慮しつつ科学的な知見に基づき、食品の安全性の確保のために必要な措置が講じられること。

(4) 食品を原因とする健康被害に対して、国が被害者に治療費を支給する等の救済のために必要な措置が講じられること。

食品安全基本法に定められていない。

答 (4)

146 食品安全基本法に関する記述のうち、誤っているものを1つ選びなさい。

(1) 食品安全委員会は、内閣府に設置された機関である。

(2) 食品の安全性の確保について、消費者の役割を定めている。

(3) 食品の安全性の確保について、国、地方公共団体および食品関連事業者が果たすべき責務を定めている。

(4) 食品衛生監視指導計画の策定について、定めている。

食品衛生監視指導計画の策定は、食品衛生法（法第30条）に定められている。

答 (4)

147 食品安全基本法に関する記述のうち、誤っているものを1つ選びなさい。

(1) 食品の安全性の確保に関し、基本理念を定め、関係者の責務および役割を明らかにするとともに、施策の策定に係る基本的な方針を定めることにより、食品の安全性に関する施策を総合的に推進することを目的とする。

(2) 厚生労働省は、食品を摂取することにより人の健康に及ぼす影響を評価（食品健康影響評価）する。

(3) 消費者は、食品の安全性の確保に関する施策について意見を表明するように努めることによって、食品の安全性の確保に積極的な役割を果たす。

(4) 食品関連事業者は、その事業活動を行うに当たっては、その事業活動に係る食品その他の物に関する正確かつ適切な情報の提供に努めなければならない。

厚生労働省→食品安全委員会

答 (2)

沖縄

148 食品安全基本法に規定される事項について、正しいものを1つ選びなさい。

(1) 輸入食品の安全性確保

(2) 食品安全委員会の設置

(3) 食品表示基準

(4) 食中毒調査の実施

(1)、(4) は食品衛生法に、(3) は食品表示法に規定されている。

答 (2)

食品安全基本法

● **目的**：食品安全施策に関わる基本的な方針を定めることにより、食品の安全性の確保に関する施策を総合的に推進すること

● **基本理念**：①食品の安全性の確保のための措置を講ずるに当たっての基本的認識（国民の健康の保護が最も重要である）　②食品供給行程の各段階における適切な措置　③国民の健康への悪影響の未然防止

● **基本方針（一部）**：①科学的知見に基づく食品健康影響評価の実施（リスク評価）、②評価に基づく施策の策定（リスク管理）、③情報の提供、関係者相互の情報および意見の交換（リスクコミュニケーション）、④緊急事態への対処、発生防止体制の整備　など

149 食品安全基本法に規定されているものを１つ選びなさい。

(1) 飲食店の営業許可
(2) 輸入食品の検査
(3) 加工食品への使用添加物の表示
(4) 食品健康影響評価の実施

(1)、(2) は食品衛生法に、(3) は食品表示法に規定されている。

答（4）

150 食品安全基本法に関する記述のうち、正しいものを１つ選びなさい。

(1) 消費者は、食品の安全性の確保に関する知識と理解を深め、その施策について意見を表明するよう努め、食品の安全性の確保に積極的な役割を果たす。
(2) 食品安全委員会は厚生労働省に設置された機関である。
(3) 所管は農林水産省である。
(4) 食品の輸入に関する届出について規定されている。

(2) 食品安全委員会は、内閣府に設置された機関である。
(3) 所管も内閣府である。
(4) 食品の輸入に関する届出は、食品衛生法に規定されている。

答（1）

③食品表示法・製造物責任法　　📖 p.222〜224

151 製造物責任法（PL法）に関する記述で当てはまる組み合わせのうち、正しいものを１つ選びなさい。

（ A ）に過失がなくとも（ B ）の欠陥により、人の生命、身体または財産に係る被害が生じた場合、 製造業者等にその損害賠償を負わせることにより、（ C ）の円滑かつ適切な救済を目的として創設された。

	A	B	C
(1)	製造者	製造物	被害者
(2)	販売者	製造物	被害者
(3)	製造者	添加物	責任者
(4)	販売者	添加物	責任者

製造者に過失がなくとも製造物の欠陥により、人の生命、身体または財産に係る被害が生じた場合、製造業者等にその損害賠償を負わせることにより、被害者の円滑かつ適切な救済を目的（法第1条）として創設された。

答（1）

152 食品表示法に関する記述のうち、正しいものを１つ選びなさい。

(1) 食品衛生法、健康増進法、製造物責任法（PL法）を統合した。
(2) 営業者の利益の保護および増進に寄与することを目的とする。
(3) 食品表示基準に規定している表示基準事項には、栄養成分の量および熱量は含まれない。
(4) 食品関連事業者等は、食品表示基準に従った表示がされていない食品の販売をしてはいけない。

(1) 食品衛生法、健康増進法、農林物資の規格化等に関する法律（JAS法）を統合した。
(2) 一般消費者の利益の増進を図るとともに、国民の健康の保護・増進、食品の生産・流通の円滑化、消費者の需要に即した食品の生産の振興に寄与することが目的。
(3) 表示基準事項に、栄養成分の量および熱量が含まれている。

答（4）

153 食品表示法に基づく食品表示基準に規定されている表示事項ではないものを1つ選びなさい。

(1) 名称
(2) 原材料
(3) 製造年月日
(4) 保存方法

名称、アレルゲン、保存方法、期限表示（消費期限または賞味期限）、原材料、添加物、栄養成分の量および熱量、原産地。

答 (3)

154 食品表示法第1条の目的に関する記述のうち、誤っているものを1つ選びなさい。

(1) 販売する食品の表示について基準を定める。
(2) 一般消費者の利益の増進をはかる。
(3) 食品衛生法、消費者保護法、農林物資の規格化等に関する法律（JAS）を統合した。
(4) 国民の健康の保護および増進に寄与する。

消費者保護法→健康増進法

答 (3)

155 食品表示法に関する記述のうち、誤っているものを1つ選びなさい。

(1) 食品関連業者等が食品を販売する際に、表示すべき事項が定められている。
(2) 食品関連業者等は、食品表示基準に従った表示がされていない食品を販売してはいけない。
(3) 食品表示法は、一般消費者の食品を摂取する際の安全性の確保のみを目的としている。
(4) 食品の表示が適正でないため、一般消費者の利益が害された場合は、被害を受けた本人に限らず誰でも内閣総理大臣等に申し出ることができる。

問題152 (2)（p.151）の解説参照

答 (3)

156 食品表示に関する記述のうち、誤っているものを1つ選びなさい。

(1) 一般的な加工食品には、原則として、商品の特性に応じて消費期限または賞味期限のどちらかを表示しなければならない。
(2) 消費期限を過ぎた食品は、食品衛生上食べないようにする。
(3) 賞味期限は、定められた方法により保存した場合において、腐敗、変敗その他の品質の劣化に伴い、安全性を欠くこととなるおそれがないと認められる期限を示す年月日のことである。
(4) 賞味期限を超えた場合であっても、ある程度の品質が保持されている場合が多い。

消費期限の説明である。

答 (3)

157 HACCP（危害分析重要管理点）に関する記述のうち、正しいものを1つ選びなさい。

(1) ドイツで開発された食品衛生の管理方法である。
(2) 重要管理点では、科学的根拠に基づいた管理基準を定める。
(3) 最終製品の検査により、食品の安全性を確認する衛生管理の手法である。
(4) 記録を必要としない新しい管理方法である。

> (1) ドイツではなく、アメリカで開発された。
> (3) 食材料の受け入れから調理・喫食までの過程ごとに危害を分析する。
> (4) 実施記録を残すプロセス・チェック方式である。
>
> **答** (2)

158 HACCPに関する記述のうち、誤っているものを1つ選びなさい。

(1) 一般的な衛生管理がいかに確実に実行されているかが、HACCPの重要な鍵となる。
(2) HACCPのHAとは、製造工程の中で発生する危害とその要因を分析することを指している。
(3) 最終製品の検査で安全性の確認を行うことをCCPといい、工程管理よりさらに重要となる。
(4) 食品衛生法により、原則として、すべての食品等事業者にHACCPに沿った衛生管理の実施が求められている。

関西、山口、沖縄

> CCP（重要管理点）は衛生管理上、重要な条件。加熱時の中心温度、揚げ油の酸価の程度、保存温度などがある。
> 問題164（p.154）の解説参照
>
> **答** (3)

159 HACCPに関する記述について、誤っているものを1つ選びなさい。

(1) 平成15年6月の食品衛生法の一部改正において、「HACCPに沿った衛生管理」の実施が制度化されることとなった。
(2) 「HACCPに沿った衛生管理」は、その事業規模を考慮し、「HACCPに基づく衛生管理」と「HACCPの考え方を取り入れた衛生管理」に分けられる。
(3) 食品取扱従事者が50人未満の小規模事業者は、「HACCPの考え方を取り入れた衛生管理」を導入することとなる。
(4) 「HACCPの考え方を取り入れた衛生管理」では、各事業団体が作成した手引書を利用して「衛生管理計画」を作成し、これを実施し、確認・記録を行う。

神奈川

> 平成15年→平成30年
>
> **答** (1)

160 HACCPに関する記述のうち、誤っているものを1つ選びなさい。

(1) HACCPは、衛生管理計画に基づいて実行、点検、記録を行っていくものである。
(2) HACCPとは、具体的には最終製品の検査を行うことで食中毒などの健康障害を発生させることを防ぐ方法である。
(3) HACCPは、Hazard Analysis and Critical Control Pointの略称である。
(4) 厚生労働省は、集団給食施設などにおける食中毒などを予防するために、HACCPの概念に基づいて、「大量調理施設衛生管理マニュアル」として調理過程における重要管理事項をまとめている。

> 最終製品だけでなく、食材の受け入れから調理・喫食の各過程について危害を分析（HA）し、重要管理点（CCP）を管理し、記録を残す方法である。
>
> **答** (2)

161 HACCPの制度化（食品衛生上の危害の発生の防止）について、誤っているものを1つ選びなさい。

(1) 食品衛生法により、令和5年5月から本格的に施行されている。

(2) HACCPに沿った衛生の実施について、対象事業者を2つの衛生管理に分けている。

(3) と畜場、食鳥処理場、大規模事業者は、HACCPに基づく衛生管理の対象事業者である。

(4) 菓子の製造販売、魚介類や肉類の販売などの小規模な営業者は、HACCPの考えを取り入れた衛生管理を実施する。

沖縄

令和3年6月から施行されている。

答 (1)

162 HACCP（危害分析重要管理点）に関する記述のうち、誤っているものを1つ選びなさい。

(1) 危害分析は、工程ごとに生じる可能性のある危害要因を分析する。

(2) 衛生上の危害には、物理的危害、化学的危害および社会的危害がある。

(3) 重要管理点では、科学的根拠に基づく管理基準を定める。

(4) HACCPの12手順の最初は、「HACCPチームの編成」である。

愛媛

衛生上の危害は、物理的危害、化学的危害、生物的危害。
HACCPは、従来わが国で採用していたファイナル・チェック方式ではなく、重点的に管理すべき工程（段階）と管理点を決めたプロセス・チェック方式による科学的製品検査である。

答 (2)

163 HACCPに関する記述のうち、誤っているものを1つ選びなさい。

(1) 食品の安全衛生に関する危害発生を未然に防止することを目的とした自主衛生管理システムである。

(2) HACCPシステムによる自主的衛生管理を行うには、7つの原則を含む12の手順が必要である。

(3) HACCPを実施するためには、一般的な衛生管理プログラムが整備され実行されていることが必要である。

(4) 基本概念は、1960年代に東京オリンピックでの食中毒発生防止のために日本で考案されたものである。

沖縄

アメリカのNASAで、高度な安全性の確保をめざした宇宙食開発のなかから考案された。

答 (4)

164 HACCPシステムにおける7つの原則として、誤っているものを1つ選びなさい。

(1) 危害分析の実施

(2) 重要管理点の決定

(3) 最終製品の検査

(4) 記録保存および証拠文書作成規定の設定

7つの原則は、①危害分析の実施（HA）、②重要管理点（CCP）の決定、③各CCPに対する管理基準の設定、④各CCPに対する監視と測定方法の設定、⑤逸脱発生時に取るべき修正措置、⑥検証方法の設定、⑦記録保存および証拠文書作成規定の設定。

答 (3)

165 HACCPを実施するために必要な「一般的衛生管理プログラム」として、誤っているものを1つ選びなさい。

(1) 排水および廃棄物の衛生管理

(2) 施設・設備・機械器具の保守点検

(3) 重要管理点（CCP）の管理基準の設定

(4) 従事者の衛生管理

静岡、沖縄

HACCPシステムの7原則の1つである。

答（3）

166 調理場の衛生管理に関する記述のうち、正しいものを1つ選びなさい。

(1) 調理室の全般的標準照度を50ルクス以上に保つこと。

(2) 調理台は、床面からのはね水による汚染防止のため、床面から40cm以上の高さにする。

(3) 調理場は高温多湿を避け、湿度80%以下、温度25℃以下を保つことが望ましい。

(4) 調理場の床は、高低がないようにし、できるだけ湿式（ウエットシステム）にすることが好ましい。

関西、沖縄

(1) 調理室の全般的標準照度は、150ルクス以上に保つ（労働安全衛生規則による）。

(2) 調理台は、床面から60cm以上の高さにする。はね水からの直接汚染が防止できる容器などを用いる場合は、30cm以上の台にのせる。

(4) 調理場の床は、できるだけ乾式（ドライシステム）にするのが好ましい。

答（3）

167 衛生管理に関する記述のうち、正しいものを1つ選びなさい。

(1) すべての食中毒菌およびウイルスは、加熱調理で死滅するため、加熱は、食品の中心部温度が75℃で1分間以上行う。

(2) 調理器具や食器類はよく洗って消毒し、それぞれ専用の戸棚を設けて保管する。

(3) 合成樹脂製または合成ゴムのまな板は、表面の傷に汚れや細菌が残りやすいため、木製のまな板を使用することが望ましい。

(4) 解凍した肉類を調理に使わなかった場合は、再び冷凍庫に入れる。

福井

(1) 加熱調理では死滅しないものも存在する。

(3) 木のまな板は汚れや細菌が残りやすいため、合成樹脂製または合成ゴムのまな板が望ましい。

(4) 解凍した食品の再冷凍は避ける。

答（2）

168 調理場に関する記述のうち、誤っているものを1つ選びなさい。

(1) 調理場の内部は、調理室と処理室（下ごしらえ室）に区分する。

(2) 流水式手洗い専用設備を適切な場所に設け、せっけん、爪ブラシ、消毒薬、ペーパータオルを備える。

(3) 調理に使用する水は、遊離残留塩素濃度が0.01mg/L以上の飲用適の水を用いる。

(4) 壁は、床から1mまでの高さは清掃しやすいように、セメントや板張りにする。

調理に使用する水の遊離残留塩素濃度は、0.1mg/L以上。

答（3）

169 手洗いに関する記述のうち、誤っているものを1つ選びなさい。

(1) 手洗いの際は、時計や指輪をはずす。

(2) 石けんを泡立てて、両手の指および腕（ひじから下）をよく洗う。

(3) 手洗い設備と洗い用シンクを兼用する。

(4) 衛生的な手洗いのため、洗いおよびすすぎを2回以上行う。

手洗い設備と食器・食材洗い用のシンクは別にする。

答 (3)

170 食品の取り扱いに関する記述のうち、誤っているものを1つ選びなさい。

(1) 野菜類および果物類は、中性洗剤で長時間つけ込み洗いする。

(2) 生肉を扱う場合は、専用のまな板や包丁、ボウルなどを使用する。

(3) 鮮魚類は、清潔な専用の容器にて、5℃以下で保存する。

(4) 殻つき卵を使用する際は、生食用と加工用の別を確認する。

野菜類および果物類を中性洗剤で洗う場合は、0.1%に薄めたもので長く浸さず、手早く洗い、流水で十分に洗い流す。

答 (1)

171 食品の衛生管理に関する記述について、誤っているものを1つ選びなさい。

(1) 生肉は、サルモネラなどの食中毒菌にすでに汚染されているものがあるので、まな板、包丁、バット、ボウルなどは生肉専用とし、使用後は十分な洗浄と消毒を行う。

(2) 肉類の加熱は、中心部温度が60℃で1分間以上行う。

(3) 加熱済みの食品を取り扱うときは、消毒済みの器具を用いて二次汚染が発生しないよう注意する。

(4) 調理後30分以内に喫食しない場合は、60分間以内に10℃付近に冷却し10℃以下で保管するか、冷却しないものは65℃以上で保温が必要である。

60℃→75℃

答 (2)

静岡

172 食品の衛生的な取り扱いと貯蔵に関する記述のうち、正しいものを1つ選びなさい。

(1) 食中毒菌には芽胞（がほう）をつくるものがあり、この菌は加熱調理で死滅しないため、調理後の取り扱いに注意する。

(2) 野菜・果物は、清潔な専用の容器に入れて5℃以下で保管する。

(3) 食品を冷凍で保管する場合は、−4℃以下で保管する。

(4) 全ての殻付き卵は、賞味期限内なら生食できる。

(2) 5℃以下→10℃前後

(3) −4℃以下→−15℃以下

(4) 生食には、賞味期限内の生食用の正常卵を使う。

答 (1)

173 魚介類の衛生的取り扱いに関する記述のうち、誤っているものを1つ選びなさい。

(1) 魚介類の調理器具は、下処理用と刺し身用を分ける。

(2) 冷凍された魚介類の解凍は、冷蔵庫内で行う。

(3) ゆでエビ・タコなど加熱済みの冷凍品を使用する場合でも再加熱する。

(4) 海産魚介類は、必ず塩水で洗浄する。

海産魚介類に付着している可能性がある腸炎ビブリオは、塩分を好むが、真水（水道水）では増殖しないため、真水で洗う。

答 (4)

174 殻つき卵および液卵に関する記述のうち、誤っているものを１つ選びなさい。

(1) 殻つき卵は、10℃以下で保存することが望ましい。

(2) 未殺菌の液卵は、食べる前に加熱殺菌が必要である。

(3) 鶏の液卵のうち、殺菌液卵にのみ成分規格が定められている。

(4) 卵を生食するときには、賞味期限内の生食用の正常卵を使用する。

栃木

鶏の液卵は、殺菌液卵と未殺菌液卵に分けて、成分規格が定められている。

答（3）

175 食品衛生法における鶏卵に関する記述のうち、正しいものを１つ選びなさい。

(1) 液卵は、15℃以下で保存しなければならない。

(2) 液卵を冷凍したものは、－5℃以下で保存しなければならない。

(3) 殺菌液卵は、サルモネラ属菌が陰性（25g当たり）でなければならない。

(4) 未殺菌液卵は、大腸菌群が検出されてはならない。

(1) 15℃以下→8℃以下

(2) －5℃以下→－15℃以下（大量調理施設衛生管理マニュアルでは－18℃以下）

(4) 未殺菌液卵は細菌数が100万/g以下でなくてはならない。

答（3）

176 調理従事者の衛生管理に関する記述について、誤っているものを１つ選びなさい。

(1) 腸管出血性大腸菌（O157）保菌者は、下痢などの症状が出ていなければ調理に従事してもよい。

(2) 他の作業に移るときは使い捨て手袋を交換する。

(3) 調理作業時には、清潔な仕事着と帽子を着用し、腕時計や指輪をはずす。

(4) 手指に化膿した傷があるときは、調理の仕事は避ける。

センター、沖縄

症状がなくても調理には従事しない。

答（1）

177 大量調理施設衛生管理マニュアルに関する記述のうち、誤っているものを１つ選びなさい。

(1) 食肉類、魚介類、野菜類等の生鮮食品は、1回で使い切る量を当日仕入れる。

(2) 調理後直ちに提供される食品以外の食品は、食中毒菌の増殖を抑制するために、10℃以下または50℃以上で管理することが必要である。

(3) 便所には、調理作業時に着用する外衣、帽子、履き物のまま入らないこと。

(4) 調理従事者等（臨時職員を含む）は、定期的な健康診断及び月に1回以上の検便を受けること。

奈良

50℃以上→65℃以上

答（2）

178 「大量調理施設衛生管理マニュアル」における原材料や食品とその保存温度の組み合わせのうち、正しいものを１つ選びなさい。

(1) 固形油脂　　――　10℃以下

(2) 食肉　　　　――　15℃以下

(3) 生鮮果実　　――　20℃以下

(4) チョコレート――　30℃以下

(2) 食肉は、10℃以下

(3) 生鮮果実は、10℃前後

(4) チョコレートは、15℃以下

答（1）

179 「大量調理施設衛生管理マニュアル」に記載されている内容について、誤っているものを1つ選びなさい。

(1) 下処理は汚染作業区域で確実に行い、非汚染作業区域を汚染しないようにすること。

(2) 検食は、原材料および調理済み食品を、食品ごとに50g程度ずつ清潔な容器（ビニール袋等）に入れ、密封し、−20℃以下で2週間以上保存すること。

(3) 調理終了後の食品は衛生的な容器にふたをして保存し、他からの二次汚染を防止すること。

(4) 調理従事者等は、毎日作業終了後に、自らの健康状態を衛生管理者に報告し、衛生管理者はその結果を記録すること。

作業終了後→作業開始前

答 (4)

180 大量調理施設衛生管理マニュアル（厚生労働省）に関する記述のうち、誤っているものを1つ選びなさい。

(1) 使用水は、色、にごり、におい、異物を始業前および調理作業終了後に毎日検査し、記録する。

(2) 下痢、嘔吐、発熱などの症状がある場合は、食品に直接触れる調理作業を控えるなど適切な処置をとることが望ましい。

(3) ごみ箱のふたは、ごみを廃棄しやすいよう使用しない。

(4) フードカッターなどの調理機械は、最低1日1回以上、分解して洗浄・殺菌した後、乾燥させること。

ふた付きのごみ箱を使用する。

答 (3)

181 大量調理施設衛生管理マニュアルに関する記述のうち、正しいものを1つ選びなさい。

(1) カキ等のノロウイルス汚染のおそれのある食品を加熱調理する場合、その中心部が85〜90℃で90秒間以上加熱されていることを確認し、記録する。

(2) 加熱調理後、食品を冷却する場合には、2時間以内に中心温度を20℃付近まで下げるよう工夫すること。

(3) 同一メニューを1回30食以上または1日75食以上を提供する調理施設に適用される。

(4) 検食は、冷蔵で3日間保存すること。

(2) 2時間以内→30分以内

(3) 1回300食以上または1日750食以上である。該当しない施設でも、このマニュアルに基づいた衛生管理を行うことが重要である。

(4) −20℃以下（冷凍）で2週間以上保存する。

答 (1)

182 大量調理施設衛生管理マニュアルに関する記述のうち、正しいものを1つ選びなさい。

(1) 作業開始前には、流水・石けんによる手洗いを丁寧に1回行うこと。

(2) 食中毒等の原因菌を調理室に持ち込む可能性があるため、仕事着や帽子、履物のまま調理室から出たり、便所には行かない。

(3) 器具および容器は、洗浄後70℃5分間の加熱で殺菌すること。

(4) 調理後の食品は、調理終了後から4時間以内に喫食することが望ましい。

(1) 1回→2回

(3) 70℃5分間→80℃5分間以上

(4) 4時間以内→2時間以内

答 (2)

5

調理理論

1 調理の意義と目的

📖 p.240〜241

沖縄

1 調理の意義と目的に関する記述のうち、誤っているものを1つ選びなさい。

(1) 自然界に存在する食品材料に調理操作を加え食物に変えることは、ほかの動物にない人間だけの行為である。

(2) 近年、大量調理・流通・消費のシステムが進展したことにより、外食や調理済み食品を利用すれば、食べるという行為のための家庭内調理は不要にもなってきている。

(3) 加工食品と調理した食物の区別が次第になくなってきたため、特定の人々を対象に食事計画（献立作成）から食卓構成（盛り付け、配膳）までを総合的に考える調理の仕事が消えることが懸念される。

(4) 調理の役割は、食品の栄養効率を高め、同時に安全性や嗜好性を向上させることにある。

調理は人の食物摂取行動の最終段階を受け持つものであり、特定の人々の献立から盛り付け・配膳までを総合的に考える調理の仕事が消えることはないといえる。

答 (3)

2 調理の目的に関する記述のうち、誤っているものを1つ選びなさい。

(1) 調理の目的は食品の栄養価ならびに安全性の向上、おいしい食べ物に仕上げることである。

(2) 同じ種類の食品でも調理をすることにより、さまざまな嗜好にあわせることができる。

(3) 野菜を切ったり、すりおろしたり、加熱することによって消化しにくくなり、人間の消化・吸収能を阻害している。

(4) 食品に付着している細菌を死滅させたり、有害な成分を取り除いて安全性を確保する。

消化しやすくなり、人間の消化・吸収を助けている。

答 (3)

沖縄

3 調理の目的や方法に関する記述のうち、誤っているものを1つ選びなさい。

(1) 調理とは、各種の食品材料に物理的・化学的処理をほどこし、摂取可能な「食物」につくり変えることである。

(2) 調理により、食品の栄養効率を高めることはできない。

(3) 調理には、昔から経験的に行われてきた方法が、調理のコツとして受け継がれている。

(4) 調理により、食品の安全性を向上させることができる。

調理により米のでん粉、大豆のたんぱく質のような、生では消化できない栄養成分も消化可能になるなど、栄養効率を高めることができる。

答 (2)

2 調理の種類と特徴

---

4 調理の種類に関する組み合わせのうち、誤っているものを1つ選びなさい。

(1) 目的別 —— 普通食、特別食調理
(2) 対象別 —— 営業調理、集団調理
(3) 規模別 —— 大量調理、小規模調理
(4) 様式別 —— 治療食調理、行事食調理

沖縄、静岡

様式別―和式調理、洋式調理、中国式調理
治療食調理、行事食調理は、(1)の目的別の特別食調理に入る。

答 (4)

---

5 調理の特徴に関する記述のうち、誤っているものを1つ選びなさい。

(1) 和式調理（日本料理）は、汁と菜を基本に、数種の料理を並列にして、1人分ずつの食膳を構成する。
(2) 中国式調理（中国料理）は、多種類の料理を大皿で食卓に並べ自由に取り分ける。
(3) 和式調理（日本料理）は、発酵を大切にする加工中心の料理である。
(4) 洋式調理（西洋料理）は、スープに始まり、数種の料理を1〜2種ずつ順を追って食卓に出す。

関西、山口

日本料理は、素材の持ち味を生かす料理。

答 (3)

---

6 和式調理（日本料理）の特徴に関する記述について、誤っているものを1つ選びなさい。

(1) 牛、豚、鶏、羊などの肉を主材料とする。
(2) 1人分ずつの食膳を構成する。
(3) 丸底鍋を使用し、包丁の種類は多い。
(4) 視覚的要素が重視され、包丁さばきが料理のポイントになる。

栃木

和式調理は魚を主材料とする。牛、豚、鶏、羊などの肉を主材料とするのは洋式調理（西洋料理）である。

答 (1)

---

7 和・洋・中国式調理の特徴に関する組み合わせのうち、正しいものを1つ選びなさい。

	様式	性格	味つけ
(1)	洋式調理	調味中心	濃厚、味つけ本位
(2)	中国式料理	加熱法中心	濃厚、ソース本位
(3)	和式調理	素材中心	淡泊、もち味本位
(4)	洋式調理	栄養中心	淡泊、ソース本位

洋式調理は、加熱法中心で濃厚、ソース本位。
中国式調理は、調味中心で濃厚、味つけ本位。

答 (3)

西洋料理の特色

西洋料理は肉、魚、牛乳などの動物性食品を中心に、野菜などが組み合わさっている。香りを楽しみ、調理は肉と油脂を中心とするので濃厚である。香辛料、ソースを用いることが多く、料理の味は洋酒類によく合う。

161

8 洋式調理の特徴に関する組み合わせのうち、適切でないものを1つ選びなさい。

(1) 調理の性格 —— 加熱法中心
(2) 重視点 —— 香り
(3) 味つけ —— 淡白、もち味本位
(4) 供食法 —— 個人別盛り付け、食べる順番に提供

洋式調理では味つけが濃厚、ソース本位である。

答 (3)

9 和・洋・中国3様式の調理の比較に関する記述のうち、誤っているものを1つ選びなさい。

(1) 日常食における和・洋・中国の調理は、それぞれの特徴を生かし、調和のとれた食卓を構成することが必要である。
(2) 和式調理は、日本の在来の調理の形式である。魚を主材料とするため、鮮度と季節性を大切にする素材中心の料理である。
(3) 洋式調理は、ヨーロッパに発祥した調理の形式である。牛・豚・鶏・羊など、素材の種類も多彩で、季節性を重んじる。スパイスやソースの組み合わせが料理のポイントになる。
(4) 中国式調理は、中国大陸で完成した調理の形式である。海に遠い地域を抱える中国大陸では、海産物の乾燥品、例えば燕窩（海つばめの巣）、魚翅（ふかひれ）、乾鮑（干しあわび）、海参（干しなまこ）、貝柱などを主材料として多彩な料理をつくり上げる。

牛・豚・鶏・羊など、比較的限られた肉類を主材料とし、季節性も乏しいため、部位・加熱法とスパイスやソースの組み合わせが料理のポイントとなる。

答 (3)

長野

10 フォン・フュメ（煮出し汁）に関する組み合わせのうち、正しいものを1つ選びなさい。

(1) フォン・ド・ヴォー —— 鶏肉の煮出し汁
(2) フォン・ド・ヴォライユ —— 魚の煮出し汁
(3) フュメ・ド・ポアッソン —— 野菜の煮出し汁
(4) フォン・ド・ジビエ —— 野鳥・野獣の煮出し汁

(1) は仔牛の骨と肉の煮出し汁。
(2) は鶏がらの煮出し汁。
(3) は魚のアラの煮出し汁。フランス語では魚は女性名詞なので、フュメ〜となる。
下記囲み記事参照

答 (4)

西洋料理の煮出し汁

● **フォン・ド・ヴォー**：仔牛の骨と肉の煮出し汁
● **フォン・ド・ヴォライユ**：鶏がらの煮出し汁
● **フュメ・ド・ポアッソン**：魚のアラの煮出し汁
● **フォン・ド・ジビエ**：カモ・キジや鹿などの野禽・野獣肉の煮出し汁
〔これらは必ず香味野菜（ミルポア）と煮出す〕

3 調理操作

11 調理操作に関する記述のうち、誤っているものを1つ選びなさい。

(1) 調理操作とは、一連の調理過程の中心となる、洗う、切る、煮るなどの一つ ひとつの処理のことをいう。

(2) 調味操作とは、仕上げ前の調理操作であり、食品のもち味やテクスチャーに は変化を与えない。

(3) 非加熱調理操作とは、食品に力学的エネルギーを与え、外観や物理性を変化 させる調理操作である。

(4) 加熱調理操作とは、食品に熱エネルギーを与えて温度を上昇させ、外観や性 状に広く物理的・化学的変化を起こさせる調理操作である。

調味操作は、食品のもち味 を引き出し、テクスチャー に変化を与え、風味を向上 させる、仕上げの決め手と なる調理操作。

答 (2)

12 調理操作に関する組み合わせのうち、誤っているものを1つ選びな さい。

(1) 非加熱調理操作 ── 混合・撹拌 ── 砕く、握る

(2) 非加熱調理操作 ── 浸漬　　　 ── もどす、さらす

(3) 加熱調理操作　 ── 乾式加熱　 ── 煎る、炒める

(4) 加熱調理操作　 ── 湿式加熱　 ── 炊く、蒸す

非加熱調理操作である混 合・撹拌は、混ぜる、和え るなど。砕くは粉砕・磨砕、 握るは圧搾・ろ過である。

答 (1)

群馬

13 調理操作に関する記述のうち、誤っているものを1つ選びなさい。

(1) 洗浄とは、食品に付着した有害物や不純物の汚れを水や食塩水などで除去す る操作で、調理の出発点である。

(2) 混合・撹拌とは、混ぜる、こねる、練る、泡立てるなど、食品をかき混ぜて 均一な状態にすることである。

(3) ろ過とは、食品に圧力を加えて、汁を分ける操作である。

(4) 浸漬とは、調理の目的に合った液体に食品を浸すことである。

食品に圧力を加えて汁を分 ける操作は圧搾。ろ過は、 圧力をかけず自然の重力で 行う。

答 (3)

栃木、沖縄

14 調理操作に関する記述のうち、正しいものを1つ選びなさい。

(1) 2枚おろしとは、包丁を中骨に添わせて、上身と下身（中骨つき）におろし、 その下身から中骨をとる魚のおろし方である。

(2) ブランチングとは、食品に圧力を加えず自然の重力で液を分けることである。

(3) 浸漬とは、固形の食品を水やその他の液体（調味料、酒類、油など）に漬け ることである。

(4) 圧搾とは、固形の食品に力を加えて、粉状、パルプ状、ペースト状に変形さ せることである。

(1) 3枚おろしの説明であ る。
(2) ろ過の説明である。
(4) 粉砕、磨砕の説明であ る。

答 (3)

15 調理操作の分類に関する組み合わせのうち、誤っているものを1つ選びなさい。

(1) 乾式加熱 —— 煎る、炒める、揚げる

(2) 混合・撹拌 —— 和える、練る、泡立てる

(3) 粉砕・磨砕 —— むく、おろす（魚）、切る

(4) 圧搾・ろ過 —— 握る、しぼる、こす

16 食品と食品の洗い方に関する組み合わせのうち、誤っているものを1つ選びなさい。

(1) 米、乾物類 —— 水だけで洗う

(2) 魚介類、さといも —— 塩を使う

(3) ごぼう、かぼちゃ —— ブラシを使う

(4) 切り身の魚、肉 —— 加熱後に洗う

17 野菜のあく抜きに関する記述のうち、誤っているものを1つ選びなさい。

(1) 大根は、米のとぎ汁でゆでると辛味や苦味が除去され、色も白さを増す。

(2) ごぼうは、重曹を加えてゆでると、色も白さを増す。

(3) れんこんは、酢水に浸したり、酢を加えてゆでると褐変を防ぐことができる。

(4) ほうれんそうは、ゆでることでえぐ味を除去できる。

18 浸漬の目的と具体例の組み合わせのうち、誤っているものを1つ選びなさい。

(1) 味付け・防腐 —— 酢漬け、いわしの油漬け

(2) 吸水・膨潤・軟化 —— 米の浸漬、乾物の水戻し

(3) 褐変防止 —— 魚、肉の水浸

(4) 食品中の成分の抽出 —— 魚の塩出し、野菜のあく抜き

19 食品（乾物）のおおよその吸水所要時間と重量増加（概数）に関する組み合わせのうち、正しいものを1つ選びなさい。

食品（乾物）	吸水時間	重量増加（概数）
(1) 大豆	3分	5倍
(2) ひじき（芽ひじき）	1分	20倍
(3) 干ししいたけ	5分	15倍
(4) 切り干し大根	15分	4.5倍

静岡

20 混合・撹拌に関する記述のうち、誤っているものを1つ選びなさい。

(1) 水と油のように混ざり合わない2つの液体を、強制的に混合させると、水の中に油が分散した状態、あるいは油の中に水が分散した状態になる。

(2) 生クリームは、水の中に油が粒子となって分散している水中油滴型（O/W）のエマルションである。

(3) 牛乳は、油の中に水が粒子となって分散している油中水滴型（W/O）のエマルションである。

(4) 洗浄、浸漬、加熱など、ほかの操作と並行して、補助手段として行うことが多い。

油中水滴型（W/O）→水中油滴型（O/W）

答 (3)

福島

21 包丁を用いた切砕に関する記述のうち、誤っているものを1つ選びなさい。

(1) 刺身や薄づくりでは、包丁の刃先に近い部分を食材の上におき、そのまま斜め前方に押し切る。

(2) 食品は、切断することにより表面積が広がり、熱の伝導がよくなり、味付けもしやすくなる。

(3) かくし包丁とは、食品の形を保ちながら内部まで熱を伝えたいときなどに、見えないように切り目を入れることをいう。

(4) 魚の骨を切り離すなど、かたい物や大きい物を切るときは、柄の全体を握って、たたき切りにする。

包丁の刃元に近い部分を食材の上に置き、斜め後方に引き切りする。

答 (1)

愛媛

22 包丁による食品の切り方に関する記述のうち、誤っているものを1つ選びなさい。

(1) 飾り切りは、むきものと呼ばれる。

(2) のり巻きを切るときには、刃を湿らせてから切ると良い。

(3) 主な切り方には、押し切り、引き切り、たたき切りがある。

(4) 隠し包丁とは、煮くずれを防ぐため、輪切りや角切りにした野菜の角を削ることをいう。

面取りの説明である。

答 (4)

関西

23 魚のおろし方に関する記述のうち、誤っているものを1つ選びなさい。

(1) 背開きは、背びれの上に包丁を入れ、中骨に沿って尾びれまで切り開く。

(2) 5枚おろしは、幅の広い魚に用いられるおろし方で、2枚おろしの上身、下身をそれぞれ背身、腹身の2枚に切り分ける。

(3) 2枚おろしは、包丁を中骨に添わせて、上身と下身（中骨つき）におろす。

(4) 腹開きは、腹から包丁を入れ、中骨に沿って尾びれまで切り開く。

2枚おろし→3枚おろし

答 (2)

24 寒天とゼラチンの凝固に関する記述のうち、誤っているものを1つ選びなさい。

(1) 寒天ゼリーは、時間が経つと水が出てくるが、この現象を離漿という。

(2) 寒天ゼリーは、濃度が低いほど固まりやすい。

(3) 生のパインアップルなどたんぱく質分解酵素を含むものを加えると、ゼラチン液は固まらなくなる。

(4) ゼラチンは、動物の皮や腱、骨からとったたんぱく質の一種である。

寒天ゼリーは濃度が高いほど固まりやすい。

答 (2)

25 寒天・ゼラチンに関する記述のうち、正しいものを1つ選びなさい。

(1) 果汁を加えた寒天液は、長く煮ると酸のために寒天が分解し、固まりにくくなるので、火からおろして果汁を加える。

(2) ゼラチンを用いて2色ゼリーをつくるときは、下層がまだ固まらないうちに上層を流し込むとよい。

(3) 寒天ゼリーは、寒天濃度、砂糖濃度が低いほど離漿が起こりにくい。

(4) 寒天は2〜3%以上、ゼラチンは0.5〜1%以上の濃度にして冷やすと、凝固してゼリー状になる。

(2) ゼラチンでは、下層を完全に固めてから上層を流し込む。

(3) 低いほど→高いほど

(4) 寒天は0.5〜1%以上、ゼラチンは2〜3%以上である。

答 (1)

26 凝固作用に関する記述のうち、正しいものを1つ選びなさい。

(1) 2.0%濃度の寒天液とゼラチン液では、ゼラチンのほうが凝固温度、融解温度が高い。

(2) ゼリーは砂糖を入れることで、ゲルが安定する。

(3) カラギーナンは、寒天より酸に弱く、牛乳を加えるとゲル化しにくくなる。

(4) 寒天は紅藻から、カラギーナンは、動物のコラーゲンからつくられる。

(1) 高い→低い

(3) 寒天より酸に強く、牛乳を加えるとゲル化しやすくなる。

(4) 寒天とカラギーナンはどちらも、紅藻からとれる。動物のコラーゲンからつくられるのはゼラチンである。

答 (2)

27 カラギーナンの調理に関する記述のうち、誤っているものを1つ選びなさい。

(1) カラギーナンで作ったゼリーの口ざわりは、ゼラチンゼリーに近い。

(2) たんぱく質分解酵素を持つ果実のゼリーには、ゼラチンのかわりに有効である。

(3) ゼリー化したものは、室温で溶ける。

(4) カラギーナンで作ったゼリーは、寒天ゼリーより透明度が高く、離漿が少ない。

ゼリー化したものは、室温で溶けない。

答 (3)

28　冷却・凍結に関する記述のうち、誤っているものを1つ選びなさい。

(1) 冷却とは、食品の温度を下げるための処理をいい、冷却によって水分が氷結する場合を凍結という。

(2) 氷冷とは、食品に氷を接触させるか、または氷水中に入れて、温度をマイナス5℃まで下げる方法である。

(3) 食品の冷却速度は、熱いものをいきなり冷蔵庫へ入れるより、水で予備冷却をしてからのほうが速い。

(4) 空冷とは、常温で放冷、または冷蔵庫や急速冷却機（ブラストチラー）、冷凍庫内で冷気に接触させる方法である。

マイナス5℃→0℃近く

答 (2)

29　冷凍食品の使用方法に関する記述のうち、誤っているものを1つ選びなさい。

(1) 刺身のように生食する冷凍魚介類は、なるべく低温で時間をかけて解凍する。

(2) 衣をつけたフライ製品は、十分に解凍させてから揚げる。

(3) 野菜類は、凍結状態のまま加熱して、解凍と調理を同時に行う。

(4) 解凍後は、低温に保つことが望ましく、できるかぎり短時間で調理をする。

凍ったまま揚げる（油ちょう解凍をする＝解凍と調理を同時に行う）。

答 (2)

30　食品の冷凍と解凍に関する記述のうち、誤っているものを1つ選びなさい。

(1) 刺身のような生食する冷凍魚介類は、なるべく低温で時間をかけて解凍する。

(2) 野菜や果実の多くは、冷凍により新鮮な歯ざわりを失う。

(3) 青菜類は一切加熱せずに、そのまま冷凍することが適している。

(4) 電子レンジは、解凍中の食品の変化を最小限にとどめる。

色を保持するために、ごく短時間に60℃以上の熱を加えて酵素を失活させる（ブランチング）。

答 (3)

31　加熱調理操作に関する記述のうち、誤っているものを1つ選びなさい。

(1) 加熱調理操作の目的は、調理そのものの役割である安全、栄養、嗜好の条件を実現することにある。

(2) 加熱によって栄養素の損失や嗜好的価値の低下が起こることはない。

(3) 水を直接の熱媒体としない乾式加熱と、水を主な熱媒体とする湿式加熱に大別することができる。

(4) 乾式加熱は、温度の保持と調節が困難で、材料内温度差は大きい。

起こることはない→起こることがある

答 (2)

32　加熱調理操作の分類と特徴に関する組み合わせのうち、正しいものを1つ選びなさい。

調理操作	温度の保持	温度の調節	加熱中の味つけ
(1) 焼く	困難	困難	困難
(2) 揚げる	困難	容易	容易
(3) 煮る	容易	容易	困難
(4) 蒸す	容易	困難	困難

(1) 加熱中の味つけは容易。
(2) 温度の調節、加熱中の味つけは困難。
(3) 加熱中の味つけは容易。

答 (4)

33 調理法の特徴に関する記述のうち、誤っているものを1つ選びなさい。

時間をかけて→短時間で

答 (2)

(1) 「煮物」は、液体の対流を利用して食品を加熱する操作で、熱源も材料の範囲も広く、自由に好みの味をつくり出せる。

(2) 「炒め物」は、加熱中に味付けが可能であり、高温で時間をかけて加熱を行うのがコツである。

(3) 「揚げ物」は、高温の液状油脂の対流により食品を加熱する操作で、加熱中に食品と衣の脱水・吸油が行われる。

(4) 「焼き物」の加熱温度は、200℃以上になることがあり、表面が焦げるので、適度の焦げ色になったら加熱をやめる。

34 焼く操作に関する記述のうち、誤っているものを1つ選びなさい。

煮物の説明である。

答 (2)

(1) 火の発見とともに始まった最古の加熱法である。

(2) 液体の対流を利用して食品を加熱する操作である。

(3) 炒め物は加熱中に味付けが可能なこと、材料相互間に成分の移行が起こることなど、煮る操作とよく似た特徴をもつ。

(4) 間接加熱で油を使用しない焼き方に、いり焼き、石焼き、包み焼きなどがある。

35 焼く操作の分類に関する組み合わせのうち、適切なものを1つ選びなさい。

(1) は、間接加熱。
(2) は、間接加熱。
(3) は、直接加熱。

答 (4)

(1) オーブンでローストチキンを焼く —— 直接加熱

(2) 鉄板でステーキを焼く —— 直接加熱

(3) 焼き網でもちを焼く —— 間接加熱

(4) 鍋で石焼き芋を焼く —— 間接加熱

36 加熱調理操作である乾式加熱のみの組み合わせとして、正しいものを1つ選びなさい。

煮物、蒸し物、ゆで物は湿式加熱である。

答 (3)

(1) 煮物 —— 焼き物 —— 揚げ物

(2) 蒸し物 —— 焼き物 —— 炒め物

(3) 焼き物 —— 炒め物 —— 揚げ物

(4) 蒸し物 —— 炒め物 —— ゆで物

37 加熱調理における熱の伝わり方の記述で、誤っているものを1つ選びなさい。

放射熱→対流熱

答 (4)

(1) 茹でる調理では、対流熱が利用されている。

(2) オーブンを使用する調理では、伝導熱、放射熱、対流熱が利用されている。

(3) 蒸す調理では、対流熱が利用されている。

(4) 揚げる調理では、放射熱が利用されている。

38 湿式加熱に関する記述のうち、適切でないものを1つ選びなさい。

(1) 水を主な熱媒体とする。

(2) 熱源の種類は、範囲が広くなる。

(3) 対流により、加熱容器内の温度分布を一様にすることができる。

(4) 食品が焦げやすい。

> 湿式加熱では、中間体の水がある限り、焦げない。
>
> 答 (4)

39 揚げ物に関する記述のうち、正しいものを1つ選びなさい。

(1) 揚げ物の温度は220〜250℃、特に230℃前後が適温とされている。

(2) 揚げ物における衣の役割は、食材の水分を蒸発させることである。

(3) 天ぷらの衣は、粘りの少ない強力粉をよく撹拌し生地を寝かせたのち揚げる。

(4) 揚げ物のコツは温度管理にあるため、たっぷりの油で温度の急変を防ぐ。

> (1) 揚げ物の温度は160〜190℃、特に180℃前後が適温とされる。
> (2) 衣の役割は食材と油の間に壁をつくり、水分の蒸発を防ぐこと。
> (3) 天ぷらの衣は粘りの少ない薄力粉を低温の水であまり撹拌せずに溶き、すぐに揚げる。
>
> 答 (4)

40 揚げ物に関する記述のうち、誤っているものを1つ選びなさい。

(1) 揚げ物は、湿式加熱で温度管理が容易である。

(2) 揚げ物は高温の液状油脂の対流により食品を加熱する操作で、加熱中に食品および衣の脱水・吸油が行われる。

(3) 揚げ物を長く続けると油が酸化され、表面には持続性の泡立ちが起こるようになる。

(4) 吸油量は、温度が高く揚げ時間が長いほど大きい。

> 乾式加熱で、温度管理は困難である。
>
> 答 (1)

41 揚げ物、その揚げ油の適温および揚げ時間に関する組み合わせのうち、誤っているものを1つ選びなさい。

揚げ物	温度	時間
(1) 天ぷら（魚介）	180〜190℃	1〜2分
(2) 精進揚げ（いも、れんこん）	160〜180℃	3分
(3) コロッケ	190〜200℃	0.5〜1分
(4) ポテトチップ	200〜220℃	5〜7分

> ポテトチップは、150〜170℃ぐらいで、2〜3分程度揚げる。
>
> 答 (4)

42 揚げ物に関する記述のうち、正しいものを1つ選びなさい。

(1) 普通の衣つきの揚げ物は、揚げ終わったとき約40％の水分が蒸発している。

(2) から揚げとは、食品に何もつけずそのまま揚げることをいう。

(3) フライは、衣のつけ置きや冷凍も可能で、大量調理にも向いている。

(4) 油で揚げることで、食材の水分が保たれる。

> (1) 普通、揚げ終わったとき約20％の水分が蒸発し、5〜15％の油を吸収している。
> (2) 食品に何もつけずにそのまま揚げる調理は、素揚げ。
> (4) 保たれる→蒸発する
>
> 答 (3)

43 揚げ物に関する記述のうち、誤っているものを１つ選びなさい。

(1) 揚げ物は高温で短時間で調理するため、ビタミン類の損失が少ない。

(2) 油は比熱が小さく、材料を入れた時の油の温度変化が激しいので、材料を一度に入れる量に注意する。

(3) 衣の内部では水分が蒸発して、その蒸気で食材は蒸しているような状態となる。

(4) 揚げ物は、油脂を用いた湿式加熱法の一種である。

湿式加熱法→乾式加熱法
(1) 栄養成分の損失が少ない。

答 (4)

44 衣による揚げ温度の判定に関する記述のうち、（　　）に入る数字として正しいものを１つ選びなさい。

油の適温は、衣の１粒を油中に落とし、その浮き沈みで判断することができるが、少し沈み、すぐに浮くのは（　　）℃である。

(1) 160

(2) 170

(3) 180

(4) 200

下記囲み記事参照

答 (3)

45 煮る操作に関する記述のうち、正しいものを１つ選びなさい。

(1) 煮物の調味は、浸透しにくい調味料から先に加え、香りのものは後から加える。

(2) やつがしらは、食塩を加えてゆでると細胞膜のペクチン質が不溶化し、煮くずれを防げる。

(3) 煮魚は、煮汁が少ないとうま味が汁のほうへ溶出するため、なるべく汁を多くする。

(4) 青菜をゆでるときは、ゆで汁の2%の米糠を加えると、クロロフィルが安定化し、色がきれいに仕上がる。

(2) 食塩→みょうばん
(3) 煮汁が多いと溶出するため、汁を少なくする
(4) 米糠→食塩

答 (1)

46 煮物の調理例に関する記述のうち、誤っているものを１つ選びなさい。

(1) 少なめの煮汁で煮るものとして煮つけ、うま煮などがある。

(2) 加熱しながら水分を飛ばしていく煮方として炒め煮、揚げ煮などがある。

(3) 材料の色を生かして煮るものとして白煮、べっこう煮などがある。

(4) 調味料の効果を生かした煮物として味噌煮、土佐煮などがある。

炒め煮は炒めてから、揚げ煮は揚げてから煮る。加熱しながら水分を飛ばすのはいり煮である。

答 (2)

揚げ油の温度の見方

温度計を使うのが理想的だが、衣を油中に落とし、その浮き沈みで適温を判断することができる。

- ●140℃：衣が鍋底に沈んでいる。
- ●160℃：衣が油中に下まで沈み、ゆっくり浮き上がる。
- ●180℃：衣が少し沈んで、すぐに浮き上がる。
- ●200℃：衣を落としたとたん、沈まずに衣が油の表面に散る。

47 ゆで物についての組み合わせのうち、誤っているものを1つ選びなさい。

(1) たけのこ ―― 米糠 ―― えぐみが抜け、繊維がやわらかくなる
(2) 大根 ―― 米のとぎ汁 ―― 辛味や苦味が抜ける
(3) くり ―― みょうばん ―― 煮くずれを防げる
(4) わらび ―― 食塩 ―― 繊維が軟化する

48 だしに関する記述のうち、誤っているものを1つ選びなさい。

(1) 中国料理の湯（タン）は、日本料理のだしにあたる。
(2) 昆布は水中で長時間加熱すると、コラーゲンが溶出する。
(3) あさりだしの主なうま味成分は、コハク酸である。
(4) かつお節だしの主なうまみ成分は、イノシン酸である。

福井、関西、山口、沖縄

49 だしのとり方に関する記述のうち、誤っているものを1つ選びなさい。

(1) 中国料理のだしは、湯（タン）といい、鶏や豚骨などを長時間煮出してとる。
(2) 日本料理のこんぶだしは、こんぶを水に浸漬して30〜60分置くか、水から浸漬し、静かに加熱して、汁が沸騰しないうちに取り出す。
(3) 日本料理のかつおだしは、かつお節を薄く削って水に入れ、加熱をして沸騰させる。火をとめてかつお節が沈んだらこす。
(4) 西洋料理のだしは、骨やすね肉などを何時間もかけて水中で加熱し、うま味成分やゼラチン質などを汁の方に引き出す。

長野

50 だし汁に関する記述のうち、誤っているものを1つ選びなさい。

(1) 一番だし（混合だし）は、吸い物に適している。
(2) 二番だしは、煮物、味噌汁に適している。
(3) 煮干し魚の煮だし汁を取る際は、鍋の蓋はしない。
(4) 精進だしとは、かつお削りだけで取っただしのことをいう。

栃木、山口

51 蒸し物に関する記述のうち、誤っているものを1つ選びなさい。

(1) 煮物と比べて栄養成分の損失が大きい。
(2) 蒸す操作を行うときは、水が沸とうして蒸気が立ってから材料を入れる。
(3) 材料の特徴を失わずに中心部まで加熱するためには最適な方法である。
(4) もち米を蒸すときは、でん粉の糊化に多量の水を必要とするため、途中で何度も振り水をしなければならない。

52 蒸し物に関する記述のうち、誤っているものを1つ選びなさい。

(1) 大形の食品、あるいは小粒でも一度に大量に加熱したいものに向いている。

(2) 焦げたり煮くずれたり、成分が溶出しては困るものに向いている。

(3) 素材のもち味本位の料理によく、味つけ本位の料理にも向いている。

(4) でん粉質の食品、小麦粉をこねたようなもの、さらに調理済み食品の再加熱などに向いている。

群馬、愛媛

蒸し加熱中、自由に味つけすることは難しいので、味つけ本位の料理には向かない。

答 (3)

---

53 食品と、その調理の適する温度の組み合わせのうち、正しいものを1つ選びなさい。

(1) すまし汁 —— 90～95℃

(2) 緑茶浸出（煎茶）—— 50～60℃

(3) 茶碗蒸し —— 85～90℃

(4) だし汁（かつお節）—— 80～90℃

(1) すまし汁は、80℃
(2) 煎茶の浸出は、70～90℃
(4) かつお節のだし汁は、95～100℃の湯に入れてとる。

下記囲み記事参照

答 (3)

---

54 料理と、その料理を作成する際のオーブンの温度の組み合わせの記述のうち、正しいものを1つ選びなさい。

(1) シュークリームの皮 —— 120～140℃

(2) プディング —— 190～200℃

(3) ホイル焼き —— 230～250℃

(4) パイ —— 130～160℃

オーブン内の目安として
(1) シュークリームの皮は160～200℃
(2) プディングは130～160℃
(4) パイは200～220℃である。

答 (3)

加熱調理の適温

食べごろ・飲みごろには、異なる基準がある。

● **飲み物**：玉露の浸出65℃、煎茶の浸出70～90℃、番茶の浸出100℃、コーヒー浸出（ドリップ）85～95℃

● **汁物**：すまし汁、みそ汁80℃、こんぶだし汁90℃または常温、かつお節だし汁95～100℃、鶏がらスープ90～95℃

● **焼き物**：焼き肉、ソテー230℃

● **蒸し物**：茶碗蒸し、卵豆腐85～90℃

● **砂糖の煮詰め**：フォンダン（冷却直前）105～115℃、カラメル170～190℃

● **蒸し焼き**：パン・パイ200～220℃、ケーキ一般170～200℃、カステラ160～170℃、ホイル焼き230～250℃

調理の順序

調味料は、分子量が大きく、味の浸透速度が遅いものから加え、

サ（砂糖）→シ（食塩）→ス（酢）→セ（しょうゆ）→ソ（みそ）が基本となる。

55 味の種類と主な呈味物質に関する組み合わせのうち、正しいものを1つ選びなさい。

　　味の種類　　　主な呈味物質
(1) 甘味　　── クエン酸
(2) 酸味　　── グルタミン酸
(3) 苦味　　── カフェイン
(4) うま味 ── 塩化ナトリウム

組み合わせ例としては、
(1) 甘味─ブドウ糖、ショ糖など
(2) 酸味─クエン酸、酢酸など
(4) うま味─グルタミン酸、イノシン酸など
塩化ナトリウムは、塩味。

答 (3)

56 砂糖の調理性に関する記述のうち、正しいものを1つ選びなさい。

(1) 卵白を泡立て、砂糖を数回に分けて添加すると泡の安定性が低下して泡が消えてしまう。
(2) ペクチンのゲル化は、アルカリ性の条件下で砂糖濃度が60%程度の際起こりやすい。
(3) 砂糖を加熱すると160℃くらいから分解が起こり、甘い香りと苦みを持つカラメルが生成される。
(4) 砂糖に食酢（酸）を加えて加熱すると結晶化しやすくなり、砂糖衣、フォンダンなどが作られる。

(1) 砂糖を加えると泡の安定度が増す。
(2) ゲル化は酸性の条件下で起こりやすい。
(3) 160℃くらいで分解しはじめ、170～190℃でカラメルになる。
(4) 食酢を加えると結晶化を防ぐため、作ることができない。

答 (3)

57 砂糖の作用に関する記述のうち、正しいものを1つ選びなさい。

(1) でん粉の老化を防ぐ。
(2) たんぱく質の熱凝固を促進し、かたくする。
(3) アントシアニンに作用し、色を赤くする。
(4) 小麦粉生地の発酵を抑制する。

(2) 砂糖はたんぱく質の熱凝固を遅らせ、やわらかくする。
(3) アントシアニンを赤くするのは酢。
(4) 抑制する→促進する

答 (1)

58 料理と砂糖の調理作用の組み合わせのうち、誤っているものを1つ選びなさい。

(1) プディング　　── たんぱく質の熱凝固を遅らせ、やわらかく固める。
(2) シロップ　　　── 粘りやつやを出す。
(3) メレンゲ　　　── 卵白の泡立ちを不安定にする。
(4) 高糖度ジャム ── 微生物の発育を妨げ、腐敗を防ぐ。

不安定にする→安定させる

答 (3)

59 食塩の作用と調理・加工例に関する組み合わせのうち、誤っているものを1つ選びなさい。

　　食塩の作用　　　　　　　調理・加工例
(1) 微生物の発育を抑える ── 塩辛、塩魚
(2) 粘着力の増加　　　　── 練り製品、ハンバーグ
(3) 弾力性の低下　　　　── パン、うどん
(4) 緑色を保持　　　　　── 青菜のゆで物

食塩で小麦粉生地の弾力を増すことによって、パンやうどんができる。

答 (3)

60 食塩を加えることで得られる作用に関する記述のうち、正しいもの
を1つ選びなさい。

(1) たんぱく質の熱凝固をおさえる。

(2) 酵素作用をおさえ、果実の褐変を進める。

(3) 小麦粉に水を加えた生地をつくるときに加えると、粘弾性が弱くなる。

(4) 氷に混合することで低温をつくり、アイスクリームの冷却に利用できる。

(1) 熱凝固を促進する。
(2) 褐変をおさえる。
(3) 粘弾性が強くなる。

答 (4)

61 食酢に関する記述のうち、正しいものを1つ選びなさい。

(1) 主成分は酢酸で、食塩や砂糖のような純粋物質ではない。

(2) 揮発性成分が少なく、加熱しても味、香りに変化がない。

(3) 食酢の酢酸濃度は、30〜50%である。

(4) 大根おろしに酢を入れると、ミロシナーゼによる辛味の増加を促進する。

(2) 揮発性成分が多く、加
熱による味、香りの変
化がある。
(3) 30〜50% → 3〜5%
(4) 抑制する。

答 (1)

62 食酢の味付け以外の作用に関する記述のうち、誤っているものを1
つ選びなさい。

(1) 魚に塩をふった後、食酢に浸すと、身が引き締まる。

(2) 昆布は食酢を加えた水に浸すと、やわらかく味が浸透しやすくなる。

(3) カリフラワーに加えてゆでると、緑色が増す。

(4) 魚の生臭みを抑制する。

フラボノイドに作用し、色
を白くする。

答 (3)

63 調理・加工食品と食酢の役割の組み合わせとして、適切でないもの
を1つ選びなさい。

(1) しめさば　　　　── 微生物の発育をおさえる

(2) マスタード　　　── 辛味を防ぐ

(3) 紅しょうが　　　── 色を赤くする

(4) ポーチドエッグ ── 熱凝固を促進し、固くする

辛味成分を安定に保つ。

答 (2)

64 調味料とその作用、調理・加工の例の組み合わせのうち、誤ってい
るものを1つ選びなさい。

(1) 食酢 ── 骨まで食べられるようやわらかくする ── 小魚のマリネ

(2) 砂糖 ── なめらかなクリーム状になる　　　　── カスタード

(3) 砂糖 ── あく抜きを助ける　　　　　　　　　── ごぼうの洗浄

(4) 食塩 ── 水分を外へ引き出す　　　　　　　　── 塩もみ

食酢の作用である。

答 (3)

栃木

65 合わせ調味料に関する記述のうち、正しいものを1つ選びなさい。

(1) 吉野酢は、三杯酢に少量のくず粉または片栗粉を溶き入れて加熱したものである。

(2) 割りじょうゆは、しょうゆに砂糖とみりんを合わせたものである。

(3) 三杯酢は、しょうゆ、酒、食酢を合わせたものである。

(4) ぽん酢は、三杯酢に、ゆず、すだちなど、かんきつ類の汁を合わせたものである。

(2) 割りじょうゆは、しょうゆをだし汁で割ったもの。

(3) 三杯酢は、食酢、砂糖（またはみりん）、しょうゆ（または塩）を合わせたもの。

(4) ぽん酢は、しょうゆにかんきつ類の汁を合わせたもの。

答 (1)

関西

66 砂糖などの甘味を加えない合わせ調味料として、正しいものを1つ選びなさい。

(1) 二杯酢　　(2) 田楽みそ　　(3) 三杯酢　　(4) 酢みそ

答 (1)

神奈川

67 調味料に関する記述のうち、正しいものを1つ選びなさい。

(1) 酢、しょうゆ、みそは香気成分を含む。

(2) うすくちしょうゆは、こいくちしょうゆよりも塩分濃度が低い。

(3) 食塩の主成分は、塩化マグネシウムである。

(4) 加工食品や料理の砂糖濃度による甘味は、0.5％でほのか、7％で明らか、10％では強く打ち出される。

(2) うすくちしょうゆのほうが、塩分濃度が高い。

(3) 塩化マグネシウム→塩化ナトリウム

(4) 0.5％→5％

答 (1)

奈良

68 計量スプーンの大さじ（15cc）で計量する場合、重量のめやすとして正しいものを1つ選びなさい。

(1) 酢の大さじ1杯は18gである。

(2) 油の大さじ2杯は20gである。

(3) 砂糖（上白糖）の大さじ2杯は18gである。

(4) みその大さじ1杯は15gである。

(1) 酢大さじ1杯は約15g

(2) 油大さじ2杯は約24g（大さじ1杯が約12g）

(4) みそ大さじ1杯は約18g

答 (3)

栃木、沖縄

69 調味料の使用時期に関する記述のうち、誤っているものを1つ選びなさい。

(1) 加熱の最後に加える。

答 (1)

(1) 酢、しょうゆは、揮発性香気成分を含むため、加熱の最初に加える。

(2) ジャムや煮豆など、大量の砂糖を加える場合は、数回に分割し、急速な脱水を防ぐ。

(3) 複数の調味料を別々に加える場合、分子量が大きく浸透の遅い砂糖は、食塩より先に加える。

(4) 食品内外の味の分布を均一にしたい煮物は、加熱後、十分に軟化してから調味料を加える。

70 調味料の役割に関する記述のうち、誤っているものを1つ選びなさい。

(1) 調味料は、素材になかった味を付加する。

(2) 調味料は、素材のもち味を強調または抑制する。

(3) 調味料は、素材のもち味との複合により新しい味を創造する。

(4) 調味料は、味つけ以外にも食品としてのさまざまな機能をもつが、食品中の酵素作用をおさえる役割はない。

調味料には酵素作用をおさえる働きもある（塩、酢の酸化酵素抑制）。

答 (4)

71 調味料を使用するタイミングに関する記述のうち、適切でないものを1つ選びなさい。

(1) 内部まで味の浸透が不要な焼き肉や焼き魚は、加熱直前か数十分前に調味料を添加する。

(2) 調味料が浸透しにくいいもなどは、早くから調味液を加えて含め煮にする。

(3) 味を内部まで浸透させたいが、長時間の加熱を避けたい焼き物などは、あらかじめ下味をつける。

(4) 加熱中、変形や脱水を避けたい野菜の炒め物などでは、最初から調味料を加える。

最初から→最後に

答 (4)

北海道

答 (3)

72 調味料の浸透速度に関する記述の（　　）に入る語句の組み合わせのうち、正しいものを1つ選びなさい。

浸透速度は、温度が（ A ）、食品内外の濃度差が（ B ）、食品の表面積が（ C ）ほど速い。

	A	B	C
(1)	低く	小さく	広い
(2)	低く	大きく	狭い
(3)	高く	大きく	広い
(4)	高く	小さく	狭い

73 ソースに関する記述のうち、正しいものを1つ選びなさい。

(1) ルウは、野菜や肉などを煮出した汁のことで、牛乳で伸ばしたものをホワイトソースという。

(2) ビネグレットソースは、牛乳を加えた白ソースのことである。

(3) リエゾンは、ソースやスープに適度な濃度をつけたり、つなぎの役割をするもので、卵黄とクリームや牛乳を混ぜ合わせて用いるリエゾン・ドーがある。

(4) フォンとは、ソースのベースとなるだしのことで、フォン・ド・ヴォーは、鶏肉の煮出し汁をいう。

(1) ルウは小麦粉をバターで炒めたもの。

(2) ビネグレットソースは、酢油ソース（フレンチドレッシング）のこと。

(4) フォン・ド・ヴォーは仔牛の骨と肉の煮出し汁のこと。

答 (3)

北海道、群馬、静岡、愛媛

74 ソースに関する組み合わせのうち、誤っているものを１つ選びなさい。

名称	内容
(1)　ベシャメルソース	── トマトピューレ入り
(2)　ブラウンソース	── ブラウンルウのソース
(3)　ビネグレットソース	── 酢とサラダ油のソース
(4)　マヨネーズソース	── 酢とサラダ油と卵黄のソース

ベシャメルソースは、ホワイトルウを牛乳でのばした白いソース。

答　(1)

75 ソースの種類と名称および調理例の組み合わせのうち、正しいものを１つ選びなさい。

(1)　温ソース ── ブラウンソース　　── 野菜サラダ
(2)　冷ソース ── マヨネーズソース　── 野菜サラダ
(3)　冷ソース ── ブルーテソース　　── 鶏肉料理
(4)　温ソース ── ビネグレットソース ── 野菜サラダ

(1)　ブラウンソースは獣肉料理
(3)　ブルーテソースは温ソース
(4)　ビネグレットソースは冷ソース

答　(2)

76 調味料に関する記述のうち、誤っているものを１つ選びなさい。

(1)　多くの調味料は、味つけ以外にも食品としてのさまざまな機能をもつ。
(2)　調味料の味付け以外の役割として、砂糖にはエネルギー源としての役割がある。
(3)　調味料の味付け以外の役割として、食塩には無機質や天然の防腐剤などの役割がある。
(4)　調味料の味付け以外の役割として、食酢には酸化酵素をおさえたり、アスコルビナーゼをおさえる役割もある。

食酢は、酸化酵素をおさえるが、アスコルビナーゼではなくミロシナーゼをおさえる。アスコルビナーゼをおさえるのは食塩。

答　(4)

群馬

77 水中油滴型（O/W）のエマルションに関する例のうち、誤っているものを１つ選びなさい。

(1)　牛乳
(2)　バター
(3)　マヨネーズ
(4)　生クリーム

バターは、油の中に水が粒子となって分散している油中水滴型（W/O）。水と油のように混ざり合わない２つの液体を撹拌などにより混合させると、一方がもう一方の中に分散した状態になる（乳化）。この乳化したものがエマルションである。

答　(2)

フランス料理のソース

非常に種類が多い。
- **ベシャメルソース**：小麦粉を焦がさないように炒め（ホワイトルウ）、牛乳でのばした温ソース。ホワイトソースとも呼ばれる。
- **ブラウンソース**：小麦粉を焦げ色がつくまで炒め（ブラウンルウ）、ブイヨンでのばした温ソース。
- **ブルーテソース**：ホワイトルウをフォン（ソースをつくるときに使うだし）でのばし、煮詰めた温ソース。
- **ビネグレットソース**：フレンチドレッシングとも呼ばれ、酢・サラダ油を混ぜた冷ソース。
- **マヨネーズソース**：酢とサラダ油に卵黄を加えて乳化させたクリーム状の冷ソース。

78 包丁に関する記述のうち、誤っているものを１つ選びなさい。

(1) 菜切りは、両刃の和包丁である。

(2) やなぎ刃包丁は、片刃の野菜向きの包丁である。

(3) 牛刀（フレンチ）は、両刃で何にでも使える包丁である。

(4) 刀（ダオ）は、両刃の中国包丁である。

やなぎ刃包丁は、さしみを
切るための片刃包丁である。

答 (2)

静岡、山口

79 包丁に関する記述のうち、誤っているものを１つ選びなさい。

(1) チーズやようかんなどやわらかく粘着力のある材料では、切れ味が大切となるため、鋭利な包丁がよい。

(2) 両刃の包丁は、いもなど組織のかたいものの輪切りによい。

(3) やわらかいものは引き切り、かたいものは押し切り、さらにかたい魚の骨などはたたき切りにする。

(4) 片刃の包丁は、切り口の一方にだけ力が加わるので、刺身のように塊を一端から切るのに適している。

チーズやようかんなどのや
わらかくて粘着力のある食
材は、切れ味よりも摩擦が
小さいことが大切であり、
細い糸や針金のほうがよく
切れる。

答 (1)

北海道、福井、群馬

80 操作の分類と調理器具の組み合わせのうち、誤っているものを１つ選びなさい。

(1) 磨砕用器具 —— おろしがね、ミンチ、すり鉢

(2) 混合・撹拌用器具 —— 泡立て器、しゃくし、へら

(3) 圧搾用器具 —— 包丁、まな板、細切り器

(4) ろ過用器具 —— 粉ふるい、すいのう、みそこし

圧搾用器具にはのし棒（め
ん棒）、肉たたき、ライス
型などがある。包丁、まな
板、細切り器は、切砕・成
形用器具である。

答 (3)

奈良

81 物理的調理操作と道具の組み合わせのうち、誤っているものを１つ選びなさい。

(1) 切断 —— フードプロセッサー

(2) 圧搾、磨砕 —— ジューサー

(3) 撹拌 —— ハンドミキサー

(4) 形成 —— シノワ

シノワは、ろ過に用いる。

答 (4)

福島、長野

82 鍋に関する記述のうち、誤っているものを１つ選びなさい。

(1) 銅鍋は、銅は熱伝導率が銀に次いで大きい。

(2) 土鍋は、温まりにくく、冷めにくい。

(3) 鉄鍋は、熱伝導率が高く、さびにくい。

(4) アルミニウム鍋は、軽くて熱伝導率が大きい。

さびにくい→さびやすい

答 (3)

神奈川

83　鍋の材質についての記述の（　　　）に入る語句の組み合わせのうち、正しいものを1つ選びなさい。

加熱調理における鍋の温度上昇には、用いる鍋の材質の熱伝導率が影響する。熱伝導率が（ A ）ほど、熱は伝わりやすく、銅・鉄・アルミニウム・ステンレスの中では、（ B ）が最も熱伝導率が高く、（ C ）が最も低い。

	A	B	C
(1)	高い	銅	アルミニウム
(2)	低い	鉄	ステンレス
(3)	低い	鉄	アルミニウム
(4)	高い	銅	ステンレス

熱の伝わりやすさは、下記の熱伝導率の囲み記事参照。

答（4）

84　調理器具に関する記述のうち、正しいものを1つ選びなさい。

(1) スチームコンベクションオーブンは、オーブンと蒸し器の機能をあわせ持つため、焼き物や蒸し物などの調理に使用する。
(2) 銅鍋は、鉄鍋よりも熱伝導は悪いが、保温性がありさびにくい。
(3) 電磁調理器（IH調理器）は、温度調節が困難である。
(4) 電子レンジは、食材の水分蒸発量が少なく、むらなく加熱することができる。

(2) 銅鍋は鉄鍋よりも熱伝導率がよいが、さびやすい。
(3) 電磁調理器は温度管理が容易であるが、使用できる鍋に制限がある（鉄、ホーロー、ステンレス製など使用可）。
(4) 電子レンジは食材の水を発熱させて温めるため、水分蒸発量は少なくない。

答（1）

85　スチームコンベクションオーブンに関する記述のうち、誤っているものを1つ選びなさい。

(1) 菓子類の焼成は、熱風モードで140〜200℃で行う。
(2) 魚の塩焼きや肉類のローストは、スチームモードで160〜180℃で行う。
(3) 蒸気と熱風を調節するコンビモードと呼ばれる機能があり、料理ごとに機能の選択等のマニュアル化が必要である。
(4) 蒸す、焼く、煮るなどの加熱調理を1台でこなすことができる。

魚の塩焼きは200〜300℃、肉類のローストは160〜300℃、どちらも熱風モードで行う。
スチームモードは、蒸す料理（〜130℃程度まで）に利用する。

答（2）

熱伝導率

熱伝導率とは、ある物質の熱の伝わりやすさを表す値である。物質の両面に1度の温度差があるとき、$1m^2$当たり1時間に伝わる熱量で表現される。熱の伝わりやすさの順は、銀＞銅＞アルミニウム＞鉄＞ステンレス＞磁器＞耐熱ガラス。金属が高い。

鍋の特徴

●**ホーロー鍋**：酸やアルカリに強い。カレー・シチュー・ジャムなどの煮込み料理に向く。
●**フライパン**：表面をフッ素樹脂加工（テフロン加工）したものは、通常の調理では問題ないが、空だきすると350℃以上になり、樹脂が熱分解を起こすので、避ける。
●**圧力鍋**：加熱すると、圧力で内部は約120℃になり、食材を短時間でやわらかくできる。

86 電磁調理器に関する記述のうち、誤っているものを1つ選びなさい。

(1) 電磁誘導で発生するジュール熱により鍋底が発熱する。

(2) ガスコンロに比べて熱効率が良い。

(3) 電磁調理器自体は、発熱しないため、安全かつ清潔である。

(4) 使用する鍋は、アルミ鍋やガラス鍋が向いている。

アルミニウム鍋やガラス鍋は不向きである。使用できる鍋には制限があり、鍋底が平らで電気抵抗の大きい鉄、ホーロー、ステンレス製などが向いている。

答 (4)

87 マイクロ波加熱に関する記述のうち、誤っているものを1つ選びなさい。

(1) マイクロ波加熱とは、電子レンジによる加熱のことである。

(2) マイクロ波加熱の特性を生かす食品として最適なのは、水分が少なく、焦げ目をつける必要がなく、色、香りを保持して短時間に食べられるものである。

(3) 調理済み食品や調理加工食品の再加熱には、電子レンジによる加熱が適しているものが多い。

(4) マイクロ波調理に使える容器は、陶磁器、ガラス、木、竹、紙、プラスチック等で、使えない容器としては、金・銀の飾りのある容器、漆塗り容器、熱に弱いプラスチック容器である。

水分が少なく→水分を適度に含み
水分が少ないと焦げる可能性がある。

答 (2)

センター、群馬

88 電子レンジによる調理の特徴に関する記述のうち、誤っているものを1つ選びなさい。

(1) 食品内部での発熱のため、熱効率がよい。

(2) アルミホイルや金属製の容器は、マイクロ波を反射するので使用できない。

(3) 食品の量が多くなると、加熱にむらができることがある。

(4) 食品は短時間で加熱されるが、ビタミンなど栄養素の損失が大きい。

栄養損失は少ない。

答 (4)

山口

89 電子レンジに関する記述のうち、誤っているものを1つ選びなさい。

(1) 加熱をしても食品の表面に焦げめがつかないが、小きざみな温度調節がしにくい。

(2) マイクロ波（極超短波）を食品に照射し、そのエネルギーが食品中で熱に変わる。

(3) 電磁弁で温度を自動調節したり、ファンにより熱風が循環して庫内温度を均一化する。

(4) マイクロ波は、金属に当たると反射し、木、紙、プラスチックなどに当たると通過する。

コンベクションオーブンについての説明である。

答 (3)

電子レンジの特徴

マイクロ波と呼ばれる電磁波が照射されて食材に吸収され、食材内部の水分子を振動させ、発熱させる仕組み。加熱時間は、食材の重量にほぼ比例するため、多い場合には小分けしたり小さく切ったりするとよい。

●長所：短時間で調理でき、栄養素の損失、色・香りの変化が少ない。

●短所：時間が経つと固まる。小刻みな温度調節ができず、一度に大量の調理ができない。

5 調理施設・設備

90 調理施設と設備に関する記述のうち、正しいものを1つ選びなさい。

(1) 調理室の構造と食品取り扱い設備に求められる基本的条件に、機能面が含まれていない。

(2) 排水設備は、逆流による汚染防止や油脂の流出防止はせずに、不定期に汚物を除けばよい。

(3) わが国の上水道では、厨房で使用する水は調理用、洗浄用、清掃用に区別されている。

(4) 厨房内の衛生を保つための方法として、温度と湿度の管理がある。

(1) 作業動線の形と距離、熱源・動力源・水源・排水・照明などの位置と数など、**機能面が含まれている。**

(2) 排水設備は、逆流による汚染防止、油脂の流失防止を行い、たまった汚物を定期的に除く。

(3) わが国の上水道では、調理用・洗浄用・清掃用の使用水を普通は区別していない。

答 (4)

91 調理施設に関する記述のうち、誤っているものを1つ選びなさい。

(1) 調理施設とは、一般的に建物内に区画された、飲食物を加工・調理および提供する場所ならびに洗浄のための作業空間をいう。

(2) 調理施設における附帯設備には、事務室や更衣室、専用トイレ、倉庫、ゴミ保管室などは含まれない。

(3) 空調設備とは、作業者の快適な作業のため、また食中毒防止のために、温度、湿度、空気清浄、気流を調節する設備のことをいう。

(4) 「大量調理施設衛生管理マニュアル」などでは、調理施設の床仕上げは、スリップによる転倒事故防止や2次汚染による食中毒防止のため、ドライシステム化を積極的に図るのが望ましいとされている。

静岡、沖縄

附帯設備として含まれる。

答 (2)

92 調理用熱源に求められる条件として、誤っているものを1つ選びなさい。

(1) 点火しやすいこと。

(2) 煙、廃ガス、臭気が少ないこと。

(3) 希少価値があること。

(4) 安全であること。

熱源としては、希少ではなく、入手しやすいこと、取り扱いや保管や輸送・補給が容易であることが求められる。

答 (3)

93 厨房での衛生管理について、誤っているものを1つ選びなさい。

(1) 厨房で使用する水は、水栓を十分確保し、給湯設備を併用することが望ましい。

(2) 内壁のうち床面から1mまでの部分および手指の触れる場所は、1日に1回以上清掃する。

(3) 大量調理施設では、調理室内の室温は25℃以上、室内湿度は85%以下が望ましい。

(4) 大量調理では、調理後から喫食までの時間が長いため、衛生的安全性の面でも十分な考慮が必要である。

大量調理施設衛生管理マニュアルでは、室温25℃以下、室内湿度は80%以下が望ましいとしている。

答 (3)

181

94 調理施設・設備に関する記述のうち、誤っているものを1つ選びなさい。

(1) 排水では、逆流による汚染防止や油脂の流出防止などのために、グリストラップ（グリス阻集器）を設備し、たまった汚物を定期的に除く。

(2) 換気は、煙の除去、日光の取り込みを目的に行う。

(3) トイレは、業務開始前、業務中および業務終了後等、定期的に清掃および消毒を行う。

(4) 施設の清掃・整頓は、日間・週間・月間で計画を立てて行うとともに、それらが実行されているかの点検も必要である。

換気は、燃焼空気の供給、酸欠防止、熱・水蒸気・CO_2・臭気などの除去を目的に行う。

答 (2)

95 熱源に関する記述のうち、誤っているものを1つ選びなさい。

(1) 気体燃料には爆発やガス中毒の危険があり、換気やガス漏れに注意が必要である。

(2) プロパンガスは、空気よりも比重が小さいので天井に広がる。

(3) IH調理器は、誘導加熱の原理を利用したものである。

(4) 電子レンジは、食品内部で発熱するので外から熱を与える方式に比較して熱効率が高い。

空気より比重が大きいので床に広がる。

答 (2)

栃木、愛媛

96 調理と香りに関する記述のうち、誤っているものを1つ選びなさい。

(1) のりやまつたけは、さっとあぶると香りが強まる。

(2) みそやしょうゆは、長く煮るほど香りが強まる。

(3) カクテルは、ゆり動かすと香りが高まる。

(4) みそは、魚の生臭みを消す作用をもつ。

みそやしょうゆは、香気成分を失わないよう、あまり長く煮すぎないほうがよい。

答 (2)

栃木、福井、沖縄

97 食物と香り成分の組み合わせのうち、正しいものを1つ選びなさい。

(1) にんにく ── トリメチルアミン

(2) 魚臭 ── 硫化アリル

(3) まつたけ ── ギ酸エチル

(4) かんきつ類 ── リモネン

(1) にんにく─ジアリルスルフィド、アリシン
(2) 魚臭─トリメチルアミン
(3) まつたけ─桂皮酸メチル

答 (4)

98 食物と香りの成分についての記述のうち、誤っているものを1つ選びなさい。

(1) 魚の生臭さの主成分は、トリプシンである。

(2) まつたけの香りの主成分は、桂皮酸メチルである。

(3) 牛乳のミルク臭は、アセトンやアルデヒド類である。

(4) かんきつ類の香りの成分には、リモネンがある。

魚の生臭さは、トリメチルアミンである。

答 (1)

静岡、愛媛

99 味の種類と主な呈味物質に関する組み合わせのうち、正しいものを1つ選びなさい。

味の種類　　主な呈味物質

(1) 甘味 ── イノシン酸

(2) 苦味 ── サッカリン

(3) うま味 ── クエン酸

(4) 酸味 ── リンゴ酸

イノシン酸はうま味を、サッカリンは甘味を、クエン酸は酸味を呈する。苦味を呈するのはカフェインなど。

答 (4)

神奈川

100 だしの材料と主要なうま味成分の組み合わせのうち、正しいものを1つ選びなさい。

(1) こんぶ ── コハク酸

(2) かつお節 ── イノシン酸

(3) しいたけ ── グルタミン酸

(4) 貝類 ── グアニル酸

(1) コハク酸は貝類
(3) グルタミン酸はこんぶ
(4) グアニル酸はしいたけ

答 (2)

101 味覚に関する記述のうち、正しいものを1つ選びなさい。

(1) 甘味、酸味、苦味の3つが基本味とされている。

(2) 呈味物質とは、食品中に含まれ、味として刺激を与える物質をいう。

(3) 味は、鼻腔に存在する味蕾細胞を刺激し、大脳に伝わり認識される。

(4) 砂糖の主成分であるクエン酸の甘味が最も安定している。

静岡、沖縄

102 味に関する記述のうち、正しいものを1つ選びなさい。

(1) 酸味は、塩味を引き立て、甘味をおだやかにするなどの効果をもつ。

(2) 塩味は、栄養的にも嗜好的にも、ほかの物質では代用できない。

(3) 料理の味見は、舌の一部にのせ、ゆっくり味わう必要がある。

(4) とうがらし、こしょうの辛味成分は、揮発性なので強く加熱したり長時間放
置すると辛味を失う。

栃木、福井、愛媛

103 味の相互作用に関する組み合わせで、正しいものを1つ選びなさい。

(1) 抑制効果 —— すいかに食塩

(2) 対比効果 —— だし汁に食塩

(3) 抑制効果 —— しるこに食塩

(4) 相乗効果 —— コーヒーと砂糖

福島、奈良

104 味覚の交互作用の1つである抑制効果の例として、誤っているもの
を1つ選びなさい。

(1) 魚の塩焼（ハラワタの苦味部分）にレモン汁をかける。

(2) スイカに塩をかける。

(3) レモンに砂糖をかける。

(4) コーヒーに砂糖を入れる。

---

(1) 甘味、酸味、塩味、苦味の4つが基本味とされていたが、現在は、うま味を加えて5つが基本味とされている。

(3) 味は、口腔内に存在する味蕾の細胞を刺激して大脳で認識される。

(4) 砂糖の主成分であるショ糖の甘味が最も安定している。

答 (2)

---

(1) 甘みを引き立て、塩味をおだやかにする。

(3) 口全体に含ませ、すばやく味わう。

(4) 熱を加え乾燥させても辛味に変化はない。揮発性で辛味を失うのはわさび、からしである。

答 (2)

---

(1)、(3) すいかに食塩、しるこに食塩は対比効果。

(4) コーヒーと砂糖は抑制効果、こんぶとかつお節の場合が相乗効果。
下記囲み記事参照

答 (2)

スイカに塩は対比効果である。

答 (2)

味の相互作用

2種以上の呈味物質を混合したときに起こる現象で、次のようなものがある。

● **対比効果**：2種以上の異なる味、つまり甘味に塩味（すいかと食塩）、うま（旨）味に塩味（だし汁と食塩）を加えたとき、一方が他方の味を引き立て、甘味やうま味が強まる。

● **抑制効果**：苦味と甘味（コーヒーと砂糖）、酸味と甘味（酢と砂糖）、塩味とうま味（塩辛中の塩とうま味）のように異なる味を混ぜたとき、一方が他方の味をおさえ、緩和する。

● **相乗効果**：うま味とうま味（グルタミン酸とイノシン酸＝こんぶとかつお節）のように同じ味をもつものが作用し合って味が総和以上に強まること。

105 味の性質に関する記述のうち、適切でないものを１つ選びなさい。

(1) 甘味は、30～40℃で最も強く感じられる。

(2) 塩味は、高温で強く、温度が下がると弱く感じられる。

(3) 酸味が甘味によって緩和される現象を、抑制効果という。

(4) 甘味に塩味が少し加わると甘味が強まる現象を、対比効果という。

> 塩味は、高温で弱く、温度が下がると強く感じる。
> 酸味と苦味は、常温（15℃）で強く、温度の上昇に伴い弱く感じる。
>
> **答**（2）

106 天然色素に関する記述のうち、誤っているものを１つ選びなさい。

(1) クロロフィルは、野菜に含まれる緑色の水溶性の色素で、光、酸や加熱により退色する。

(2) カロテノイドは、緑黄色野菜や柑橘類に含まれる橙色の色素で、このうちの一部（β-カロテンなど）が体内でビタミンAに変化する。

(3) アントシアニンは、野菜や果物の赤、青、紫色の色素で、酸性で赤色、アルカリ性で青、紫色になる。

(4) ミオグロビンは、肉や赤身の魚の色で、加熱により灰褐色に変わる。ハムやソーセージは、発色剤の亜硝酸ナトリウムが加えられているので、加熱してもピンク色を保持している。

> 水溶性→脂溶性。
>
> **答**（1）

107 天然色素に関する記述のうち、誤っているものを１つ選びなさい。

(1) クロロフィルは、酸性で色があせ、アルカリ性では色が鮮やかになる。

(2) カロテノイドは、水溶性で、加熱すると色が溶け出す。

(3) フラボノイドは、金属イオンと反応して色が鮮やかになる。

(4) ミオグロビンは、加熱により灰褐色に変わる。

> 脂溶性で、加熱に対して安定している。
>
> **答**（2）

食品がもつ天然色素

食品がもつ色は食物の嗜好を決める１つの要素である。天然食品中の主な色素とそれを含む食品は、次のようなものがある。

- **クロロフィル系（緑）**：緑色野菜、未熟な豆、海藻、一部の果物 など
- **カロテノイド系（橙）**：かんきつ類、にんじん、とうがらし、かぼちゃ など
- **アスタシン（赤）**：甲殻類（カニ、エビなど）
- **アントシアニン系（赤～紫）**：果物（いちご、ぶどう、ブルーベリーなど）、なす、黒豆 など
- **フラボノイド系（黄）**：大豆、小麦、れんこん、ごぼう など
- **ミオグロビン（赤）**：肉、赤身の魚 など

108 食品と天然色素に関する記述のうち、誤っているものを1つ選びなさい。

(1) ごぼうを酢で煮るのは、ごぼうがフラボノイドによって色が変わるのを防ぐためである。

(2) 中華麺が黄色いのは、小麦粉のフラボノイドがアルカリ性のかん水により黄色くなるためである。

(3) なすの漬物にみょうばんを入れると、アントシアニンが金属イオンと反応して色が鮮やかになる。

(4) 梅干しをしそで包んでおくと赤くなるのは、しそのカロテノイドが酸と反応するからである。

109 天然色素とそれを含む食品に関する組み合わせのうち、誤っているものを1つ選びなさい。

(1) カロテノイド —— にんじん、かぼちゃ
(2) クロロフィル —— 肉、赤身の魚
(3) アントシアニン —— なす、しそ
(4) フラボノイド —— 大豆、レンコン

110 酵素による褐変防止の操作についての記述のうち、誤っているものを1つ選びなさい。

(1) 風がしっかりあたるように広げて、水分をとばす。
(2) 塩水に浸ける。
(3) レモン汁をかける。
(4) 沸騰湯で茹でる。

111 たんぱく質の調理に関する記述のうち、誤っているものを1つ選びなさい。

(1) すべての動植物性食品に含まれている。
(2) 熱凝固により消化時間が多少長くなるが、吸収率にはほぼ変化がない。
(3) アルブミンは水に、グロブリンは塩類の溶液に溶ける。
(4) カルシウムやマグネシウムのような無機質により、凝固が抑制される。

カロテノイド→アントシアニン
答 (4)

クロロフィルは、緑色野菜に含まれる緑色の色素である。肉、赤身の魚には赤色の色素であるミオグロビンが含まれる。
カロテノイドは橙色、アントシアニンは赤、青、紫色、フラボノイドは黄色の色素である。
p.185の囲み記事参照
答 (2)

酵素による褐変は、食品に含まれるポリフェノール系の物質が空気にふれ、酸化酵素の作用で酸化されて起こる。酸素にふれないようにすることが重要である。
(2) 食塩は酸化酵素をおさえるので効果的。
(3) レモンに含まれるビタミンCには強力な還元作用があり、効果的。
(4) 酸化酵素は60～70℃で失活するので効果的（40～50℃では反応が進み、褐変が進行）。
答 (1)

凝固が抑制される→凝固しやすくなる
答 (4)

112 食物の色の変化に関する記述のうち、正しいものを1つ選びなさい。

(1) ほうれん草は、酢を加えると、鮮やかな緑色になる。
(2) 赤かぶを酢に漬けると、青色になる。
(3) 肉に含まれるミオグロビンは、加熱するとピンク色のニトロソミオグロビンになる。
(4) さつまいもを鉄鍋で煮ると、緑色になる。

福井、沖縄

(1) ほうれん草のクロロフィルは、酢で色があせる。
(2) 赤かぶのアントシアニンは、酢で赤くなる。
(3) 肉のミオグロビンは、加熱で灰褐色になる。
(4) さつまいもの皮のクロロゲン酸は、鉄などのアルカリ性で緑色になる。

答 (4)

113 ビタミンに関する記述のうち、誤っているものを1つ選びなさい。

(1) ビタミンAは、熱、酸に対して不安定のため、加熱調理での損失が大きい。
(2) ビタミンB_1は、アルカリに弱く、豆を煮るときに重曹を加えると、損失は40～90%に及ぶ。
(3) ビタミンCは、ゆで汁への溶出が多く、損失が大きい。
(4) ビタミンDは、熱、酸に対して安定で、加熱調理での損失が小さい。

群馬

ビタミンAは、空気（酸素）にふれなければ熱、酸に安定。加熱調理での損失は小さい。

答 (1)

114 ビタミン類に関する記述のうち、誤っているものを1つ選びなさい。

(1) 食品中のビタミンCは、空気中の酸素により酸化されやすく、加熱により酸化は促進される。
(2) ビタミンAは、脂溶性ビタミンなので調理損失は少ない。
(3) ナイアシンは、化学的にきわめて安定で、調理による変化はほとんどみられない。
(4) ビタミンB_2は、水溶性のビタミンで、アルカリや紫外線に強い。

北海道

アルカリや紫外線に弱い。

答 (4)

115 ビタミンに関する記述のうち、正しいものを1つ選びなさい。

空気中の酸素により酸化されやすく、それが加熱により促進される。酸化は銅イオンの存在やアスコルビナーゼにより促進される。

(1) ビタミンA　(2) ビタミンB_1　(3) ビタミンC　(4) ナイアシン

答 (3)

ビタミン類の調理損失

ビタミン類は食品を小さく切る、水で洗う、長時間加熱などにより損失が大きくなる。ビタミンの性質により調理損失率は異なるが、一般的には、ゆでた場合で、ビタミンA 10～20%程度、B_1 20～40%程度、B_2 30～50%程度、C 50～70%程度といわれる。
特にビタミンCの調理による損失が大きいのは、水に溶けやすい、熱、アルカリ（重曹）に弱い、油に溶けにくい、などの性質による。また、ビタミンCは鉄や銅の鍋によって酸化が早まり、鮮度により含有量に差がある。損失を防ぐには、空気に触れないようにし、加熱は高温短時間がよい。

116 調理による食品の成分変化に関する記述のうち、正しいものを1つ選びなさい。

(1) ほうれんそうに含まれるビタミンAは、ゆでる時よりも油で炒めた時のほうが損失量が大きい。

(2) じゃがいもに含まれるビタミンCは、蒸してもほとんど減ることはない。

(3) おろし大根とおろし人参を混ぜた紅葉おろしでは、人参中の酵素の影響により、大根中のビタミンCが減少する。

(4) 米に含まれるビタミンB₁は、洗米してもほとんど減少しない。

(1) ゆでる時のほうが損失量が大きい。
(2) 10〜30%の損失がある。
(4) 50〜80%が流出する。

答 (3)

117 食品成分の変化に関する記述のうち、誤っているものを1つ選びなさい。

(1) スジ肉などのコラーゲンを多く含む硬い肉は、長時間煮ることでやわらかくなる。

(2) 牛脂の溶解温度は33〜46℃で、口中で融ける。

(3) 茶碗蒸しや卵豆腐などを作る際は、スが立たないよう急激な加熱は避ける。

(4) 牛乳は、焼き菓子やグラタンなどに焦げ色と香気を付ける。

33〜46℃ → 40〜50℃
口中で融けない。

答 (2)

118 調理による脂質の変化に関する記述のうち、誤っているものを1つ選びなさい。

(1) ヘットの融点は28〜40℃であるため、口に入れるとその体温で軟化するが、ラードの融点は40〜50℃であるため、冷えて固まると口に入れても溶けない。

(2) 油脂の酸化のうち重合という変化は、油脂に粘りが出て、揚げ油などに細かい持続性の泡立ちが起こることをいう。

(3) 動物性油脂のうち、バターやヘット、ラードは常温で固体であり、調理一般に用いられる。

(4) 植物性の油脂の多くは常温で液体であり、サラダ油、天ぷら油などに用いられる。

融点が28〜40℃で口に入れると体温で軟化するのはラード（豚脂）、融点が40〜50℃で口に入れても溶けないのはヘット（牛脂）である。

答 (1)

答 (2)

119 油脂に関する記述で（　　）にあてはまる組み合わせのうち、正しいものを1つ選びなさい。

油脂は、空気中に放置するか、長時間加熱すると空気中の酸素によって（ A ）され、（ B ）という変化を起こす。このような現象を油脂の（ C ）といい、（ C ）が進んで食用にならなくなる現象を（ D ）という。

	A	B	C	D
(1)	劣化	酸化	軟化	老化
(2)	酸化	重合	劣化	変敗
(3)	酸化	老化	重合	軟化
(4)	劣化	変敗	酸化	重合

120 油脂の劣化・変敗を防ぐ方法に関する記述のうち、誤っているもの
を1つ選びなさい。

(1) 不純物を混ぜない。
(2) 保存中は、新鮮な空気にさらす。
(3) 長時間の加熱をできるだけ避ける。
(4) 直射日光に当てない。

保存中は、できる限り空気
にさらさない。

答　(2)

---

121 でん粉に関する記述のうち、誤っているものを1つ選びなさい。

(1) でん粉の糊化とは、でん粉に水を加えて加熱することで水和されて粘性を持っ
た状態である。
(2) 砂糖の添加は、糊化でん粉の水分の保持に効果があり、老化が抑制される。
(3) タピオカは、とうもろこしの種子からとれるでん粉で、球状のタピオカパー
ルに加工されて主にデザートに用いる。
(4) じゃがいもでん粉は、粘度が高く、付着性が高い糊状になる。

タピオカは、キャッサバ
（和名：イモノキ）の塊茎
からとれるでん粉である。
とうもろこしの種子からと
れるでん粉は、コーンス
ターチである。
(4) じゃがいもでん粉は、
片栗粉として使われる。

答　(3)

---

122 でん粉の種類とその特徴に関する記述のうち、正しいものを1つ選
びなさい。

(1) じゃがいもでん粉に水を加えて加熱した場合、不透明である。
(2) コーンスターチに水を加えて加熱した場合、不透明である。
(3) 生のでん粉をα-でん粉、糊化したでん粉をβ-でん粉という。
(4) でん粉の老化を防ぐためには、糊化が終わった直後にゆるやかに乾燥させ、水
分を50%以下まで引き下げておく。

(1) 不透明である→透明度
が高い
(3) 糊化したでん粉をα-
でん粉、生のでん粉を
β-でん粉という。
(4) ゆるやかに→急速に
50%→15%

答　(2)

---

123 調理による食品の変化に関する記述のうち、適切でないものを1つ
選びなさい。

(1) たんぱく質やアミノ酸、ブドウ糖などの糖類を一緒に加熱すると、アミノ・
カルボニル反応（メイラード反応）により褐変する。
(2) 果物などの皮をむいて空気中に放置すると褐色になるが、これは食品に含ま
れる糖類が酵素により、褐変したためである。
(3) 揚げ油が酸化すると、一般的に色が濃くなり、使用時に細かい持続性の泡立
ちが起こる。
(4) 無機質（ミネラル）は、調理で破壊されることはなく、食品からゆで汁や煮
汁に溶け出して損失が起こる程度である。

果物などの皮をむいて空気
中に放置すると、食品に含
まれるポリフェノール系の
物質が空気にふれ、酸化酵
素の作用で褐色に変化する。
糖類による褐変ではない。

答　(2)

7 献立作成

📖 p.283〜287

124 食品分類法に関する記述のうち、誤っているものを1つ選びなさい。

(1) 4つの食品群では、第1群に乳、乳製品、第2群に卵、魚介、肉、豆・豆製品が分類されている。

(2) 日本食品標準成分表では、食品は18群に分類されている。

(3) 3色食品群では、赤色が主にたんぱく質の給源、黄色が主に炭水化物（糖質）・脂質の給源、緑色が主にビタミン・ミネラルの給源として分類されている。

(4) 6つの基礎食品では、第1群に魚、肉、卵、大豆、第2群に牛乳・乳製品、骨ごと食べられる魚が分類されている。

> 卵は第1群に分類されている。
>
> 答 (1)

125 献立に関する記述のうち、誤っているものを1つ選びなさい。

(1) 栄養のバランスの取れた献立を作成するためには、食品中の各栄養素量を知って組み合わせる必要がある。

(2) 小児の献立は、なるべくいろいろな食品を取り入れ、偏食になることを防ぐ。

(3) 高齢期の献立は、生活活動内容に見合ったエネルギー、咀嚼力や消化吸収機能に応じた食事とする。

(4) 宴会などの1回限りの食事は嗜好中心に考え、家庭の日常食は日々の栄養摂取が大切であるため、栄養のみに重点を置く。

> 家庭の日常食は、栄養と嗜好の双方に重点を置く。
>
> 答 (4)

126 給食の特徴に関する記述のうち、誤っているものを1つ選びなさい。

(1) 栄養量と予算を考慮する。

(2) 調理従事者は、和・洋・中国すべての日常食を習得する必要がある。

(3) 適温で供食できるように、温蔵庫、冷蔵庫及び温冷配膳車の活用が必要である。

(4) 嗜好の異なる多くの人が対象なので、調理従事者の好みで味付けする。

> 嗜好の異なる多くの人に適合する味つけを考慮する。
>
> 答 (4)

127 献立作成に関する記述のうち、誤っているものを1つ選びなさい。

(1) 家庭での食事は、宴会や行事の食事と異なり、連続性をもった献立作成が求められる。

(2) 小児の献立では、この時期の食べ物への体験が成人後の嗜好を大きく支配するので、なるべくいろいろな食品を取り入れ、大人と同じ味付けとする。

(3) エネルギーを多く使う肉体労働をする人の献立では、食事の量を増やし、高エネルギーとする。

(4) 運動時は水分補給に気をつけ、ビタミン、無機質を多く摂取するようにする。

> 大人と同じ味付けにしない。濃い味付けや強い刺激物は避ける。
>
> 答 (2)

128 献立作成の手順に関する文章の（　　）内に入る語句の組み合わせのうち、正しいものを1つ選びなさい。

ア）食数、喫食者の年齢、性別、生活内容などから（ A ）を考える。

イ）費用や調理者の人数、（ B ）、調理設備、調理にかけられる時間、食事室の環境条件などを考慮して方針を定める。

ウ）食品の選定では、価格、出回り期、入手と保存の難易、取り扱いの難易、好まれるかどうかなどを目安に（ C ）の摂取量を目標に品質や鮮度の良いものを選ぶ。

	A	B	C
(1)	食事の嗜好	技能	栄養
(2)	食事の嗜好	性格	食品群別
(3)	必要栄養素量	技能	食品群別
(4)	必要栄養素量	性格	栄養

答 (3)

129 献立に関する記述のうち、正しいものを1つ選びなさい。

(1) 小児の献立は、濃い味付けや強い刺激物を多く取り入れ、おやつを含め食事の回数を抑える。

(2) 児童、生徒の献立は、特に動物性たんぱく質を十分に摂取させ、主食より副食の充実を図る。

(3) 高齢期の献立は、無機質やビタミンの摂取を制限し、動物性脂質を多量に摂取するようにする。

(4) 腎臓病の治療食は、水分、食塩を十分に摂取させ、エネルギーの摂取を制限する。

(1) 濃い味付けや強い刺激物は避けたほうがよい。おやつを含め食事の回数を増やす。

(3) 無機質やビタミンを十分摂取し、動物性脂肪のとりすぎに注意する。

(4) 水分、食塩を制限し、エネルギーを十分に摂取する。

答 (2)

130 治療食の献立に関する記述のうち、正しいものを1つ選びなさい。

(1) 病院における治療食は、特別食（特別治療食）のみである。

(2) 特別食（特別治療食）には、特定の栄養素の制限はない。

(3) 特別食（特別治療食）には、疾病の治療や、食事で体力の消耗をおぎなうなどの目的がある。

(4) 治療食は嗜好に合わせる必要はなく、それぞれの疾患に応じた栄養上の対策を講じればよい。

(1) 特別食（特別治療食）と一般食（一般治療食）がある。

(2) 疾患や症状に応じて制限がある。

(4) 栄養上の対策を講じると同時に、嗜好に合うことが求められる。

答 (3)

131 疾病と制限するものについて、正しいものを1つ選びなさい。

(1) 高血圧症 ── 刺激物、硬いもの

(2) 糖尿病 ── 総エネルギー

(3) 腎臓病 ── コレステロール、砂糖

(4) 肝臓病 ── 水分、たんぱく質

(1) 高血圧症─食塩、動物性脂質、総エネルギー、アルコール類

(3) 腎臓病─食塩、水分、たんぱく質

(4) 肝臓病─動物性脂質、アルコール類

答 (2)

8 調理技術

沖縄

132 米の炊飯に関する記述のうち、誤っているものを1つ選びなさい。

(1) 米のでん粉の糊化には、65℃以下で20分以上の熱を加える必要がある。

(2) 加熱後の蒸らしの目的は、温度をゆっくり下降させ、米粒表面の水分を除くことである。

(3) 洗米のはじめの1〜2回は、たっぷりの水を加え、米粒表面の糠が離れたらその水を手早く捨てる。

(4) 米は、浸漬の間に、米の重量に対して20〜30%の水を吸水する。

> 米のでん粉の糊化には、98℃以上で20分間の熱を加える必要がある。
>
> 答 (1)

栃木、福井、山口

133 炊飯（うるち米）に関する記述のうち、誤っているものを1つ選びなさい。

(1) 水加減は、重量で米の1.4〜1.5倍が適当である。

(2) 水加減は、容量で米の1.1〜1.2倍が適当である。

(3) 炊き上がりの米飯の重量は、もとの米の2.1〜2.3倍になる。

(4) 新米は、古米に比べて加水量を多くした方がよい。

> 新米は、古米に比べて加水量を少なめにしたほうがよい。
>
> 答 (4)

134 炊飯に関する記述のうち、正しいものを1つ選びなさい。

(1) 一般的に、うるち米（精白米）を炊飯し、三分がゆにする場合の加水量は、米の重量の約1.5倍である。

(2) 炊飯の目的には、米に含まれるでんぷんの糊化がある。

(3) 一般的に、炊飯における浸漬は加熱の後に行う。

(4) 一般的に、炊飯における加熱は、すべて乾式加熱である。

> でん粉は、糊化すると消化しやすくなる。
> 三分がゆでは米の約20倍の水量を加える。一般的に浸漬は加熱の前で、すべて湿式加熱である。
>
> 答 (2)

愛媛

135 米の炊飯に関する記述のうち、正しいものを1つ選びなさい。

(1) 洗米後、すぐに加熱を始めると、炊きあがりの米飯にムラができる。

(2) でんぷんの糊化が完了するには、80℃以上で10分間の加熱が必要である。

(3) 加熱後の蒸らしは、炊飯後一旦軽くかきまぜてから行う。

(4) ちょうどよい炊き込み飯の塩分濃度は、飯のできあがり重量の1.5%である。

> (2) 98℃以上で20分間の加熱が必要。
> (3) ふたを取らずにゆっくりと温度を低下させる。
> (4) 1.5%→0.7%
>
> 答 (1)

炊飯の水加減

米の水加減は、米の重量の1.4〜1.5倍、容量（体積）で計算すると1.1〜1.2倍、すなわち1〜2割増しである。

すし飯の場合は米の容量の1割増しが普通であるが、米と水を同一容量にする場合もある。

136 1カップ（200mL）の精米したうるち米を炊飯するのに最も適切な水の量を1つ選びなさい。

(1) 160mL
(2) 240mL
(3) 300mL
(4) 380mL

米は容積ならば1.2倍の水（200mL×1.2=240mL）で炊くとよい。

答 (2)

137 うるち米の炊飯に関する記述のうち、正しいものを1つ選びなさい。

(1) 飯のおいしさは、米の品質で決まり、水加減や火加減は影響しない。
(2) 米の加熱前の浸漬時間は、普通、10〜20分である。
(3) 炊飯時の水の量は、米の重量の1.1倍である。
(4) 沸騰後、98℃以上で20分間保つ火加減にして、米のでん粉をαでん粉にする。

(1) 飯のおいしさは、米の品質、水加減、火加減すべてが関係する。
(2) 浸漬時間は水温の影響を受け、夏期で30分〜1時間、冬期で1〜3時間である。
(3) 炊飯時の水の量は、米の重量の1.4〜1.5倍。

答 (4)

138 小麦粉に関する記述のうち、正しいものを1つ選びなさい。

(1) 小麦粉は、とろみをつける働きがあるため、ルウやスープなどに用いられる。
(2) ドウは、小麦粉に水分を加えた生地で、スポンジケーキやクレープ生地など、どろどろとした流動性がある。
(3) グルテンの含量が少ない薄力粉は、パンやマカロニに適している。
(4) ビーフンやフォーは、主に中力粉を用いて作られる。

(2) ドウ→バッター
(3) パンやマカロニに適するのは、グルテンの多い強力粉。薄力粉は、菓子や天ぷらに使われる。
(4) 中力粉→米粉。中力粉は主に麺類に使われる。

答 (1)

139 小麦粉の調理に関する記述のうち、誤っているものを1つ選びなさい。

(1) バッターは、小麦粉に水分を含ませた塊で流動性がないものである。
(2) 小麦粉に含まれるたんぱく質が形成する弾力のある塊をグルテンという。
(3) 小麦粉に水を加えてこねた生地（ドウ）は、砂糖や油脂を添加すると粘弾性が弱まるが、伸展性が増す。
(4) アルカリ（かん水）の添加は、伸展性を増し、黄色になる。

バッター→ドウ
(3) 食塩を添加すると粘弾性は強くなる。

答 (1)

140 小麦粉に関する記述のうち、正しいものを1つ選びなさい。

(1) 強力粉のグルテン含量は薄力粉より少ない。
(2) グルテンは、小麦粉に含まれるたんぱく質で、撹拌するほど強度が減少する。
(3) 小麦粉には水分を吸収する働きがあるため、ムニエルに用いられる。
(4) 小麦粉に水を加えてこねた生地をバッター、バッターよりゆるい生地をドウという。

(1) 少ない→多い。グルテン含量が最も多いのは強力粉、次いで中力粉、少ないのは薄力粉である。
(2) 撹拌するほど強度が増す。
(4) 小麦粉に水を加えてこねた生地がドウ、ドウよりゆるい生地がバッター。

答 (3)

141 小麦粉に関する記述のうち、正しいものを1つ選びなさい。

(1) 強力粉は、お菓子や天ぷら等に使われることが多い。

(2) グルテンは、小麦粉中のグリアジンとグルテニンにより形成される。

(3) 薄力粉は、麺の製造に適する。

(4) グルテンは、撹拌するほど強度が下がるので、パンを作るときはあまりこねないようにする。

142 いも類に関する記述のうち、正しいものを1つ選びなさい。

(1) じゃがいもを生から牛乳で煮ると、水で煮るよりやわらかくなる。

(2) マッシュポテトをつくる際は、熱いうちに裏ごすことが大切である。

(3) やまのいもの皮には、有毒なソラニンが含まれる。

(4) マッシュポテトには、粘質のメークインが適している。

143 いもの調理に関する記述のうち、誤っているものを1つ選びなさい。

(1) 新じゃがいもは、粉ふきいもやマッシュポテトに適さない。

(2) メークインは煮崩れしにくいため煮物に適し、男爵いもは煮崩れしやすいため、コロッケなどに適する。

(3) さつまいもの切り口は、空気に触れると酸化し、黒く変色する。

(4) さつまいもは、電子レンジ加熱のほうがオーブン加熱に比べて甘味が増す。

144 いも類の調理に関する記述のうち、誤っているものを1つ選びなさい。

(1) さつまいもは、甘味が特徴で、ゆっくり加熱するとアミラーゼが働き、でん粉が分解して糖に変わり、甘みが強くなる。

(2) 生のいもは空気に触れると褐変するので、切ったあと水にさらすが、長時間水にさらすと、細胞膜のペクチンが水中の無機質と結合してかたくなり、煮えにくい。

(3) マッシュポテトや粉ふきいもは、成熟した粉質のいもを水からゆで、冷めてからゆっくり組織を壊し、細胞をバラバラに離す。

(4) じゃがいもは、甘味よりうま味が強いので調理用に使われる。

---

(1) 強力粉→薄力粉
(3) 薄力粉→中力粉
(4) 強度が下がる→強度が
増す
パンを作る際にはよく
こねるようにする。

答 (2)

- - - - - - - - - - - - - - -

(1) やわらかくなる→かた
くなる
(3) ソラニンはじゃがいも
の芽に含まれる。
(4) マッシュポテトは、粉
質の男爵などが適して
いる。

答 (2)

- - - - - - - - - - - - - - -

さつまいもは、ゆっくり加
熱したほうが甘味が増すの
で、オーブン加熱のほうが
甘い。

答 (4)

- - - - - - - - - - - - - - -

冷めてからゆっくり→熱い
うちに手早く

答 (3)

じゃがいもの品種と調理特性

●**粉質**：粉ふきいも、コロッケ、マッシュポテトなどに向く。男爵、きたあかりなど。ただし、新じゃがいもは水分が多く、マッシュポテトにすると、べったりするので適していない。

●**粘質**：肉じゃが、煮物、シチューなどに向く。メークイン、とうや、デジマなど。

145　豆類の調理に関する記述のうち、正しいものを1つ選びなさい。

(1) あずきは、洗ったら浸漬しないですぐに火にかける。

(2) 大豆は、一晩水に浸漬して吸水させると、約4倍にまで膨潤する。

(3) 煮豆は、調味料を一度に加えて調味すると、しわもなくやわらかく煮える。

(4) 煮豆に重曹を加えると、ビタミンCの損失が大きく、硬く煮える。

福島、神奈川、関西、山口

146　煮豆に関する記述のうち、誤っているものを1つ選びなさい。

(1) 大豆は、重曹を加えて煮ることにより、やわらかくなる。

(2) あずきは、胴切れを起こさないよう、砂糖は3回くらいに分けて加える。

(3) 黒豆は、重曹や古釘を入れて煮ることにより、色よく仕上がる。

(4) 煮豆のしわを防ぐため、調味料を加えたらすぐに煮始めるとよい。

長野

147　豆の調理的特色に関する記述のうち、誤っているものを1つ選びなさい。

(1) 薄い食塩水に浸した大豆は、水に浸したものよりやわらかく煮える。

(2) 大豆たんぱく質は、水に溶けないが、酸性でよく溶ける。

(3) 渋抜きは、ゆでこぼしを数回行う操作で、サポニンなどを除く。

(4) びっくり水は、大豆を加熱する際、表皮と内部の温度差を少なくするため、途中で加える冷水のことをいう。

奈良

148　魚に関する調理用語とその調理方法の組み合わせのうち、誤っているものを1つ選びなさい。

(1) あらい ── 白身魚の身をそぎ切りなどにして、冷水、氷水などの中で洗って身を引き締めること。

(2) 昆布締め ── 白身魚などのおろした身を昆布の間に挟み、昆布の塩味とうま味を魚肉に移すこと。

(3) 皮霜 ── 魚の皮目に強火で焼き色を付けてから、冷水で冷やすこと。

(4) 酢締め ── 魚に塩をしたのち、食酢に漬けること。

魚の調理特性と食材
- **あらい**：少しくせがあり、脂の多いもの。スズキ、コイなど
- **昆布締め**：あっさりして昆布と合うもの。タイ、ヒラメ、スズキ、イサキなど
- **皮霜**：皮付きの刺し身を楽しむもの。タイ、ヒラメ、スズキなど
- **酢締め**：身がやわらかく、酢味に負けないもの。サバ、サワラ、イワシ、コノシロなど
- **立て塩**：繊細な味のもの。キス、白魚など

（2）大豆は一晩の浸漬で約2倍に膨潤する。十分に水分を含ませてから煮る。

（3）煮豆では調味料を一度に加えると急激に脱水してしわが寄りやすくなる。

（4）重曹を加えるとやわらかくしわもなくなるが、ビタミンB₁が減少する。

答（1）

しわを防ぐためには、あらかじめ調味液に浸して一晩おいてから煮始める、またはやわらかく煮えてから調味料を数回に分けて加えるとよい。

答（4）

大豆たんぱく質は、水に溶けないが、アルカリ性でよく溶ける。

答（2）

皮霜は、魚の皮目に熱湯をかけ、ただちに冷水で冷やすこと。

答（3）

149 魚介類の調理に関する記述のうち、誤っているものを１つ選びなさい。

(1) 煮魚は、少ない煮汁でムラなく味をつけるため、落としぶたをする。

(2) 焼き魚は、焼く20〜30分前に、魚の1〜2%の塩をまぶし、強い火力で放射熱を与えることが望ましい。

(3) 魚に直接塩を振らず、和紙を介して塩を当て、身を穏やかに締める方法を「立て塩法」という。

(4) 煮こごりとは、魚の皮や身を長時間煮た際に溶け出したゼラチンが冷えて固まったものである。

立て塩とは、海水程度の3％塩水に漬けて臭みを取り、全体にむらなく塩が回るようにすること。和紙を介して塩を当てることは「紙塩」という。

答 (3)

150 魚類の調理に関する記述のうち、正しいものを１つ選びなさい。

(1) 炭火の場合、強火のまま魚体を火から遠ざけて調節する手法を弱火の遠火という。

(2) 魚介類は、死後硬直を起こさない。

(3) 煮魚は、うま味の流出を防ぐために煮汁が煮立ってから魚を入れる。

(4) 焼き魚にふる塩は、ミネラルの多い粗製塩より精製塩の方が風味がよい。

(1) 弱火の遠火→強火の遠火
(2) 死後硬直を起こす。
(4) 粗製塩のほうが風味がよい。

答 (3)

151 肉の調理に関する記述のうち、誤っているものを１つ選びなさい。

(1) 肉は、筋線維に対して直角方向に切ると、焼いたときの縮みが少ない。

(2) 肉を焼くときは、焼く直前に塩・こしょうをする。

(3) 肉を焼く時は、はじめに弱火で両面を焼いて凝固させ、内部のうま味の流出を防ぐ。

(4) 煮込み料理のように水中で長く加熱するときは、すじの多いかたい部分を使うと、コラーゲンのゼラチン化によりやわらかくなる。

弱火→強火

答 (3)

152 食肉と部位の組み合わせのうち、正しいものを１つ選びなさい。

(1) 豚肉 —— ささ身
(2) 豚肉 —— ひれ
(3) 鶏肉 —— サーロイン
(4) 牛肉 —— 砂ぎも

(1) 鶏肉—ささ身
(3) 牛肉—サーロイン
(4) 鶏肉—砂ぎも

答 (2)

153 食肉に関する記述のうち、誤っているものを１つ選びなさい。

(1) 豚肉の脂肪の融点は、牛肉の脂肪の融点よりも高い。

(2) 肉のたんぱく質は、60℃付近で凝集・凝固が起こり、肉が収縮する。

(3) すねやばらは、シチューや角煮の材料に適している。

(4) ロースやヒレは、ステーキやカツレツの材料に適している。

豚肉の脂肪は牛肉の脂肪よりも融点が低い。

答 (1)

山口

154 肉の調理に関する記述のうち、誤っているものを1つ選びなさい。

(1) ビーフステーキの焼き加減で、ウェルダン（十分に）の場合、肉の中心温度は55〜65℃である。
(2) 肉は、食肉処理直後より、死後硬直が終わり、軟化・熟成を経てからのほうがやわらかく味が良い。
(3) かた、ももは、焼き肉や串焼きに適している。
(4) 融点の高い脂肪を含む牛肉や羊肉は、加熱して熱いうちに食べる調理に適している。

55〜65℃→70〜85℃
ビーフステーキの焼き加減は、レアが表面のみ焼いて中が生焼け、ミディアムは中も半ばまで焼け、ウェルダンは中まで十分に火が通った状態。

答 (1)

155 ひき肉の調理に関する記述のうち、正しいものを1つ選びなさい。

(1) 脂質が酸化しにくく、劣化の進みが遅い。
(2) 食塩を添加し撹拌すると、結着しやすくなる。
(3) 加熱中のうま味成分の溶出が少ない。
(4) 結着したひき肉の塊は、中心部まで熱が伝わりやすい。

(1) ひき肉の脂質は酸化しやすく劣化の進みは早い。
(3) 加熱中のうま味成分は溶出しやすい。
(4) 結着したひき肉の塊では中心部まで熱が伝わりにくい。

答 (2)

関西、栃木

156 卵の加熱に関する記述のうち、正しいものを1つ選びなさい。

(1) 卵白は、50℃で凝固し始める。
(2) 卵白は、70℃では流動性がある。
(3) 卵白は、80℃以上で完全に凝固する。
(4) 卵黄は、55℃でほとんど凝固する。

卵白は、57〜58℃で凝固し始め、65℃ではまだ流動性を保ち、70℃でほぼ凝固するが、80℃以上にならないと完全には凝固しない。卵黄は、65℃を過ぎるとほとんど凝固する。

答 (3)

群馬、静岡

157 卵の加熱に関する記述のうち、正しいものを1つ選びなさい。

(1) 卵白は、60℃で完全に凝固する。
(2) 卵黄は、90℃で凝固し始める。
(3) 卵を長時間ゆでると卵黄表面が青黒く変色するが、新しい卵ほど起こりやすい。
(4) 茶わん蒸しに加える食塩、カスタードプディングに加える牛乳は、熱凝固を促進させている。

(1) 卵白は、80℃で完全に凝固する。
(2) 卵黄は、65℃でほとんど凝固する。
(3) 卵をゆでた際に起こる黒変は、古い卵ほど起こりやすい。卵白のたんぱく質から発生したイオウ分が卵黄中の鉄分と結びついて起こる。

答 (4)

158 卵の調理に関する記述のうち、誤っているものを1つ選びなさい。

(1) スポンジケーキは、卵白の起泡性を利用して膨らませたものである。

(2) 茶碗蒸しやプディングは卵の熱凝固を利用した調理で、すだちをおこさないように100℃を保って蒸すとよい。

(3) 65～70℃の湯のなかに卵を入れ、20～30分保つと、卵黄はほぼ固まり、卵白のほうがどろどろした、いわゆる温泉卵ができる。

(4) 沸とうした湯のなかで卵を殻ごとゆでた場合、12分ほどで完全な固ゆで、3分以上で好みに応じた半熟卵になる。

100℃→85～90℃

答 (2)

---

159 卵の起泡性に関する記述のうち、誤っているものを1つ選びなさい。

(1) 卵白の泡立ちは、たんぱく質が激しい撹拌によって一種の変性を起こしたものである。

(2) 卵黄は、卵白に比べて泡立ちにくい。

(3) 砂糖は、卵白の持つ起泡性を阻害するため、メレンゲをつくる際は途中から加えた方がよい。

(4) 卵白は、レモン汁など酸性のものを少量加えると泡立ちにくくなる。

泡立ちにくくなる→泡立ちやすくなる
(3) 砂糖には、形成された気泡の安定性を高める作用がある。

答 (4)

---

160 卵の乳化性を利用した食品として、最も適切なものを1つ選びなさい。

(1) メレンゲ

(2) マヨネーズ

(3) ポーチドエッグ

(4) カスタードクリーム

マヨネーズは、卵黄中のレシチンの乳化作用を利用して水分と油を結びつけている。

答 (2)

---

161 牛乳に関する記述のうち、誤っているものを1つ選びなさい。

(1) 牛乳で希釈した卵液は、だし汁で希釈した卵液より、加熱後はやわらかくなる。

(2) 牛乳に含まれるカゼインは酸を加えると固まり、ヨーグルトは乳酸発酵によりカゼインを凝固させたものである。

(3) アミノ・カルボニル反応により、焼き菓子やグラタンなどに焼き色と香気をつける。

(4) 75℃以上で長時間加熱し続けると、硫化水素の不快臭を発生させる。

牛乳のカルシウムの作用で、加熱後はかたくなる。

答 (1)

沖縄

162 牛乳に関する記述のうち、誤っているものを１つ選びなさい。

(1) 牛乳中のたんぱく質は、カゼインが最も多く、これは酸、アルコール、レンニン、塩類などで凝固する。

(2) 牛乳は、コロイドの吸着作用により魚介類やレバーなどの生臭さを消す。

(3) 牛乳を冷却すると、熱変性により表面に皮膜ができる。

(4) 牛乳中のカルシウムは、卵混合液のたんぱく質の凝固を促進する。

> 牛乳は、静かに加熱すると、たんぱく質が熱凝固し、乳脂肪が吸着されて皮膜ができる。
>
> **答** (3)

163 ナチュラルチーズに関する記述のうち、含有する水分量により超硬質に区分されるものとして、正しいものを１つ選びなさい。

(1) カッテージチーズ

(2) カマンベールチーズ

(3) ラクレットチーズ

(4) パルメザンチーズ

> (1)、(2)カッテージチーズ・カマンベールチーズは軟質。
> (3) ラクレットチーズは硬質。
> 下記囲み記事参照
>
> **答** (4)

164 野菜類の調理に関する記述のうち、誤っているものを１つ選びなさい。

(1) 野菜に含まれるえぐ味、苦味、渋味などの不味成分は、あくと呼ばれる。

(2) クロロフィルは、長時間の加熱により鮮やかな緑色のクロロフィリドになる。

(3) なすに含まれるアントシアニンは、みょうばんのアルミニウムイオンで色が安定し、美しい紫色になる。

(4) 生のきゅうりなどにはビタミンC酸化酵素が含まれ、切る、すりおろすなどの調理操作後、ビタミンCを含む食品に混ぜると、ビタミンCが破壊される。

> ほうれん草などの青菜に含まれるクロロフィルは、長時間の加熱によりフェオフィチンとなるため、退色する。
>
> **答** (2)

165 野菜の変色に関する記述のうち、誤っているものを１つ選びなさい。

(1) 緑色野菜は、なるべく短時間でゆで、すぐ水で冷やす。

(2) 汁物に青菜を入れるのは、火からおろす間際にする。

(3) 生野菜を冷水に漬けると、パリッとして歯切れがよくなる。

(4) れんこんやごぼうを煮るときに砂糖を加えると、フラボノイドが無色になるので、白く煮上がる。

> れんこんやごぼうは、切ったらすぐ水に漬け、煮るときには酢を加えると、フラボノイドも無色になるので白く煮上がる。
>
> **答** (4)

ナチュラルチーズの水分による分類

- **軟質チーズ**：カマンベール、クリーム、モッツァレラなど
- **半硬質チーズ**：ゴーダ、ロックフォールなど
- **硬質チーズ**：エメンタール、チェダー、ラクレットなど
- **超硬質チーズ**：パルメザン（パルミジャーノ・レッジャーノ）

166 野菜・果物の調理に関する記述のうち、誤っているものを1つ選びなさい。

(1) 青菜をゆでるときは、ふたを取ったほうが有機酸が揮発して退色しにくい。

(2) 果実に砂糖を多量に加えて煮詰めると、果実中のコラーゲンが砂糖・酸と反応してゼリー状になる。

(3) 果物をミキサーにかけると、ビタミンCの酸化が進む。

(4) 野菜を煮ると、細胞膜の成分であるペクチンが溶けて組織がくずれ、やわらかくなる。

167 調味料の調理特性に関する記述のうち、誤っているものを1つ選びなさい。

(1) 砂糖の呈味成分はショ糖で、水に溶けやすく、温度が高いほど溶解度が大きくなる。

(2) 砂糖は、170〜190℃で分解し、褐色のカラメルになる。

(3) 食塩は、水によく溶け、加熱によって変化することもない。

(4) 食酢は、揮発性の成分が少ないため、加熱しても味や香りは変化しない。

168 主な調味料の特性に関する記述のうち、誤っているものを1つ選びなさい。

(1) 砂糖は温度が同じなら、結晶粒子が大きいほど溶解速度も速まり、氷砂糖、ざらめ、上白糖、グラニュー糖の順に溶解速度が速い。

(2) 食塩は食品の保存性を高め、一般細菌は、5%程度の食塩で生育が抑制され、15〜20%で繁殖が停止する。

(3) 食酢の主成分は酢酸で、食塩や砂糖のような純粋物質ではなく、うま味や香気成分の複合体で複雑な味、香りをもつ。

(4) 食酢はたんぱく質の変性を容易にするため、焼き魚の網や金串に酢を塗ったり、落とし卵の熱水中に酢を入れ、熱凝固を促進させる。

169 砂糖に関する記述のうち、正しいものを1つ選びなさい。

(1) 上白糖、ざらめ、氷砂糖、グラニュー糖の順に溶解速度が速い。

(2) 砂糖濃度が高いほうが微生物の発育を妨げ、腐敗を防ぐ。

(3) あめの再結晶化を防ぐためには、食塩を加えるとよい。

(4) 砂糖液を煮詰めていき、砂糖の濃度が70%を超えると沸点が急に上がり出し、90%では154℃に達する。

コラーゲン→ペクチン

答 (2)

食酢は、揮発性成分が多く、加熱すると味、香りが変化する。

答 (4)

温度が同じ場合、結晶粒子が小さいほど溶解速度が速まる。グラニュー糖、上白糖、ざらめ、氷砂糖の順に溶解速度が速い。

答 (1)

---

(1) グラニュー糖、上白糖、ざらめ、氷砂糖の順に溶解速度が速い。

(3) あめの再結晶化を防ぐためには、食酢を加えるとよい。

(4) 砂糖液を煮詰めたとき、濃度が50%を超えると沸点が急に上がり出し、90%では124℃にも達する。

答 (2)

170　食塩に関する記述のうち、誤っているものを1つ選びなさい。

(1) 肉、魚などに塩を加えると、筋肉たんぱく質が可溶化して嗜好性が向上し、また、加熱した時の熱凝固も速まる。

(2) たんぱく質の熱凝固を促進するため，落とし卵の湯に塩が加えられる。

(3) 味付けとして適度と感じる食塩濃度は0.8〜1.2%であるが、加工食品中には保存性をよくするため、より多くの食塩が含まれている。

(4) 呈味成分は塩化カリウムで、純粋な塩味はほかの物質では代用できず、すべての調味料の基本となる。

塩化カリウム→塩化ナトリウム

答 (4)

愛媛

171　香辛料や香味野菜とその作用の組み合わせのうち、誤っているものを1つ選びなさい。

(1) 白こしょう　　　　　　—— 焼けるような辛味

(2) さんしょう　　　　　　—— 鼻へ抜ける辛味

(3) ベイリーフ（ローリエ）—— 香り

(4) パプリカ　　　　　　　—— 着色

さんしょうは焼けるような辛味。鼻へ抜ける辛味は、からし、わさびなど。

答 (2)

静岡

172　香辛料に関する記述のうち、誤っているものを1つ選びなさい。

(1) 香辛料の中で、しょうが、からしなどの辛味は、食欲を増進させる働きがある。

(2) 香辛料には、植物本体をそのまま用いる香草（ハーブ）または薬味と呼ばれるものがある。

(3) ターメリックは、主に料理の色づけに使われる。

(4) ナツメグは、主に料理の辛味づけに使われる。

辛味づけ→香りづけ

答 (4)

173　集団調理に関する記述のうち、正しいものを1つ選びなさい。

(1) 不特定多数人を対象に継続的に供給される食事を給食という。

(2) 大量調理では加熱中の蒸発率が低く、加える水（だし汁）の量が少ないため、煮物では加熱ムラや調味の不均一が起こりやすい。

(3) 二枚貝等ノロウイルス汚染のおそれのある食品は、65〜75℃で90秒以上加熱する。

(4) クックチルとは当日調理、当日喫食の調理方式である。

(1) 不特定多数→特定多数
(3) 85〜90℃で90秒以上加熱する。
(4) クックチル→クックサーブ

答 (2)

174　給食の特徴に関する記述のうち、誤っているものを1つ選びなさい。

(1) 栄養量と予算を考慮せず、おいしさを重視する。

(2) 衛生的安全性を重視するため、献立に取り入れる料理が限定される。

(3) 調理従事者は、和、洋、中国すべての日常食を習得する必要がある。

(4) 嗜好の異なる多くの人に合う味つけを考慮する。

栄養量と予算を考慮する。

答 (1)

175　給食に関する記述について、誤っているものを1つ選びなさい。

(1) 学校、病院および寮などの特性を理解し、安全、栄養および嗜好を満たした給食が望まれる。

(2) 味付けなど、個人に合わせて提供しやすい。

(3) 適温で供食できるように、温蔵庫、冷蔵庫および温冷配膳車の活用が必要である。

(4) 変化や期待感に富む食事にするため、新調理システムの導入を求められることがある。

個別性に欠け、個人に合わせて提供しにくい。

答 (2)

山口

176　大量調理の特徴に関する記述のうち、誤っているものを1つ選びなさい。

(1) 水を媒体とする加熱調理操作では、少量調理と比べて温度上昇速度が急激である。

(2) 余熱が大きいため、加熱時間が短縮できる。

(3) 煮物は、煮くずれを防ぐため、八分通り煮えたところで消火する。

(4) 加熱条件が色、かたさ、味や栄養成分の変化に顕著に影響する。

急激→緩慢

答 (1)

177 集団調理に関する記述のうち、誤っているものを1つ選びなさい。

(1) 汁物の大量調理では、味を一定に保つため、調味料を数量的に取り扱わなければならない。

(2) 揚げ物の大量調理は、時間がかかりすぎるのが欠点である。

(3) 和え物の大量調理では、調味してから食べるまでの時間が長いと水っぽくなりやすい。

(4) 大量炊飯は、水分の蒸発量が多いため、新米、古米に関係なく調理できるのが利点である。

福井

水分の蒸発量は少ない。新米、古米を考慮して調理する。

答 (4)

178 大量調理に関する記述のうち、正しいものを1つ選びなさい。

(1) 調理後から喫食までの時間は長いが、品質や衛生的安全性への影響はほとんどない。

(2) 炒め物は、食材全てを一度に加熱すると仕上がりがよい。

(3) 水分蒸発量が低いため、加える水（だし汁）の量が少ない。

(4) 和え物は、味の均質化に配慮するため、材料が熱いうちに調味する。

神奈川

(1) 品質や衛生的安全性の面で検討が必要。

(2) 1回に炒める量を少なくすると仕上がりがよい。

(4) 脱水に配慮し、提供直前に調味する。

答 (3)

179 次の記述により説明される調理方式として、正しいものを1つ選びなさい。

食材を加熱調理後、冷凍または冷蔵せずに運搬し、速やかに提供することを前提とした調理方式

(1) クックフリーズ

(2) クックチル

(3) クックサーブ

(4) ブラストチラー

答 (3)

180 新調理システムに関する記述のうち、正しいものを1つ選びなさい。

(1) 真空調理法は、衛生的に処理ができるため、再加熱では食材の中心温度を気にしなくてよい。

(2) 新調理システムは、喫食者のニーズの多様化、料理の衛生的安全性、経済性を追求した集中計画生産システムである。

(3) 真空調理法では、食材の重量減少は大きく、調味料の浸透も不均一になる。

(4) クックフリーズシステムとは、クックチルシステムの急速冷却の工程から更に冷却を続け、－5℃以下としたものである。

(1) クックチルシステムと同様に気をつけなくてはならない（p.204 問題181（4）参照）。

(3) 重量減少は小さく、調味料の浸透も均一になる。

(4) －5℃以下→－18℃以下

答 (2)

181 クックチルシステムについて、誤っているものを1つ選びなさい。

真空調理法の説明である。

答 (1)

(1) 真空包装し、低温で加熱調理する。

(2) 急速冷却では、90分以内に中心温度を3℃以下まで下げる。

(3) 冷蔵3℃以下で、運搬・保管する。

(4) 提供時には、中心温度75℃で1分間以上（二枚貝等でノロウイルス汚染のおそれがある場合は85〜90℃で90秒間以上）再加熱する。

182 クックチルシステムに関する記述のうち、誤っているものを1つ選びなさい。

冷蔵運搬・保管は3℃以下で行う。

答 (4)

(1) 食材を加熱調理後、急速冷却し、冷蔵により運搬・保管し、提供時に再加熱する調理方式である。

(2) クックチル、クックフリーズシステムの衛生管理基準は、日本では、院外調理における衛生管理指針（ガイドライン）に示されている。

(3) 食材を加熱調理後、90分間以内に冷水または冷風による急速冷却を行う。

(4) 冷蔵（10℃以下）により運搬・保管する。

183 真空調理法の特徴に関する記述のうち、誤っているものを1つ選びなさい。

やわらかい仕上がりになる。

答 (3)

(1) 加熱温度が料理のテクスチャーを特徴づけるため、加熱温度に対する加熱時間を厳密に管理する。

(2) 生や、表面に軽く焦げ色をつけた食材を調味液と一緒に専用の袋に詰め、真空包装し、58〜95℃程度で一定時間加熱する。

(3) かたい仕上がりになることが多い。

(4) 給食での活用においては、衛生管理の面から再加熱は食材の中心温度75℃以上で1分間以上（二枚貝等のノロウイルス汚染のおそれのある食品は除く）とする。

大量調理施設でよく使われる調理機器の名称①

● **シンク**：流し台
● **フードカッター**：切さい機器で、野菜・肉などをみじん切りにする
● **ミートチョッパー**：肉ひき機
● **合成調理器**：野菜の切さいから肉ひきまで可能な機器
● **フードプロセッサー**：フードカッターとミキサーの機能を併せもつ機器
● **ミキサー**：食品の撹拌、混合、泡立てなどを行う機器
● **ティルティングパン**：ブレージングパンともいう。煮物・揚げ物・炒め物など多目的機器

184 大量調理に用いられる機械器具と調理法の組み合わせのうち、誤っているものを1つ選びなさい。

(1) ブロイラー —— 焼く
(2) フライヤー —— 揚げる
(3) ピーラー　 —— 皮をむく
(4) スライサー —— 肉を挽_ひく

（フード）スライサーは野菜などの食品を薄く切断する機器。肉を挽くのはミートチョッパー。

答（4）

185 調理機器と用途の組み合わせのうち、誤っているものを1つ選びなさい。

(1) サラマンダー　　　　　　　　—— 蒸気炊飯
(2) ティルティングパン　　　　　—— 揚げ物・炒め物
(3) スチームコンベクションオーブン —— 蒸気加熱
(4) フードミキサー　　　　　　　—— 撹拌・粉砕

サラマンダーは焼き物に使用し、高温で焼き目、焦げ目をつける機器。

答（1）

福島

186 調理機器について線で結んだ関係のうち、誤っているものを1つ選びなさい。

(1) ブラストチラー　　　　　 —— 冷風で急速冷却する装置
(2) タンブルチラー　　　　　 —— 冷却水を循環させ急速に冷却する装置
(3) コンベクションオーブン　 —— 蒸気を発生させ、焼く行為と蒸す行為を同時に行う装置
(4) 真空包装機　　　　　　　 —— 包材内を真空にする装置

スチームコンベクションオーブンの説明である。コンベクションオーブンは熱風を強制循環させて焼く装置。

答（3）

187 給食の作業区分と主要調理機器に関する組み合わせのうち、正しいものを1つ選びなさい。

作業区分		主要機器
(1) 検収	——	洗米機
(2) 下処理	——	フードプロセッサー
(3) 主調理（加熱）	——	ブラストチラー
(4) 主調理（冷却）	——	サラマンダー

(1) 洗米機は、下処理に該当する。
(3) ブラストチラーは、冷風を用いる急速冷却器で、主調理（冷却）に該当する。
(4) サラマンダーは、表面に焼き目、焦げ目をつける機器で、主調理（加熱）に該当する。

答（2）

大量調理施設でよく使われる調理機器の名称②
● **ピーラー**：球根皮むき器、いもや玉ねぎなど根菜類の皮をむく機器
● **コンベクションオーブン**：対流式の多段型オーブン
● **スチームコンベクションオーブン**：コンベクションオーブンにスチーム機能をつけたもの
● **フライヤー**：揚げ物器
● **ブラストチラー**：加熱調理済み食品を、冷風を吹きつけて素早く冷却する急速冷却器
● **タンブルチラー**：加熱調理済み袋詰め食品を、氷温冷却水で冷却するドラム回転冷却器

---

188 調理施設の衛生管理に関する記述のうち、誤っているものを1つ選びなさい。

(1) 施設の清掃、整頓は、日間、週間、月間の計画を立て、確実に行う。

(2) 清掃は、すべての食品が調理場内から完全に搬出された後に行う。

(3) 食品倉庫内は、食品の種類ごとに区分して整理し、定期的に清掃する。

(4) 冷凍・冷蔵庫は、低温で管理されているため、庫内壁面を消毒する必要はない。

冷凍・冷蔵庫は、週に1回は内部を清掃し、壁面は消毒液でふいておく。

答 (4)

---

189 調理施設の洗浄・消毒・清掃に関する記述のうち、正しいものを1つ選びなさい。

(1) 同一メニューを1回50食提供する調理施設でも、「大量調理施設衛生管理マニュアル」に基づいた衛生管理が望ましい。

(2) 調理台の洗浄・殺菌は、殺菌→すすぎ→洗浄→すすぎ→乾燥の順に行う。

(3) 調理台は、洗浄・殺菌し、乾燥させた状態で最後に濃度70%アルコールを噴霧し、そのあとは必ず水ぶきする。

(4) 調理機器の部品は、50℃で5分間殺菌し、乾燥させ、組み立てる。

(2) すすぎ→洗浄→すすぎ→殺菌→すすぎ→乾燥である。

(3) 調理台は、水洗い後、洗浄し、洗剤を洗い流し、乾燥させて70%アルコールを噴霧する。噴霧後は水ぶきしない。

(4) 調理機器の部品は、80℃で5分以上殺菌し、乾燥させ、組み立てる。

答 (1)

沖縄

---

190 施設設備および調理機械の洗浄等に関する記述のうち、誤っているものを1つ選びなさい。

(1) 冷凍・冷蔵庫は、1週間に1回は内部を清掃し、壁面は消毒液で拭く。

(2) 冷凍・冷蔵庫は、保管中に食品が汚染されないように使用区分を決めておく。

(3) 施設は、内壁のうち床面から1m以上の部分および天井は、3か月に1回以上清掃する。

(4) 調理機械は、作業開始前に70%アルコール噴霧かこれと同等の効果を有する方法で殺菌する。

3か月に1回以上→1か月に1回以上

答 (3)

衛生管理の基本

厚生労働省の「大量調理施設衛生管理マニュアル」は、同一メニューを1回300食以上、または1日750食以上を提供する施設に適用されるが、それ以外の施設であってもこのマニュアルに基づいた衛生管理を行うことが望ましい。

11 接客サービス・食事環境

📖 p.303〜304

191 接客サービスの方法に関する記述のうち、正しいものを1つ選びな
さい。

(1) ブッフェスタイルは原則として立食で、人数の増減に対応しやすいが、料理
のロスが出やすい。

(2) 日本料理の宴席（座敷）での会席料理の配膳方法は、原則として客の前方か
ら供する。

(3) 西洋料理では、飲み物は客の前方から給仕する。

(4) 中国料理では、1卓6〜8人の円卓を用いることが多く、出入り口から近いと
ころが主客である。

北海道、沖縄

(1) ロスが出やすい→ロス
が少ない
(3) 客の前方→客の右側
(4) 近いところ→遠いとこ
ろ
下記囲み記事参照

答 (2)

192 着席スタイルの接客サービスに関する記述のうち、誤っているもの
を1つ選びなさい。

(1) 日本料理の宴席における給仕は、原則として主客から行う。

(2) 中国料理で円卓を用いる場合は、テーブルを左回転させて料理を主客の前で
止めてサービスを行う。

(3) 西洋料理では、飲み物は客の右側から給仕し、原則として食べ物は左側から
給仕する。

(4) 西洋料理では、食事が終わった皿を左側からできるだけ音を立てないように
手早く取り下げる。

山口

中国料理の円卓ではテーブ
ルを右回転させて料理を主
客の前で止める。

答 (2)

193 接客サービスに関する記述のうち、誤っているものを1つ選びなさい。

(1) サービスをする人は、たえず食事の進行に気を配り、目立たぬようにし、食
事をしている人に十分配慮することが大切である。

(2) ブッフェスタイルでのメインテーブルの料理は、コースに関係なく並べる。

(3) 日本料理の会席料理の配膳方法には、一度に料理を並べる場合と、一品ずつ
間隔をおいて料理を供する酒宴向きの配膳がある。

(4) 西洋料理のテーブルセッティングで使用するセンターピースは、テーブルの
中央に置く飾りのことである。生花、果物の盛り合わせ、キャンドルなどが使
われる。

コース順（前菜、主菜、サ
ラダ、デザート）に並べる。

答 (2)

スタイル別サービス

● **ブッフェスタイル**：原則として立食で、人数の増減に対応しやすい。

● **着席スタイル**：日本料理の宴席では一度に料理を並べる場合と、一品ずつ間隔をおいて供する場合がある。中国料
理は1卓6〜8人の円卓を用いることが多い。また、出入り口から遠いところが主客である。西洋料理では、飲み
物は客の右側から、料理は左側から給仕することが多い。食事が終わった皿は、左側からできるだけ音を立てずに
手早く下げる。

194 食事を心豊かにおいしく食べるための室内コーディネートに関する
記述のうち、誤っているものを１つ選びなさい。

(1) ゆっくりしたリズムの音楽を音量を下げて流す。

(2) 食べ物をおいしそうに感じさせるのは、暖色の光が有効である。

(3) 香りの強い室内芳香剤を使用する。

(4) ハーブなどの食欲をそそる草花を食卓に飾る。

料理の香りを楽しむため、強い香りの芳香剤は使用しない。
下記囲み記事参照

答 (3)

195 食器類に関する記述のうち、誤っているものを１つ選びなさい。

(1) 和風料理の食器類は、主に磁器、陶器の焼き物と漆器を用いる。

(2) グラスの下に敷くコースターは、グラスのしずくや熱が直接テーブルに伝わることを防ぐ。

(3) カトラリーは、食器の総称である。

(4) 中国料理の食器は、磁器、陶器のほかに銀やすずの金属器も使われる。

食器→刃物。通常は食べ物を口に運ぶためのナイフ、フォーク、スプーンなどの道具をさす。

答 (3)

食卓のコーディネート

食事を心豊かにおいしく食べるためには、室内や食卓の雰囲気づくりも大切である。暖色の光は食べ物をおいしそうに感じさせ、気持ちもリラックスさせる。洋風のテーブルセッティングでは、生花や果物の盛り合わせ、キャンドルなどテーブルの中央に置く飾りのことを、センターピースと呼ぶ。また、塩・こしょう入れ、ナプキンリングなどのテーブルの上に飾る小物類をフィギュアという。料理の香りをさまたげるような芳香剤は置かない。

6

食文化概論

---

1 食文化に関する記述のうち、誤っているものを1つ選びなさい。

(1) 生活文化のうち、食物摂取行動に関する文化を食文化あるいは食生活文化と呼ぶ。

(2) 人類の食文化を象徴しているのは、道具の使用、火の利用、食物の味つけの3つである。

(3) 日本の食文化は他国の食文化の影響を受けずに独自に発展してきた。

(4) 食事の役割には、飢えを満たす、健康を保つ、生活を充実させるという3段階がある。

中国、朝鮮半島などからのさまざまな影響を受け、日本独自の気候風土などに合った料理や文化が発達してきた。

- -

答 (3)

---

2 人の食文化を象徴するものに関する記述のうち、（　　）に当てはまる正しいものを1つ選びなさい。

人は加工・調理により、自然の食品にさまざまな処理をほどこし、食物の範囲を大幅に広げることができた。その中でも、特に人類の食文化を象徴しているのは、道具の使用、火の利用、（　　）の3つである。

(1) 水の利用

(2) 食物の味つけ

(3) 地域性

(4) 経済性

答 (2)

---

3 食文化の成り立ちに関する記述のうち、正しいものを1つ選びなさい。

(1) 人類の食文化を象徴しているのは、道具の使用、火の使用、食物の味つけの3つである。

(2) 食事の役割には、意欲を低下させる、健康を保つ、生活を充実させるという3段階がある。

(3) 整合性、栄養性、嗜好性の3つは、食物の基本的な条件であり、地域や民族を問わず、人類共通の文化に属している。

(4) 衣食住など、人間の生活行動に関する技術や意識の文化を伝統文化という。そのなかでも、食物摂取行動に関する文化を日常文化と呼ぶ。

(2) 食事の役割には飢えを満たす、健康を保つ、生活を充実させるという3段階がある。

(3) 安全性、栄養性、嗜好性の3つが条件。

(4) 人間の生活行動に関する技術や意識の文化は生活文化といい、なかでも食物摂取行動に関する文化を食文化あるいは食生活文化と呼んでいる。

- -

答 (1)

---

4 食物の基本的な条件としての組み合わせのうち、正しいものを1つ選びなさい。

(1) 経済性 —— 栄養性 —— 利便性

(2) 安全性 —— 栄養性 —— 嗜好性

(3) 経済性 —— 簡易性 —— 利便性

(4) 安全性 —— 簡易性 —— 流行

安全性、栄養性、嗜好性である。

- -

答 (2)

5　食事の機能とその条件・要素の組み合わせのうち、正しいものを1
つ選びなさい。

(1) 付加価値機能 —— 食物の制限条件 —— 経済性、簡易性、利便性
(2) 生命維持機能 —— 特殊要素 —— 趣味、娯楽、団らん、体験、流行、交流
(3) 付加価値機能 —— 生活要素 —— 信仰・節制、行事、保健、医療
(4) 生命維持機能 —— 食物の基本的条件 —— 安全性、栄養性、嗜好性

(1) 食物の制限条件（経済
性、簡易性、利便性）
は生命維持機能
(2) 特殊要素は信仰・節制、
行事、保健、医療で、
付加価値機能
(3) 生活要素は趣味、娯楽、
団らん、体験、流行、
交流で、付加価値機能

答（4）

6　米に関する記述のうち、誤っているものを1つ選びなさい。

(1) 高温多湿、豊富な水分を必要とする農作物であり、狭い土地からの収量も多く、
同じ田に連作が可能である。
(2) 食料自給率が低下している日本において、自給可能な食料である。
(3) 米の摂取量は、昭和35（1960）年をピークに減少を続けている。
(4) 日本の主流のイネであるインディカ種は、丸く短い形で、炊くと粘り気がある。

日本において主流なものは、
ジャポニカ種であり、形は
丸く短い。炊くと粘り気が
ある。

答（4）

7　世界各地の主作物と食べ方の組み合わせのうち、誤っているものを
1つ選びなさい。

(1) 米 —— 日本をはじめ、朝鮮半島、中国南部、東南アジア、インド
南部などで、飯や粥にして食べる。
(2) 雑穀 —— 主にアフリカ大陸で、だんごにしたり、粉粥やおねりにし
て食べる。
(3) 小麦 —— ヒマラヤ地方（チベット周辺）やヨーロッパ北部で、粗挽
き粥にしたり、湯で練って食べる。
(4) とうもろこし —— 北アメリカ、メキシコなどで、粗挽き粥やトルティーヤに
して食べる。

小麦→大麦。小麦は、ヨー
ロッパやロシア、北アメリ
カ、インド西部、西・中央
アジア、中国北部などで、
製粉してパンや麺類、ナン
などにして食べる。

答（3）

8　宗教と食物禁忌に関する記述のうち、誤っているものを1つ選びな
さい。

(1) ユダヤ教は、肉と乳製品を一緒に食べることを禁じている。
(2) ヒンズー教は、乳製品を食べることを禁じている。
(3) イスラム教は、非教徒が殺した動物を食べることを禁じている。
(4) ユダヤ教は、豚肉を食べることを禁じている。

殺生によらない動植物、乳
製品は禁じられていない。

答（2）

9 宗教と食物禁忌の組み合わせのうち、誤っているものを1つ選びなさい。

(1) イスラム教 ── 豚肉
(2) ユダヤ教 ── 豚肉
(3) ヒンズー教 ── 牛肉
(4) キリスト教 ── ワイン

キリスト教では、キリストの血液に見立ててワインを飲む。

答 (4)

10 ユダヤ教徒が宗教上食べないとされる食物として、誤っているものを1つ選びなさい。

(1) えび
(2) うなぎ
(3) 鶏肉
(4) 豚肉

(1)(2) うろことひれのある魚は食用可である。

答 (3)

11 イスラム教徒がタブーとしている食物に関する記述のうち、誤っているものを1つ選びなさい。

(1) 豚を食べない。　(2) 牛を食べない。
(3) 血液を食べない。　(4) 酒を飲まない。

牛肉は、ヒンズー教で禁忌とされる。

答 (2)

12 にんにく、にら、たまねぎを食物禁忌（タブー）としている宗教として、正しいものを1つ選びなさい。

(1) ユダヤ教　(2) イスラム教　(3) ヒンズー教　(4) キリスト教

答 (3)

13 農業を中心として発展した農耕文化とその作物の組み合わせとして、正しいものを1つ選びなさい。

(1) 根栽農耕文化 ── じゃがいも、かぼちゃ、とうもろこし
(2) 地中海農耕文化 ── 大麦、ビート、小麦
(3) サバンナ農耕文化 ── さとうきび、ヤムいも、バナナ
(4) 新大陸農耕文化 ── ごま、ささげ、大豆

下記囲み記事参照

答 (2)

4系統の農耕文化圏の栽培作物

- ●**根栽農耕文化**：タロいも、ヤムいも、さとうきび、バナナ
- ●**地中海農耕文化**：大麦、小麦、ビート
- ●**サバンナ農耕文化**：雑穀（あわ、ひえ）、豆類（ササゲ、小豆）
- ●**新大陸農耕文化**：とうもろこし、いんげん豆、落花生、かぼちゃ、トマト、さつまいも、じゃがいも

14 主要作物と食べ方に関する組み合わせのうち、正しいものを1つ選びなさい。

(1) 小麦　　　　── 粗挽きがゆ
(2) 大麦　　　　── 石焼き、石蒸し
(3) とうもろこし ── トルティーヤ、粗挽きがゆ
(4) キャッサバ　── マントウ、うどん、パン

山口、沖縄

(1) 小麦─パン、麺類
(2) 大麦─粗挽きがゆ
(4) キャッサバ─甘味種は
　ゆでてそのまま、苦味
　種は皮をむいて水に漬
　けてからゆでるなど、
　青酸配糖体の毒抜きを
　して食べる
などが一例。

答 (3)

15 世界の食事様式に関する記述のうち、誤っているものを1つ選びなさい。

(1) 手食、箸食、ナイフ・フォーク・スプーン食があり、これを三大食法という。
(2) 箸は、古代中国に起源があり、現在使用しているのは、中国、朝鮮半島、日本、ベトナムなどである。
(3) 旧石器時代には、人間はすべて手食をしており、ヨーロッパでも200～300年前までは手食であった。
(4) イスラム教圏やヒンズー教圏では、食事に使うのは左手で、右手は不浄なものとされていた。

北海道、沖縄

食事に使うのは右手のみ。
世界の宗派に関わる食物禁忌や食事様式、食習慣について理解しておく。

答 (4)

16 食事のおいしさに関与する要因の組み合わせのうち、誤っているものを1つ選びなさい。

(1) 化学的要因 ── 甘味、酸味、塩味などの呈味物質による刺激
(2) 物理的要因 ── 温度、食感、歯ごたえなどの口腔内に与えられる刺激
(3) 生理的要因 ── 外観、形状、色彩、香りなどの条件
(4) 文化的要因 ── 気候、風土、歴史、宗教

生理的要因は、加齢、空腹感、疲労感、健康状態などの身体的な条件。
外観、形状、色彩は物理的要因、香りは化学的要因である。

答 (3)

17 日本の食文化と料理に関する記述のうち、正しいものを 1 つ選びなさい。

(1) 縄文時代には、弥生式土器を用いて、加熱調理を行っていた。

(2) 平安時代には、現代まで続く日本料理の原形となった本膳料理が確立された。

(3) 江戸時代には、茶事の際、茶の前に供する食事として茶会席料理が生まれた。

(4) 明治時代には、文明開化とともに肉食が開放され、公然と肉を食べられるようになった。

北海道

(1) 縄文時代には縄文式土器を使って加熱調理を行っていた。

(2) 平安時代に日本料理の原形となったのは大饗料理である。

(3) 江戸時代に生まれた茶事に供する料理は茶懐石である。

答 (4)

18 調理師に関する記述のうち、正しいものを 1 つ選びなさい。

(1) 職業としての料理人が増加したのは、平成期に入ってからといわれている。

(2) 調理師法が制定されたのは、1900（明治33年）である。

(3) 大正期には、国内各地のレストランやホテルの厨房にコックが置かれるようになり、司厨士と呼ばれた。

(4) 調理師の資格は業務独占資格である。

(1) 平成期→江戸時代。江戸や大阪を中心に屋台や料亭が増え、料理人が職業として成り立つようになった。

(2) 調理師法制定は 1958（昭和33）年。

(4) 業務独占資格→名称独占資格。調理師資格は、国家資格で一定の調理技術と所定の科目を兼ね備えた資格。資格がなければ調理師を名乗ることはできない。

答 (3)

19 料理人の歴史に関する記述のうち、正しいものを 1 つ選びなさい。

(1) 室町時代には、料理人の調理技術にさまざまな流派が創設され、料理人は包丁人と呼ばれるようになった。

(2) 安土桃山時代になると大名が抱えていた料理人の一部が料理人紹介所を開いた。

(3) 明治時代にはホテルに西洋料理の専門料理人が置かれ、司厨士とよばれた。

(4) 昭和20年（1945年）調理師法が制定された。

(2) 安土桃山時代→明治時代

(3) 明治時代→大正時代。大正14年に日本司厨協同会が発足した。

(4) 昭和20年（1945年）→昭和33年（1958年）

答 (1)

20 日本料理に関する記述のうち、正しいものを 1 つ選びなさい。

(1) 普茶料理：隠元禅師を祖とする黄檗宗万福寺で始められた中国風の精進料理。

(2) 精進料理：客にお茶を立ててもてなす前に軽い食事を出す場合の料理。

(3) 会席料理：仏門の戒律によって殺生禁断の建て前から、植物性食品のみを食材として用いる。

(4) 懐石料理：自由で気楽に楽しむ宴（酒宴）会形式の料理。

(2) 精進料理→懐石料理。茶会の席で供される料理。

(3) 会席料理→精進料理。仏教の教義に従って、動物性食品、にんにくやねぎなどの薬味を禁じ、植物性食品のみを食材として用いる。

(4) 懐石料理→会席料理

答 (1)

21　江戸時代の食文化に関する記述のうち、誤っているものを１つ選びなさい。

(1) 鎖国により、独自の日本料理が発達、完成した。
(2) 普茶料理は、宇治の黄檗宗万福寺に中国僧隠元禅師が伝えた精進料理の一種で、江戸時代に発達した。
(3) 薄口しょうゆが江戸で発達し、その普及により、握り寿司、うなぎ蒲焼き、つくだ煮など多様な日本の食べ物が生まれた。
(4) 都市では白米食が進み、江戸患いと呼ばれる脚気の増加をみるなど、調理や食事構成上の偏食による害などが出始めた。

江戸時代に江戸を中心に濃口しょうゆが発達。江戸前の握り寿司、天ぷら、うなぎの蒲焼などの食べ物が浸透した。一方、関西では薄口しょうゆが主流。鮨は押し鮨、天ぷらも関東とは異なる。

答 (3)

22　日本料理様式に関する記述のうち、誤っているものを１つ選びなさい。

(1) 精進料理は、鎌倉時代に植物性食品と中国伝来の調理法とを組み合わせ、日本独自の工夫を施したものである。
(2) 本膳料理は、室町時代に武家社会の饗応食として確立し、江戸後期には簡略化され、農村部まで広がった。
(3) 普茶料理は、曹洞宗の道元が伝えた中国風料理で、料理を大皿から取り分けて食べる。
(4) 会席料理は、茶道とともに発達した茶会席（懐石）料理を、江戸時代に町民の酒宴料理に改新させたもので、気軽な宴席で供された。

普茶料理は江戸時代、宇治の黄檗宗万福寺に中国僧隠元禅師が伝えた精進料理で、大皿から取り分けて食べる。全員に茶を供することに由来する。

答 (3)

日本の食文化の成立と特徴

日本料理	時代	特徴
大饗料理	平安	料理を形式化し、色、形、盛り付けの美しさを重視した、平安貴族の料理。現代まで続く日本料理の原形。
精進料理	鎌倉	動物性食品と五葷（にんにく、ねぎなどの薬味）を禁じ、植物性食品と中国伝来の調理法を組み合わせた料理。
本膳料理	室町	武家社会の饗応食として確立。江戸後期には簡略化される。形式は、室町時代に成立した式正料理という儀式料理の一部として確立。膳を重ねていく形式の食事である。
茶会席料理	安土桃山	茶の湯の大成に伴って、茶事の際、茶の前に供される料理。
普茶料理	江戸初期	中国僧が伝えた精進料理の一種で、全員に茶を供することからその名がある。
袱紗料理	江戸中期	本膳料理を簡略化した味本位の料理。後の懐石料理。
卓袱料理	江戸中期から後期	長崎に開業した西洋料理店のオランダ料理が、唐料理と折衷してできた料理。
会席料理	江戸後期	本来は句会後の席で出る、酒を楽しむための宴席料理。
懐石料理	江戸後期	茶人は、会席料理と区別するために本来の茶会席料理を「懐石」料理と改める。

23 日本料理の基本献立に関する記述のうち、誤っているものを1つ選びなさい。

(1) 本膳料理は、武家社会の食事様式であり、平安時代に公家の様式を武家が取り入れ、武家の礼法とともに確立した。

(2) 本膳料理は、一汁三菜が基本になっており、日本の常食の献立に継承されている。

(3) 懐石料理は、安土・桃山時代に茶の湯から生まれた茶をおいしく飲むための軽い食事である。

(4) 会席料理は、江戸時代に始まった酒宴席向きの料理で、現代の宴席の主流になっているものである。

平安時代→室町時代
答 (1)

24 精進料理に関する記述のうち、誤っているものを1つ選びなさい。

(1) 精進料理は元来、寺院の中だけに存在した料理だったが、禅宗の発達とともに庶民に広まり、一般化してさまざまな流派を生じた。

(2) 仏教の教義に従って、動物性食品と五葷（にんにく、ねぎ等）を禁じ、植物性食品のみを食材としている。

(3) 食材が限られていることから、年間を通じて代わり映えのしない献立となっている。

(4) 普茶料理は中国風精進料理で、卓袱料理と同様に大皿で出される。

食材は限られるが、季節の野菜・大豆加工品の利用や味つけ等の工夫により、旬に応じた多彩な料理がつくられる。
答 (3)

25 明治期の食文化に関する記述のうち、誤っているものを1つ選びなさい。

(1) 各地にと畜場が開かれ、肉牛の飼育がさかんになり、牛肉小売店と牛なべ屋が都市に増加した。

(2) 相次ぐ西洋料理店の開業で、価格は次第に下がり、西洋料理が急激に大衆化した。

(3) 南蛮文化が取り入れられ、とうがらし、ウイスキーなどの食品や、カステラ、金平糖などの菓子が伝来した。

(4) パン、ビール、乳製品などの生産が始まった。

南蛮文化の伝来は、安土桃山時代のことである。
(1) 文明開化とともに肉食が開放された。
答 (3)

26 人物と、料理様式や作法などの組み合わせのうち、誤っているものを1つ選びなさい。

(1) 道元 —— 永平寺の精進料理

(2) 栄西 —— 番茶法

(3) 千利休 —— 茶道

(4) 隠元 —— 普茶料理

栄西は、鎌倉初期に抹茶法を禅寺に伝えた。
答 (2)

27 日本の食文化と料理に関する記述のうち、誤っているものを1つ選びなさい。

(1) 本膳料理は、室町時代に武家社会の饗応食として確立したが、江戸時代になると次第に簡略化され、現在ではあまりみられなくなった。
(2) 普茶料理は、江戸時代、宇治の黄檗宗万福寺に中国僧隠元禅師が伝えた精進料理の一種で、全員に茶を供することから、普茶料理の名がある。
(3) とんカツ、コロッケ、ラーメンは、明治時代の3大洋食と呼ばれ、人々に親しまれた。
(4) 大正期には国内各地の有名なレストランやホテルの厨房には、必ずコックが置かれるようになり、司厨士と呼ばれた。

とんカツ、コロッケ、ライスカレーが明治時代の3大洋食と呼ばれた。

答 (3)

28 日本の食文化と料理に関する記述のうち、誤っているものを1つ選びなさい。

(1) 献立という言葉は、室町時代に武家社会の礼法であった式正料理に由来し、儀礼料理の一部として確立。本膳（飯、汁、菜、香の物のついた膳）を中心としている。
(2) 一汁三菜の中に香の物も含まれる。
(3) 日本独自の工夫をこらした精進料理は、動物性食品と五葷（にんにく、ネギなどの薬味）を禁じている。
(4) 南蛮料理として知られているものに、天ぷら、鶏の水炊き、カステラなどがあり、日本の食べ物として変容し、定着したものも多い。

日本の日常食の食卓構成は「一汁三菜」が基本。三菜は主菜、副菜、副々菜で香の物は三菜には含まれない。

答 (2)

29 日本の食文化史に関する記述のうち、誤っているものを1つ選びなさい。

(1) 鎌倉時代に精進料理が広まった。
(2) 飛鳥時代に肉食禁止令が出された。
(3) 安土桃山時代に普茶料理が発達した。
(4) 室町時代に本膳料理の基礎が整えられた。

普茶料理は江戸時代に発達した。

答 (3)

30 日本の食文化に関する記述のうち、誤っているものを1つ選びなさい。

(1) 7世紀初めの遣隋使派遣、630〜894年までの遣唐使派遣を通じての中国との交流によって、大陸の食物が日本へさかんにもたらされた。
(2) 16〜17世紀頃、南蛮貿易によりポルトガルやスペインから、かぼちゃ、とうもろこし、とうがらし、カステラなどが日本に入ってきた。
(3) 江戸時代には、濃口しょうゆが江戸で発達し、次第に西日本の在来の料理とは異なる関東風の調理法や味付けが生まれた。
(4) 文明開化とともに、日本各地の料理が一体化した新しい折衷型の食文化が生まれた。

文明開化とともに、和・洋・中国の折衷型の食文化が生まれた。

答 (4)

31 日本の食文化に関する記述のうち、誤っているものを1つ選びなさい。

玄米食→白米食

答 (3)

(1) 卓袱料理とは長崎に開業した西洋料理店のオランダ料理が、唐料理と折衷したものであり、さまざまな和風、南蛮風、中国風の料理が大皿で出される。

(2) 本来の懐石は、禅宗の僧侶が修行中に温めた石を懐に入れて寒さと空腹をしのいだといういい伝えから、飢えをしのぐ程度の質素な食事という意味をもつ。

(3) 江戸時代に江戸患いと呼ばれる脚気が増加したのは、市民に玄米食が進んだことが原因である。

(4) 第二次世界大戦後の日本は食料不足で街に栄養失調の人々があふれていたが、昭和22年（1947年）には学校給食がコッペパンと脱脂粉乳で再開し、1950年代に入ると、食料事情は家庭も外食産業も落ち着きを取り戻した。

32 近代日本の食文化の形成に関する記述のうち、誤っているものを1つ選びなさい。

明治時代の三大洋食と呼び親しまれたものは、とんカツ、コロッケ、ライスカレーである。

答 (3)

(1) 現代日本の日常食には、和・洋・中国三様式の調理技術がほぼ対等に取り入れられている。

(2) 日本の食文化を象徴する料理として、外来の料理を日本風にアレンジした和洋折衷料理や和風化された中国料理などが多い。天ぷら、すき焼き、あんパン、ラーメンなどがある。

(3) 明治時代の三大洋食と呼ばれ人々から親しまれたものには、ハンバーグ、ライスカレー、オムレツがある。

(4) 日本における献立計画には、和・洋・中国三様式の折衷型を取り入れることによって、汁物やその他の副食も多様な料理の中から選択することができ、献立作成も調理技術も非常に煩雑ではあるが、多様性に富む食事内容で、調和の取れた食卓構成を図ることができる利点がある。

和食の食べ方

- **箸の取り上げ方**：右手で箸の中央を持ち、持ち上げる→左手を下から添えるようにして持つ→右手を右側へ滑らせ、そのまま手を返して箸の下へ→左右の指先で箸の上から1/3あたりを持つ→左手をはずす
  箸先の汚れは3cmくらいに留める、その他、箸づかいの禁忌（p.219）参照
- **吸い物の扱い方**：（目上の人が蓋を取ったら）左手を添えて右手で蓋を持ち上げる→半月を描くように蓋を開ける→蓋を裏返していったん左手の上にのせ、お椀が右側にある場合は右奥に、左側にある場合には左奥に置く→食べ終わったら蓋を真っすぐにかぶせる
- **焼き魚の食べ方（中型）**：表側奥の上半分を左から右に食べる→表側手前の下半分を左から右に食べる→裏側の身と骨の間に箸を入れ、骨だけを持ち上げて器の左奥に置く→表と同様に食べる

33 日本料理の一般的な食事作法に関する記述のうち、誤っているもの
を１つ選びなさい。

(1) 箸は右手で取り、左手を添え、右手を定位置へ滑らせる。

(2) 箸を置くときは、箸置きにのせる。膳に置かれているときは、左縁にかけて
もよい。

(3) 尾頭付きの魚は、上側の身を食べた後、裏返して反対側を食べる。

(4) 茶碗や椀、小鉢などの器は、箸を持ったまま取り上げたり、引きずって寄せ
たりせずに、箸を置いて両手で取り上げる。

尾頭付きの魚は、上側の身
を食べた後、裏側の身と骨
の間に箸を入れて骨を取り、
上側と同様に身を食べる。

答 (3)

箸づかいの禁忌（嫌い箸）の例

● **指し箸**：食事中に箸で人や物を指すこと
● **刺し箸**：箸で食べ物を突き刺すこと
● **迷い箸**：どの料理にしようか迷い、箸を料理の上で動かすこと
● **渡し箸**：食事の途中で、箸を食器の上に渡し置くこと
● **寄せ箸**：遠くの食器を箸で手元に引き寄せること

資料）農林水産省：aff（あふ）（2016）

各地の焼き物

● **陶器**：粘土を1,000〜1,300℃で焼く。茶色・グレーなど土の色。たたくと鈍い音がする。例：萩焼（山口）、益子
焼（栃木）など
● **磁器**：ガラス質を含む石を砕いたものを1,300〜1,400℃で焼く。白色で透明感あり。水分を吸わず、指ではじくと
金属的な高い音がする。例：波佐見焼（長崎）、九谷焼（石川）、有田焼（佐賀）など
● **炻器**：陶器と磁器の中間的な性質で、鉄の多い粘土を岩塩の釉薬を用いるなどし、1,100〜1,250℃で焼く。透明感
がなく、水分を吸わない。例：信楽焼（滋賀）、常滑焼（愛知）、萬古焼（三重）、備前焼（岡山）など
＊瀬戸焼（愛知）、美濃焼（岐阜）は、陶器・磁器ともにある。

34 （　）に入る語句の組み合わせのうち、正しいものを1つ選びなさい。

人間の食事には、日常の食事と行事などの特別な日の食事があり、民俗学では、それぞれ（ A ）の日と（ B ）の日に区別している。（ B ）の食事は、集落、村落など社会集団が仕事の節目に祝ったり、祈願したりするためのもので、（ C ）という思想から始まっており、（ A ）の食事より豪華である。

	A	B	C
(1)	ハレ	ケ	典座教訓 <small>てんぞきょうくん</small>
(2)	ハレ	ケ	折衷 <small>せっちゅう</small>
(3)	ケ	ハレ	神人共食 <small>しんじんきょうしょく</small>
(4)	ケ	ハレ	直会 <small>なおらい</small>

(1) 典座教訓は、道元禅師<small>どうげん</small>が禅寺の食事をつかさどる役僧（典座）のために著した教訓書。
(4) 神人共食の思想によって、直会が行われる。

答（3）

35 正月料理であるおせち料理に込められている願いとして、誤っているものを1つ選びなさい。

(1) 一病息災
<small>いちびょうそくさい</small>
(2) 五穀豊穣
<small>ごこくほうじょう</small>
(3) 一家安泰
<small>いっかあんたい</small>
(4) 子孫繁栄
<small>しそんはんえい</small>

おせち料理には田作りなどで五穀豊穣、昆布巻きなどで一家発展（安泰）、数の子などで子孫繁栄、黒豆などで無病息災、えびなどで長寿の願いが込められているが、一病息災という願いはない。

答（1）

36 正月から始まる1年間の行事の順番として、正しいものを1つ選びなさい。

(1) 端午の節句→重陽の節句→節分→上巳の節句
<small>たんご　　　　ちょうよう　　　　せつぶん　　じょうし</small>
(2) 節分→上巳の節句→端午の節句→重陽の節句
(3) 重陽の節句→端午の節句→上巳の節句→節分
(4) 上巳の節句→節分→重陽の節句→端午の節句

節分は2月、上巳の節句（桃の節句）は3月、端午の節句は5月、重陽の節句は9月である。

答（2）

群馬、奈良

37 五節句に関する組み合わせのうち、誤っているものを1つ選びなさい。

(1) 人日<small>じんじつ</small> —— 1月7日 —— 春の七草
(2) 上巳<small>じょうし</small> —— 3月3日 —— 雛あられ<small>ひな</small>
(3) 重陽<small>ちょうよう</small> —— 5月5日 —— 柏餅
(4) 七夕<small>たなばた</small> —— 7月7日 —— そうめん

重陽の節句は、9月9日であり、菊酒や栗ごはんなどが出される。
5月5日は端午の節句で、柏餅やちまきが出される。

答（3）

神奈川

38 日本の行事食に関する組み合わせのうち、誤っているものを1つ選びなさい。

(1) 正月 ── おせち料理
(2) 小正月 ── 小豆がゆ
(3) 端午の節句 ── ちまき、かしわ餅
(4) 冬至 ── 菊酒、菊飯

冬至にはかぼちゃや、冬至がゆとも呼ばれる小豆がゆが食べられる。菊酒、菊飯を食べるのは重陽の節句と呼ばれる9月9日。

答 (4)

39 春の七草がゆに使われる春の七草のうち、誤っているものを1つ選びなさい。

(1) すずしろ
(2) ごぎょう
(3) くず
(4) はこべら

七草がゆに用いられる春の七草は、「せり、なずな、ごぎょう（ははこぐさ）、はこべら（はこべ）、ほとけのざ、すずな（かぶ）、すずしろ（だいこん）」。くずは秋の七草の一つ。

答 (3)

北海道、沖縄

40 日本の行事と行事食例の組み合わせのうち、誤っているものを1つ選びなさい。

(1) 春分 ── ぼたもち
(2) 七五三 ── 千歳飴
(3) 節分 ── 白玉団子
(4) 大晦日 ── 年越しそば

お盆─白玉団子。節分には福豆、恵方巻きなどが食べられる。

答 (3)

41 和食の無形文化遺産登録を認めた機関について、正しいものを1つ選びなさい。

(1) UNWTO（国連世界観光機関）
(2) WHO（世界保健機関）
(3) UNESCO（国際連合教育科学文化機関）
(4) FAO（国際連合食糧農業機関）

「和食；日本人の伝統的な食文化」が、ユネスコ無形文化遺産に登録された。UNESCO（ユネスコ）は、United Nations Educational, Scientific and Cultural Organizationの略。

答 (3)

神奈川

42 ユネスコ無形文化遺産に登録された「和食」の特徴のうち、誤っているものを1つ選びなさい。

(1) 多様で新鮮な食材とその持ち味の尊重
(2) 健康的な食生活を支える栄養バランス
(3) 調理技巧の美しさの表現
(4) 年中行事との密接なかかわり

ユネスコ無形文化遺産「和食」の特徴4つのうち、3つめは、「自然の美しさ、季節の移り変わりの表現」。

答 (3)

43 郷土料理に関する組み合わせのうち、正しいものを1つ選びなさい。

料理名　　都道府県名　　　　　　　　内容
(1) きりたんぽ —— 秋田 —— 飯を粗く潰して杉串に握り付けて焼いたもの
(2) 治部煮 —— 広島 —— 鍋のふちに味噌を盛る牡蠣の入った鍋料理
(3) ほうとう —— 沖縄 —— 平打ちの生麺と野菜の味噌仕立ての煮込み汁
(4) 鶏飯 —— 山形 —— 飯に具をのせ鶏がらスープをかけたもの

栃木

44 日本の郷土料理とその説明に関する組み合わせのうち、適切でないものを1つ選びなさい。

(1) ずんだ餅 —— 宮城県の郷土料理で、ゆでた枝豆をすり潰して塩や砂糖で味つけした餡を、つきたての餅にからめた料理
(2) ごさい漬 —— 茨城県の郷土料理で、大根とさんまの漬け物
(3) いずみや（丸ずし） —— 愛媛県の郷土料理で、塩と酢で締めた魚とおからで作るにぎり寿司
(4) いぶりがっこ —— 島根県の郷土料理で、火であぶったわかめを細かくつぶしてご飯にかけた料理

奈良

45 都道府県と郷土料理の組み合わせのうち、誤っているものを1つ選びなさい。

(1) 岩手県 —— きりたんぽ
(2) 長野県 —— おやき
(3) 滋賀県 —— ふなずし
(4) 沖縄県 —— ゴーヤチャンプルー

静岡

46 都道府県と郷土料理の組み合わせのうち、正しいものを1つ選びなさい。

(1) 長野 —— おやき
(2) 鳥取 —— お平
(3) 山梨 —— まご茶
(4) 沖縄 —— わんこそば

---

(2) 治部煮は、石川県の料理。小麦粉をまぶした鴨肉または鶏肉を煮て、すだれ麩などを取り合わせた煮物。
(3) ほうとうは、山梨県の料理。生の幅広うどんとかぼちゃなど季節の野菜をみそ仕立てにした煮込み。
(4) 鶏飯は、奄美大島（鹿児島県）の料理。ご飯の上にほぐした鶏肉やしいたけ、錦糸卵などをのせて鶏がらスープをかける。

答 (1)

いぶりがっこは、秋田県の郷土料理で、見た目はたくあんであるが、燻しているため、燻製の香りがする。島根県の郷土料理には、説明のとおりのめのは飯などがある。

答 (4)

きりたんぽは、秋田県の郷土料理。岩手県には、わんこそば、どんこなますなどがある。

答 (1)

(2) 福島—お平
(3) 静岡—まご茶
(4) 岩手—わんこそば
鳥取はののこ飯、山梨はほうとう、沖縄はチャンプルーなどがある。

答 (1)

北海道

47 郷土料理と受け継がれてきた地域およびその内容に関する組み合わせのうち、正しいものを1つ選びなさい。

(1) 石狩鍋　　　　　── 岩手県 ── さけと野菜などでつくる鍋料理
(2) ずんだ餅　　　　── 宮城県 ── さつまいもと餅を練ったきな粉餅菓子
(3) からしれんこん ── 熊本県 ── れんこんの穴に、からしみそを詰めた揚げ物
(4) 千枚漬け　　　　── 京都府 ── 大根とさんまの漬け物

(1) 石狩鍋は北海道
(2) ずんだ餅は枝豆でつくった餡を餅にからめたもの。さつまいもと餅を練ったきな粉餅菓子は、宮崎県のねりくりである。
(4) 千枚漬けは聖護院かぶの薄切りと昆布でつくる甘みのある漬け物。大根とさんまの漬け物は茨城県のごさい漬である。

答 (3)

48 郷土料理とその説明の組み合わせのうち、正しいものを1つ選びなさい。

(1) ラフテー　　── ゴーヤと豆腐の炒め物
(2) 三平汁　　　── 大和芋のおろし汁に揚げたさつま芋を加えたもの
(3) 柿の葉ずし ── 木製の輪っぱに笹を敷き、すし飯と塩と麹でしめた鱒（ます）の切り身を並べて包む押しずし
(4) 皿鉢（さわち）料理 ── 大皿に刺身、煮物、揚げ物、すしなどを大盛に盛り合わせる

(1) ラフテーは、沖縄県の豚肉の角煮。豚の皮つき三枚肉（ばら肉）か、もも肉を泡盛や醤油黒糖または三温糖で甘辛く煮る。
(2) 三平汁は、北海道の塩味の汁物。昆布だし、鮭・にしん・たら・ほっけ等の塩引きまたは粕漬を、大根、にんじんなどの根菜類やじゃがいもと煮る。
(3) この内容は、富山県のます寿司。柿の葉寿司は、酢でしめたさばやさけの切り身を使う。奈良県、和歌山県、石川県、鳥取県の郷土料理。県により作り方や形状は異なるが、具とすし飯を柿の葉に包んで熟成させる。
(4) 皿鉢料理は、高知県の郷土料理。

答 (4)

福井

49 都道府県と郷土料理の組み合わせのうち、誤っているものを1つ選びなさい。

(1) 栃木県 ── おっ切りこみ
(2) 山形県 ── いも煮
(3) 福井県 ── 浜焼きさば
(4) 福岡県 ── がめ煮

おっ切りこみは群馬県。栃木県はしもつかれ等。

答 (1)

50 日本の主な郷土料理に関する記述のうち、誤っているものを1つ選びなさい。

(1) 秋田県の「きりたんぽ」とは、飯を粗くつぶして、串にちくわ状につけて焼いたものである。

(2) 高知県の「皿鉢料理」とは、大皿に、造り、寿司、煮物、揚げ物など、大人数分を盛り合わせる料理である。

(3) 北海道の「石狩鍋」とは、溝のあるかぶとのような独特な鍋で羊肉などを焼く料理である。

(4) 東京都の「深川めし」とは、あさりのむき身を具とした炊き込みご飯である。

山口、愛媛

石狩鍋→ジンギスカン鍋
北海道の郷土料理、「石狩鍋」は、さけと野菜などで作るみそ味の鍋。

答 (3)

51 日本の主な郷土料理に関する記述のうち、誤っているものを1つ選びなさい。

(1) 山形県の「だし」とは、きゅうり・なす・みょうがなどを細かく切って、昆布・調味料をあわせたものである。

(2) 栃木県の「しもつかれ」とは、塩さけの頭や大豆、大根おろし、にんじん、昆布などの煮込みである。

(3) 広島県の「うずみ」とは、塩と酢でしめた魚とおからでつくるにぎり寿司である。

(4) 佐賀県の「ごどうふ」とは、豆乳と片栗粉などを練り合わせた寄せ物である。

うずみは、種々の具材をご飯に埋めた料理である。塩と酢でしめた魚とおからでつくるにぎり寿司は愛媛県のいずみやである。

答 (3)

52 都道府県とその地域に発達した寿司の名称の組み合わせのうち、誤っているものを1つ選びなさい。

(1) 岡山県 —— ます寿司

(2) 奈良県 —— 柿の葉寿司

(3) 滋賀県 —— ふな寿司

(4) 大阪府 —— ばってら

ます寿司は富山県。岡山県はばら寿司。

答 (1)

神奈川

53 米を使う郷土料理として、正しいものを1つ選びなさい。

(1) きりたんぽ　　(2) しもつかれ　　(3) なめろう　　(4) ほうとう

(2) 51の (2) 参照。
(3) あじにみそ、ねぎ・しょうがみじん切りなどを混ぜてたたく（千葉県）
(4) 生の幅広うどん、かぼちゃなど季節野菜のみそ味煮込み（山梨県）

答 (1)

関西

54 魚介類を主材料とする郷土料理として、誤っているものを1つ選びなさい。

(1) 石狩鍋　　(2) ソーキそば　　(3) 深川めし　　(4) じゃっぱ汁

(1) さけが材料（北海道）
(2) 豚肉が材料（沖縄県）
(3) あさりが材料（東京）
(4) たらが材料（青森県）

答 (2)

55 世界の食文化に関する記述のうち、正しいものを1つ選びなさい。

(1) 紀元前600～500年の古代ヨーロッパでは、肉食を主とし、野生の豚や獣の飼育がはじめられた。

(2) 17世紀末には、カフェが登場し、コーヒー、紅茶、チョコレート、菓子を提供した。

(3) ナイフ、フォーク、スプーンの3つセットの食事作法は、11世紀頃イタリアで確立した。

(4) 18世紀頃には、ヌーベル・キュイジーヌが誕生し、豪華な宮廷料理に発展した。

静岡、愛媛

(1) 植物食を主とし、小麦をつぶして粉にしたかゆが主食。

(3) 11世紀ごろ、イタリアにフォークが伝わったが、食事作法は確立していないとされ、14世紀（1533年）ころフランスに伝わった。3種を使用する習慣が始まったのは、17世紀以降。

(4) 新しい料理という意味で、20世紀後半（1970年代）にフランスで誕生した、ヘルシーで簡素な現代風料理。

答 (2)

56 世界の食文化と料理に関する記述のうち、誤っているものを1つ選びなさい。

(1) 西洋料理とは欧米諸国の料理の総称で、日本ではフランス、イタリア、ドイツ、イギリス、アメリカの料理などがよく知られている。

(2) 西洋料理の範囲は広いが、共通の特色は獣鳥肉、乳製品、油脂、香辛料を多用し、多様なソースを用い、米を常食することである。

(3) 医薬や道教思想と結びついた中国料理は、世界の中でも独特の料理である。

(4) 中世（14世紀）のフランスでは、ナイフ、スプーンはあったがフォークはなく、指を使って食べ、その指はテーブルクロスでふいたといわれている。

北海道

米→パン

答 (2)

57 西洋料理の料理名、特徴、特色ある食材や料理に関する語句の組み合わせのうち、正しいものを1つ選びなさい。

(1) フランス料理 —— 洗練性、豪華 —— パスタ類、トマト

(2) スペイン料理 —— 温暖、素材の季節性 —— ボルシチ、ピロシキ

(3) イギリス料理 —— 保守的、合理的 —— ローストビーフ、紅茶とビスケット

(4) イタリア料理 —— 燻製、マリネ —— ガスパチョ、パエリア

(1) フランス料理はエスカルゴ、カエル、フォアグラなど

(2) スペイン料理は、地域ごとの郷土料理、東洋風、ガスパチョ、パエリア。ボルシチやピロシキはロシア料理。

(4) イタリア料理は温暖、素材の季節性、パスタ類、トマト。燻製やマリネは北欧料理の特徴。

答 (3)

58 各国の料理と、その代表的な料理の組み合わせのうち、正しいものを1つ選びなさい。

(1) スペイン料理 —— パエリア
(2) ドイツ料理　　—— ボルシチ
(3) ロシア料理　　—— ガスパチョ
(4) イタリア料理 —— ローストビーフ

例として
(2) ドイツ料理―ザウアークラウト
(3) ロシア料理―ボルシチ
(4) イタリア料理―パスタ
ガスパチョはスペイン料理、ローストビーフはイギリス料理。

答（1）

59 国名とその国の代表的な料理の組み合わせのうち、誤っているものを1つ選びなさい。

(1) スペイン —— パエリア
(2) インド　　—— トムヤムクン
(3) ロシア　　—— ピロシキ
(4) メキシコ —— タコス

インド料理は東西南北で異なるが、一例としてはチャパティ、ナン、ラッシー、タンドリーチキンなどが有名。トムヤムクン（トムヤンクン）はタイ料理。

答（2）

60 西洋料理の特徴と食材・料理に関する組み合わせのうち、正しいものを１つ選びなさい。

	料理	特徴	食材・料理
(1)	フランス料理 ——	洗練性 ——	ボルシチ
(2)	ドイツ料理　　——	素朴　　——	じゃがいも
(3)	イギリス料理 ——	保守的 ——	パエリア
(4)	ロシア料理　　——	実質的 ——	ガスパチョ

各国の特徴は正しいが、食材・料理の一例では、
(1) フランス料理―エスカルゴ
(3) イギリス料理―ローストビーフ。パエリアはスペイン料理
(4) ロシア料理―ボルシチ。ガスパチョはスペイン料理

答（2）

61 西洋料理の特徴に関する記述のうち、正しいものを1つ選びなさい。

(1) ドイツ料理は、ハムやソーセージ、ザウアークラウトなど、保存のきく料理が多い。
(2) ロシア料理は、季節に敏感で豊かな地方料理が発展しており、代表料理にはミネストローネ、リゾットなどがある。
(3) イギリス料理は、オリーブ油、にんにく、トマトを用いた料理が多く、パエリア、ガスパチョが有名である。
(4) スペイン料理は、多彩な食材を利用した料理が多く、ボルシチ、ピロシキなどが有名である。

(2) ロシア料理は実質的、農・水産・肉類の貯蔵品が多く、ボルシチ、ピロシキなど。
(3) イギリス料理は保守的・合理的であり、ローストビーフ、プディングなど。
(4) スペイン料理は地域ごとの郷土性があり、ガスパチョ、パエリアなどが代表的である。

答（1）

62 西洋料理と特色ある料理・食材に関する組み合わせのうち、正しいものを1つ選びなさい。

(1) アメリカ料理 ―― ボルシチ、ピロシキ、キャビア
(2) イタリア料理 ―― カエル、エスカルゴ、フォアグラ
(3) 北欧料理　　 ―― ビーフステーキ、ハンバーガー、シリアル加工品
(4) スペイン料理 ―― ガスパチョ、パエリア、ガーリック、サングリア

(1) アメリカ料理は、ビーフステーキ、ハンバーガー、シリアル加工品。ボルシチ、ピロシキ、キャビアはロシア料理。
(2) イタリア料理は、パスタ類、トマト、オリーブ油。カエル、エスカルゴ、フォアグラはフランス料理。
(3) 北欧料理は、さけ、にしん、スモーガスボード（バイキング料理）。

答 (4)

63 世界の食文化と料理に関する記述のうち、誤っているものを1つ選びなさい。

(1) 1533年、フィレンツェの貴族メディチ家のカトリーヌがフランスのアンリ2世と結婚する際、個人用食器やフォークなどを導入したことで、食事のサービスやマナーに影響を与えた。
(2) 薬膳料理は、薬効をもつ食材を組み合わせた献立で、中国で紀元前に始まったものである。
(3) 1970年代、フランスでヌーベル・キュイジーヌ（新しい料理）の運動が起きた。
(4) 魚醤は、魚介類から作られる醤油で、秋田県のしょっつる、石川県のいしる、タイのナンプラーなどがある。

中国では、紀元前から医薬や道教思想が結びついた料理があったが、「薬膳料理」という言葉は中国古来のものではなく、1980年代に始まった新しい献立である。

答 (2)

64 中国料理の地域とその料理に関する組み合わせのうち、誤っているものを1つ選びなさい。

　　　地域　　　代表料理　　　料理例
(1) 東方 ―― 福建料理 ―― 餃子
(2) 西方 ―― 四川料理 ―― 麻婆豆腐
(3) 南方 ―― 広東料理 ―― 飲茶点心
(4) 北方 ―― 北京料理 ―― 北京烤鴨

東方地域では上海料理が代表的であり、料理として上海蟹、東坡肉などがある。下記囲み記事参照

答 (1)

中国料理の4つの系統

地域	地帯	代表料理	主な特徴	料理例
東方	揚子江下流地帯	上海、江蘇料理	四季温暖、素材が豊富、米食、魚介類	上海蟹、東坡肉など
西方	揚子江上流地帯	四川、雲南料理	冬期厳寒、肉、蔬菜、淡水魚、唐辛子	麻婆豆腐、搾菜など
南方	亜熱帯海岸地帯	広東、福建料理	季節性豊か、素材・調理法ともに多彩	飲茶点心、酢豚など
北方	黄河流域地帯	北京、山東料理	小麦粉、油、羊、にんにく、味は濃厚	北京烤鴨（北京ダック）、餃子など

65 中国料理に関する記述のうち、誤っているものを1つ選びなさい。

(1) 茶を飲みながら点心などを食べる軽い食事のことを飲茶という。_{ヤムチャ}

(2) 上海料理では、魚介類を多く使う。_{シャンハイ}

(3) 広東料理では、麻婆豆腐、担担麺がよく知られている。_{カントン} _{マーボードウフ} _{タンタンメン}

(4) 大菜は宴席のメインとなる料理である。_{ターツァイ}

奈良

広東料理の代表的なものは、飲茶点心、酢豚。
麻婆豆腐、担担麺は四川料理である。

答 (3)

66 「小麦粉、にんにく、羊肉、油を使った濃厚な料理が特徴で、代表的な料理は餃子、肉のしゃぶしゃぶ（涮羊肉、シュワンヤンロウ）である」の説明で表される中国料理として、正しいものを1つ選びなさい。

(1) 北京料理

(2) 上海料理

(3) 四川料理

(4) 広東料理

答 (1)

67 エスニック料理に関する記述のうち、誤っているものを1つ選びなさい。

(1) エスニック料理は、移住した人々がつくった自国料理を食べられる料理店にその起源があり、移民料理ともいえる。

(2) 日本では、エスニック料理とは主に、東南アジア一帯、中近東、中南米の料理の総称とされることが多い。

(3) 明治期に西洋料理として日本に伝わり、日本の食文化の一要素として溶け込んだカレーはエスニック料理とは呼ばれない。

(4) エスニック料理として、ガスパチョ、ボルシチ、ピロシキなどが知られている。

ガスパチョはスペイン料理、ボルシチとピロシキはロシア料理であり、エスニック料理に含まれていない。

答 (4)

アジア・中東・中南米の料理

● **中国**：北京ダック、麻婆豆腐、酢豚など_{マーボードウフ}

● **韓国**：プルコギ（焼き肉）、ナムル（和え物）、サムゲタン（薬膳スープ）など_{やくぜん}

● **ベトナム**：ゴイクン（生春巻き）、フォー（米粉の麺）など

● **タイ**：トムヤムクン（えびのスープ）、グリーンカレーなど

● **インドネシア**：ナシゴレン（焼きめし）、サテアヤム（鶏肉の串焼き）

● **インド**：タンドリーチキン、ナン、チャパティなど

● **トルコ**：シシカバブ（羊肉の串焼き）、ドルマ（米、ひき肉をキャベツなどで巻いたもの）

● **イラン**：ゲイメゲ（羊肉と豆のトマト煮込み）、マーストヒヤール（きゅうりとヨーグルトのサラダ）

● **エジプト**：ハマム・マシュイ（鳩の丸焼き）、コフタ（羊のひき肉料理）など

● **メキシコ**：トルティーヤ、タコス、トスターダなど

● **ブラジル**：シュラスコ（肉の串焼き）、フェジョアーダ（肉と黒豆の煮込み）など

関西、奈良

68 国とその代表的な料理の組み合わせのうち、正しいものを1つ選びなさい。

(1) タイ　　　　―― ナシゴレン
(2) 韓国　　　　―― サムゲタン
(3) インド　　　―― トムヤムクン
(4) インドネシア ―― タンドリーチキン

(1) ナシゴレンはインドネシア
(3) トムヤムクンはタイ
(4) タンドリーチキンはインド
p.228の囲み記事参照

答 (2)

69 国と代表的な料理に関する組み合わせのうち、誤っているものを1つ選びなさい。

(1) メキシコ ―― タコス
(2) タイ　　 ―― トムヤムクン
(3) トルコ　 ―― シシカバブ
(4) ベトナム ―― プルコギ

プルコギは、韓国料理（プルは火、コギは肉を意味する）。ベトナムには、ゴイクン、フォーなどがある。

答 (4)

70 魚醤の名称と国名の組み合わせのうち、誤っているものを1つ選びなさい。

(1) ニョクマム（ヌクマム）―― ベトナム
(2) ナンプラー　　　　　 ―― インド
(3) しょっつる　　　　　 ―― 日本
(4) パティス　　　　　　 ―― フィリピン

ナンプラーはタイの魚醤である。

答 (2)

栃木

71 日本の令和4年度（概算値）の食料自給率（供給熱量自給率）で、正しいものを1つ選びなさい。

(1) 80%　　(2) 63%
(3) 45%　　(4) 38%

日本は、米を除くほとんどの食品を輸入に頼っている。食料自給率は世界的にも低く、減少傾向である。

答 (4)

北海道

72 農林水産省食料需給表による令和4年度の国内食料自給率を高い順に並べたものとして、正しいものを1つ選びなさい。

　　高い　　　　　　低い
(1) 小麦 —— 野菜 —— 米
(2) 米　 —— 野菜 —— 豆類
(3) 豆類 —— 米　 —— 野菜
(4) 野菜 —— 豆類 —— 米

令和4年度（概算）の自給率は、米99%、野菜79%、小麦15%、豆類7%。
日本の国内食料自給率や食料費支出などの数値は、最新のデータを確認する。
📖 p.342参照

答 (2)

73 農林水産省食料需給表による、令和4年度の国内食料自給率が最も低い食料として、正しいものを1つ選びなさい。

(1) 豆類　　(2) 果実
(3) 鶏卵　　(4) 野菜

令和4年度（概算）の自給率は、鶏卵97%、野菜79%、果実39%、豆類7%。
📖 p.342参照

答 (1)

神奈川

74 わが国の「令和4年度食料需給表」において、品目別自給率が80%を超えているものの組み合わせのうち、正しいものを1つ選びなさい。

ア 豆類　　イ 小麦　　ウ 米　　エ 鶏卵
(1) ア、イ
(2) ア、ウ
(3) イ、エ
(4) ウ、エ

令和4年度（概算）の自給率は豆類7%、小麦15%、米99%、鶏卵97%である。
📖 p.342参照

答 (4)

75 食料生産に関する記述のうち、正しいものを1つ選びなさい。

(1) 外食における1食当たりの食べ残しは、宴会よりも結婚披露宴のほうが多い。
(2) 家計調査年報の食料費の支出において、2022年はパンが米を上回っている。
(3) 2022年度食料自給率の推移において、鶏卵の自給率は50%を下回っている。
(4) 米の摂取量は、1985（昭和60）年をピークに減少を続けている。

(1) 1食当たりの食べ残しは結婚披露宴よりも宴会のほうが多い。
(3) 2022（令和4）年の鶏卵の自給率は97%。
(4) 米の摂取量は1960（昭和35）年をピークに減少し続けている。

答 (2)

76　食料生産・消費に関する記述のうち、正しいものを1つ選びなさい。

(1)　食料の輸送距離（km）×食料の重量（t）で計算する指標のことをK値という。

(2)　食品の生産から最終消費の段階までの流通経路が追跡可能な状態のことをクックチルシステムという。

(3)　国内で生産された農林水産物（食用に供されるものに限る）を、その生産された地域内において消費する取り組みのことを地産地消という。

(4)　まだ食べられるのに廃棄される食品のことをフードマイレージという。

福井

77　日本の食料生産と消費のバランスに関する記述のうち、誤っているものを1つ選びなさい。

(1)　現代の食生活は飽食の時代と呼ばれているが、同時に、家庭・外食の残食や食料品店の店頭廃棄などの食品ロスも問題視されている。

(2)　現代の飽食を支える食料自給率は、世界的水準からみてもきわめて低く、供給熱量自給率は10%を割っている。

(3)　鶏卵の自給率は100%に近いが、飼料の大部分は輸入に頼っていることを考慮すると、自給率は100%とはいえない。

(4)　1世帯当たりの年間食料費支出のうち、米類の減少傾向と調理食品、特に弁当類を中心とする主食的調理食品の伸びが著しい。

北海道

78　食料の生産に関する記述のうち、正しいものを1つ選びなさい。

(1)　「食品ロスの削減の推進に関する法律」が制定され、食品ロス削減に努めることとされた。

(2)　日本の食料自給率は、供給熱量自給率で55%を維持している。

(3)　牛肉の自給率は100%に近いが、飼料の大部分は輸入に頼っている。

(4)　牛乳・乳製品の自給率は、2010年以降増加し続けている。

79　食品ロスに関する記述のうち、誤っているものを1つ選びなさい。

(1)　まだ食べることができるにもかかわらず、廃棄されている食物を食品ロスという。

(2)　令和3（2021）年度推計では、日本の食品ロス量は年間523万tと試算され、これは令和3年の世界全体の食糧援助量約440万tの1.2倍に相当する。

(3)　野菜の皮のむきすぎなど食べられる部分まで過剰に取り除き捨てることを、直接廃棄という。

(4)　消費者庁は、一人ひとりが「もったいない」を意識して行動することが食品ロス削減に大切と提案している。

（1）の指標はフードマイレージといい、単位はt・km（トン・キロメートル）。値が大きいほど、環境に負担がかかっている。
（2）の状態はトレーサビリティという。
（4）は食品ロスという。

答　(3)

令和4年度は38%で、40%を割っている。

答　(2)

(2)　40%を割っている。
(3)　牛肉の自給率は40%以下である。
(4)　増加し続けている→減少傾向である

答　(1)

皮のむきすぎなどで過剰に取り除き捨てることを過剰除去という。直接廃棄は、冷蔵庫などに入れたまま調理せず、食品として食卓にのぼらせずに廃棄することを指す。

答　(3)

80 国内における食品ロスの現状に関する記述のうち、誤っているものを1つ選びなさい。

約80%→約半分

答 (3)

(1) 国民1人当たりに換算すると、約114g（茶碗1杯分）の食べ物が毎日捨てられている。

(2) 食べ物の可食部分を過剰除去すると、食品ロスは増加する。

(3) 食品ロスの約80%は、一般家庭から出ている。

(4) 食品ロスには、過剰除去、食べ残し、直接廃棄の3つがある。

81 食料生産と消費のバランスについて述べた記述で（　）に入る語句の組み合わせのうち、正しいものを1つ選びなさい。

現代の食生活は飽食の時代と呼ばれているが、同時に家庭・外食の残食や食料品店の店頭廃棄などの（ A ）（食べられるのに捨ててしまう食品）も問題視されている。また、米の摂取量は昭和35年（1960年）をピークに（ B ）を続けており、かわって、油脂類や動物性食品、特に肉類、牛乳・乳製品の摂取量の伸びが著しくなっていることで、食事の総摂取エネルギー中に占める（ C ）の比率が年々減少して、その分（ D ）のエネルギー摂取比率が上昇しており、生活習慣病の要因となりやすいことが問題視されている。

食品ロスは、食べられるのに捨ててしまう食品をさす。フードマイレージは、食料輸送距離の意味。食料の輸送に伴うCO_2排出量を輸送距離と輸送重量をもとに数値化した指標。世界各地からの輸入食材に依存している日本は、世界的に見てフードマイレージの数値が高く、食料自給率はきわめて低い。

答 (4)

	A	B	C	D
(1)	食品ロス	増加	脂肪	炭水化物
(2)	フードマイレージ	減少	炭水化物	脂肪
(3)	フードマイレージ	増加	脂肪	炭水化物
(4)	食品ロス	減少	炭水化物	脂肪

食環境に関連する用語

● **スローフード**：土地に合った食材のこと、さらにはその食材を使った手作りの家庭料理や伝統料理のこと。また、これらを見直そうという運動。イタリアが発祥で世界に広まっている。

● **地産地消**：地元で作った食材を地元で消費すること。食材の移動距離・時間が短縮され、経費の節減が可能であり、環境にやさしいとされる。

● **フードマイレージ**：食料の輸送距離。食料の輸送量（t；トン）に輸送距離（km）を掛け合わせた指標（輸送に限定される）。値が大きいほど、環境に負荷が大きいことを表す。

● **トレーサビリティ**：追跡可能性。物品の流通経路を、生産段階から最終消費や廃棄段階まで追跡が可能な状態をいう。

● **食品ロス**：食べられるのに捨てられてしまう食品をいう。理由は、食べ残し、売れ残り、消費・賞味期限が近いことなど。対策としては買いすぎない、作りすぎない、注文しすぎない、食べきることである。

URL **https://daiichi-shuppan.co.jp**

上記の弊社ホームページにアクセスしてください。

＊訂正・正誤等の追加情報をご覧いただけます。

＊書籍の内容、お気づきの点、出版案内等に関するお問い合わせは、「ご意見・お問い合わせ」専用フォームよりご送信ください。

＊書籍のご注文も承ります。

＊書籍のデザイン、価格等は、予告なく変更される場合がございます。ご了承ください。

2024年版　調理師試験問題と解答

平成3（1991）年4月 1 日　　　初版第1刷発行
令和6（2024）年3月15日　　　第32版第1刷発行

編　者　　公益社団法人日本栄養士会

発行者　　井上　由香

発行所　　第一出版株式会社
　　　　　〒105-0004
　　　　　東京都港区新橋5-13-5 新橋MCVビル7階
　　　　　電話（03）5473-3100　FAX（03）5473-3166
印刷　　　加藤文明社
製本　　　松島製本

※著者の了解により検印は省略
定価は表紙に表示してあります。乱丁・落丁本は、お取替えいたします。

ISBN978-4-8041-1473-6　C2077